JUVENTUDES E VELHICES

EDIVALDO GÓIS JUNIOR

Juventudes e velhices

Uma história de práticas saudáveis de educação física

EDITORA UNICAMP

FICHA CATALOGRÁFICA ELABORADA PELO
SISTEMA DE BIBLIOTECAS DA UNICAMP
DIVISÃO DE TRATAMENTO DA INFORMAÇÃO
Bibliotecária: Maria Lúcia Nery Dutra de Castro – CRB-8ª / 1724

G561j Góis Junior, Edivaldo
Juventudes e velhices : uma história de práticas saudáveis de educação física / Edivaldo Góis Junior. – Campinas, SP : Editora da Unicamp, 2024.

1. Educação física – História. 2. Educação física para Idosos. 3. Velhice. 4. Juventude. I. Título.

CDD – 796.09
– 613.7044
– 305.26
– 305.23

ISBN 978-85-268-1639-8

Foi feito o depósito legal.

Direitos reservados a

Editora da Unicamp
Rua Sérgio Buarque de Holanda, 421 – 3º andar
Campus Unicamp
CEP 13083-859 – Campinas – SP – Brasil
Tel./Fax: (19) 3521-7718 / 7728
www.editoraunicamp.com.br – vendas@editora.unicamp.br

Dedico este livro a Deus, por ter dado tanta proteção;
aos meus filhos, Larissa e Felipe; à minha companheira,
Soraya, e aos meus pais, Edna e Edivaldo (*in memoriam*),
por terem me dado tudo o que sou.

AGRADECIMENTOS

As pesquisas que deram base a este livro resultaram do financiamento de dois projetos. O primeiro, intitulado "Educação do corpo e identidades brasileiras: representações sobre juventude e envelhecimento na construção da nação na década de 1930", foi financiado pela Fapesp (processo n. 2016/00617-6). O segundo projeto, "Práticas de educação física e representações sobre juventude e velhice em São Paulo e Rio de Janeiro (1969-1988)" está em andamento e é financiado pelo CNPq, Bolsa de Produtividade em Pesquisa (processo n. 304575/2021-6) e pela Fapesp (processo n. 2022/13537-1). Agradeço às agências pelo fomento à pesquisa.

Agradeço aos meus primeiros orientadores, Hugo Rodolfo Lovisolo e Pedro Ângelo Pagni. A todos os meus orientandos de pós-graduação, em especial Diego Ferreira Lima, Gabriela Marta Marques Oliveira, Ígor Cavalcante Doi, Leonardo Mattos da Motta Silva, Renan Felipe Correia e Samuel Ribeiro dos Santos Neto, que fizeram parte da equipe de pesquisa e colaboraram com o estudo, por meio do grupo Corpo e Educação. Aos pesquisadores que dialogaram comigo em diversos momentos e na publicação de artigos em periódicos com dados parciais, como André Dalben (Unifesp), Carmen Lucia Soares (Unicamp) e Evelise Amgarten Quitzau (UFV).

A elaboração deste livro é também dedicada aos estudantes da Unicamp, aos meus amigos, amigas e colegas da Faculdade de Educação Física: Ademir De Marco (*in memoriam*), Carmen Lucia Soares, Claudia

Regina Cavaglieri, Elaine Prodócimo, Helena Altmann, Laurita Marconi Schiavon, Mara Patrícia Chacon-Mikahil, Marcos Paulo Uchida, Mario Luiz Ferrari Nunes, Olívia Cristina Ferreira Ribeiro, Sérgio Settani Giglio e Silvia Cristina Franco Amaral; aos servidores não docentes da Faculdade de Educação Física da Unicamp, em especial Simone Malfatti; aos amigos da Faculdade de Educação da Unicamp e da Linha Educação e História Cultural, André Luiz Paulilo e Heloísa Helena Pimenta Rocha; aos amigos da Faculdade de Educação da UFRJ, Antônio Jorge Gonçalves Soares e Marcos Antônio Carneiro Silva.

Agradeço aos primeiros leitores e leitoras do texto, ainda em sua versão como tese de livre-docência, Alex Branco Fraga (UFRGS), Andrea Moreno (UFMG), Maria Stella Bresciani (Unicamp), Michel Nicolau Netto (Unicamp), Roberto Rodrigues Paes (Unicamp) e Victor Andrade de Melo (UFRJ). Suas interpretações, sugestões e críticas foram fundamentais para a publicação deste livro.

Por fim, ressalto que esta publicação só foi possível por conta do trabalho arquivístico de vários profissionais que sustentam a preservação da memória em um país que insiste em esquecer seu passado. Desse modo, agradeço às instituições que disponibilizaram seus acervos, como o Arquivo Público do Estado de São Paulo, a Biblioteca Nacional, o Centro de Memória Unicamp, além das bibliotecas da Faculdade de Medicina da USP, do Instituto de Filosofia e Ciências Humanas, da Faculdade de Educação e da Faculdade de Educação Física da Unicamp.

Todas essas pessoas e instituições foram e são fundamentais em minha carreira acadêmica.

Tempo, tempo, tempo, tempo
Vou te fazer um pedido
Compositor de destinos
Tambor de todos os ritmos
Entro num acordo contigo
Por seres tão inventivo
E pareceres contínuo
És um dos deuses mais lindos
Que sejas ainda mais vivo
No som do meu estribilho
Ouve bem o que eu te digo
Peço-te o prazer legítimo
E o movimento preciso
Quando o tempo for propício
De modo que o meu espírito
Ganhe um brilho definitivo
E eu espalhe benefícios
Tempo, tempo, tempo, tempo

"Oração ao tempo" (Caetano Veloso)

SUMÁRIO

INTRODUÇÃO

Em 1970, Simone de Beauvoir publicava na França a primeira edição do livro *La Vieillesse*. O fato imediatamente chamava a atenção dos leitores brasileiros e dos jornais. O *Jornal do Brasil*, por exemplo, apresentou uma resenha da obra, de autoria de Beatriz Bomfim, intitulada "Simone de Beauvoir é uma velha".[1] Em um trecho de *La Vieillesse*, a filósofa francesa, em seus caminhos de compreensão sobre a velhice, mobiliza também a juventude:

> Um homem idoso que se sente ainda muito jovem ficará tão revoltado diante da proximidade da morte quanto ficaria um quadragenário acometido de uma doença incurável. Ele não mudou; sua vitalidade e o interesse que tem pelo mundo estão intactos; e um veredito exterior lhe comunica que suas chances de vida estão reduzidas a uma dezena de anos![2]

É interessante observar que as representações sobre a velhice não escapavam do diálogo sobre outra etapa da vida que parece condicionar sua oposição: a juventude. Concomitantemente, no mesmo ano de 1970, Hannah Arendt publicava o livro *On Violence*, no qual atribuía à parcela da juventude orientada por uma radicalidade política um papel crucial na crítica às sociedades modernas. No entanto, seria apenas uma parcela de

---

1 *Jornal do Brasil*, 21 fev. 1970, p. 8.

2 Beauvoir, 1990, p. 542.

jovens que se colocava contra os idosos, não contra todos, pois eles não são e não eram sempre conservadores. Naqueles anos entre 1960 e 1970, explica Arendt, havia:

> [...] como uma ponte entre as gerações, de "nossos medos" comuns de que armas cada vez mais tecnológicas possam destruir toda a vida, que a tecnologia irá deformar cada vez mais os homens que vivem na cidade, assim como já degradou a terra e obscureceu o céu; que o "progresso" da indústria irá destruir a possibilidade de trabalhos interessantes; [...] Parece natural pensar que estas verdades deveriam ser mais frequentes entre físicos e biólogos do que entre cientistas sociais, mesmo que os estudantes das primeiras faculdades tenham sido muito mais lentos em se rebelar do que seus colegas das humanidades. Assim, Adolf Portmann, o famoso biólogo suíço, vê a lacuna entre as gerações como tendo pouco ou nada a ver com um conflito entre jovens e idosos.[3]

Naquele momento, depois de 1968, Arendt[4] compreendia que não se tratava de jovens contra idosos ou de um conflito geracional, mas dos descontentamentos daquela juventude engajada contra uma sociedade moderna de consumo e suas instituições. As gerações não eram blocos homogêneos, já que, nos diferentes sentidos que ganham os termos "velhice" e "juventude", observavam-se variações pertinentes a diferentes tempos e lugares. As idades têm história. Consequentemente, evidenciou-se tanto para os estudiosos dos jovens quanto para os dos idosos que, mais do que etapas da vida biológica, juventude e velhice são construções sociais. Por isso, há a necessidade de falar em velhices e juventudes no plural.

Na literatura internacional, Vern Bengtson, Glen Elder Jr. e Norella Putney[5] afirmam que o estudo do "curso da vida" pode considerar todas as etapas da vida através de experiências compartilhadas entre gerações, desde a infância até a velhice. Segundo os pesquisadores, em

---

3 Arendt, 1970, pp. 92-93. Tradução nossa.

4 *Idem, ibidem.*

5 Bengtson, Elder Jr. & Putney, 2005.

uma publicação da Universidade de Cambridge sobre o envelhecimento, intitulada *The Cambridge Handbook of Age and Ageing*, os estudos do "curso da vida" auxiliam na percepção sobre a localização das pessoas nas relações familiares e sociais, evidenciando diversas culturas, que variam em relação ao tempo e ao lugar.

Nesta perspectiva, para a antropóloga Guita Grin Debert,[6] velhice não é definida apenas por uma faixa etária, pois não é construída invariavelmente por meio de um processo biologicamente determinado, mas é sobretudo "socialmente produzida", já que a "a idade cronológica, nas sociedades ocidentais, é estabelecida por um aparato cultural".[7] Assumimos, neste livro, o termo "velhice" por entendermos que, até os anos de 1960, ele era amplamente utilizado para se referir a este grupo etário simplesmente denominado como "velho".[8] No entanto, evitaremos o uso dos termos "velhos" ou "velhas" como adjetivos, pois eles passaram a ser utilizados de forma pejorativa e atualmente são considerados ofensivos por muitos idosos. A exceção está na análise de fontes nas quais eles são usados com frequência, principalmente, mas não exclusivamente, datadas entre as décadas de 1930 e 1960. Já em relação ao substantivo "velhice", o utilizamos também em um sentido epistemológico, pois os estudos históricos, antropológicos e sociológicos o fazem por entenderem a velhice como fenômeno social multifacetado e que sua desconstrução foi baseada em interesses profissionais, políticos e econômicos.[9]

Nesse sentido, concordamos com a crítica de Shirley Prado e Jane Sayd,[10] para a qual a negação da velhice, por exemplo, por parte de pesquisas dos campos da Geriatria e Gerontologia, sustenta narrativas científicas homogêneas e, por vezes, impositivas sobre uma saúde perfeita, uma "Terceira Idade", "além de neologismos que mostram bem o caráter

6 Debert, 2006.

7 Debert, 2004, p. 47.

8 Peixoto, 2006.

9 Prado & Sayd, 2006.

10 *Idem, ibidem.*

de vida ativa, autônoma e participante que essas pessoas devem levar, como 'felizidade', 'melhoridade', 'maioridade', entre outros".[11]

Outrossim, em relação à juventude, os historiadores Giovanni Levi e Jean-Claude Schmitt[12] afirmam que ela é marcada como uma fase de transição entre a infância e a vida adulta e, portanto, não se estabelece simplesmente por um limite fisiológico ou por demografias ou estatutos jurídicos. Por exemplo, essa falta de clareza em determinar o que é ser jovem ou quem é jovem se explica na necessidade de observar as determinações culturais das sociedades humanas em diferentes tempos e lugares sobre as representações culturais da juventude.

Desse modo, qualquer tentativa de rigidez no estabelecimento de uma idade cronológica e biológica que defina o jovem e o idoso esbarrará nas diferentes representações sociais que dão sentido aos vocábulos. As determinações do que é jovial ou não passam por lutas simbólicas que demarcam essas etapas da vida mediante determinadas circunstâncias sociais.

Ao seguir essa lógica argumentativa, compreendemos que, em vez de definir o que é velhice ou o que é juventude, seria necessário observar suas pluralidades. Novamente os pesquisadores no campo das ciências humanas[13] ressaltam que não há apenas uma juventude ou apenas uma velhice. Na esteira desse argumento, pensamos que, no caso de uma história dos jovens e dos idosos, seria importante considerar que, por meio das diferenciações sociais, como gêneros, classes sociais, etnias, há uma transposição de representações da juventude e da velhice que fomenta uma pluralidade de sentidos às formas de envelhecer e ser jovem. Diante dessa premissa, é primordial reforçar metodologicamente as impossibilidades de qualquer desejo de homogeneidade ou generalização. Por isso, adotamos a prerrogativa de que este estudo é delimitado pela análise de representações de velhices e juventudes em uma pluralidade, o

---

11 *Idem*, p. 495.

12 Levi & Schmitt, 1996.

13 Cf. Levi & Schmitt, 1996; Thane, 2003; Katz, 1998.

que acarreta, em nosso desenho metodológico, a necessidade de definição mais precisa sobre os tempos e os lugares de observação das velhices e juventudes.

O nosso principal objetivo foi compreender e descrever as relações entre "práticas de educação física" e as representações sobre juventudes e velhices em diferentes períodos do século XX, mediante o processo de modernização das cidades brasileiras de São Paulo e Rio de Janeiro. Particularmente, objetivamos também evidenciar as "práticas de educação física" incentivadas ou criticadas em relação aos jovens e idosos, perante conflitos e conciliações oriundos de diferentes grupos sociais e indivíduos; descrever as representações sobre juventudes e velhices que emergiram de parte da imprensa escrita veiculada nas duas cidades; analisar aproximações e distanciamentos entre os textos jornalísticos da "grande imprensa" e de uma "imprensa alternativa" em conjunto com publicações acadêmicas tematizadas pelas "práticas de educação física", nas duas cidades, vislumbrando pedagogias, serviços e produtos voltados aos jovens e idosos.

Optamos, então, por analisar as representações sobre velhices e juventudes em um campo privilegiado, ou seja, em determinado espaço de disputas e de institucionalização no qual as práticas fossem encadeadas por discursos especializados. Nesse momento, compreendemos que as representações sobre velhices e juventudes fossem estar presentes de forma mais nítida nas práticas culturais e talvez, em particular, nas "práticas de educação física". Compreendemos as "práticas de educação física" como um conjunto de esportes, ginásticas, atividades e exercícios físicos, jogos, lutas, divertimentos e lazeres ativos com finalidades específicas e que mobilizam diversos agentes sociais institucionalizados, e profissionais especializados, como atletas profissionais, professores de Educação Física, médicos, técnicos e terapeutas, e não institucionalizados, como praticantes amadores em diferentes etapas da vida.

Certamente as "práticas de educação física", por suas dimensões culturais e simbólicas, eram disseminadas em cidades como São Paulo e Rio de Janeiro. Nesse sentido, os esportes, por exemplo, ampliavam suas redes de praticantes em um processo transnacional que, para historiadores do esporte, serviu para o estabelecimento não apenas de uma agenda cultural no âmbito mais amplo do imperialismo britânico do século XIX, mas também como um concurso social que promoviam as elites de cidades como Roma, Paris, Nova York e Londres. Nesses contextos citadinos, as classes burguesas disputavam o protagonismo dessas "práticas de educação física", em especial, os esportes. Assim, o Império britânico foi um duradouro exportador do futebol, remo, ciclismo e turfe para várias cidades em uma perspectiva global,[14] e São Paulo e Rio de Janeiro foram também seus importadores na passagem do século XIX para o XX.[15]

No Brasil, essas disputas entre as elites pelo controle do esporte também foram patentes, como revelam os estudos de Mauricio Drumond,[16] que abordaram os conflitos entre grupos distintos da elite carioca em relação ao debate sobre profissionalismo e amadorismo na década de 1930 no Rio Janeiro; de Christina Peters[17] e Fábio Franzini[18] sobre as disputas entre as elites paulista e carioca em relação à liderança das competições esportivas no país já nas primeiras décadas do século XX; e também de Wilson Gambeta[19] sobre o reconhecimento do futebol como uma prática distintiva no seio das elites paulistanas.

Entre os anos de 1920 e 1930 no Brasil, essas práticas ganhavam novos sentidos em um contexto cultural, social e político que passava por transformações. Conforme explicam Micael Herschmann e Carlos Pereira,[20] havia então uma necessidade premente de pensar o país em

---

14 Cf. Mangan, 1986; Holt, 1989.

15 Cf. Góis Junior; Lódola & Dyreson, 2015; Lessa; Soares & Moraes e Silva, 2023; Melo, 2001.

16 Drumond, 2006.

17 Peters, 2014.

18 Franzini, 2003.

19 Gambeta, 2015.

20 Herschmann & Pereira, 1994.

termos nacionais, em outras palavras, a desejada "modernidade" não poderia ser uma cópia da europeia, pois ela precisava ter mais tons de uma identidade brasileira. Falamos de uma identidade nacional que se diferenciava de outras construções simbólicas patentes desde o século XIX no Brasil, porque, como alude Lucia Lippi de Oliveira,[21] nos anos de 1920, ressaltava-se uma identidade nacional marcada pela crítica aos valores europeus em decadência, depois da derrocada da *belle époque* e da Primeira Grande Guerra.

Diferentemente do período anterior, entre o fim do século XIX e as primeiras décadas do século XX, no qual havia uma persistência pretensamente impositiva de padrões europeus de civilidade, a produção cultural brasileira nos anos de 1920 e 1930 buscava uma "modernidade nativa".[22] Nessa perspectiva, Wood[23] compreende que, por exemplo, após a Semana de Arte Moderna de 1922, várias das principais figuras literárias da capital paulista recorreram ao futebol em suas criações, buscando desenvolver um novo modelo de brasilidade, mas que no geral não vislumbravam no futebol um exemplo modernista pertinente. Dessa forma, apenas a prática popular do esporte poderia dar vazão a uma reinterpretação antropofágica, pois só se "faz possível à cultura popular brasileira tomar para si a cultura colonizadora, reinventando-a sob um viés distinto e imprimindo-lhe uma outra configuração civilizatória – como acontece, justamente, com o destino do futebol inglês no Brasil".[24] Esse papel central dado ao futebol certamente não foi consenso entre cronistas, literatos, médicos e educadores, o que gerou críticos e defensores da prática.

Por exemplo, Bernardo Buarque de Hollanda[25] ressalta que havia um entendimento de que o futebol era um fator de alienação para alguns

---

21 Oliveira, 1997.

22 Herschmann & Pereira, 1994.

23 Wood, 2019.

24 Wisnik, 2008, p. 181.

25 Hollanda, 2004.

literatos, como Oswald de Andrade nos anos de 1930, e, antes dele, Lima Barreto e Graciliano Ramos na década de 1920. No entanto, outros, como José Lins do Rêgo, contribuíram para a construção de uma identidade nacional associada ao futebol.

Por outro lado, como relata Maurício Parada,[26] imperava concomitantemente no período – com a vitória de Getúlio Vargas em 1930 e o Estado Novo a partir de 1937 – uma representação de "juventude cívica", com bases em um discurso autoritário que se impunha por meio de datas comemorativas, desfiles, cantos e "práticas de educação física" impregnadas pelo disciplinamento da Escola. Nesses anos, em São Paulo, observa-se que institucionalmente a Educação Física com letras maiúsculas era mais pautada, no campo discursivo, em posturas higienistas e ideais eugênicos de médicos e educadores do que em práticas mais identificadas com o popular ou com os usos do esporte por parte de jovens pobres.[27]

No momento em que a educação e a saúde são articuladas como relevantes políticas para o projeto moderno de país,[28] os esportes não poderiam ser vistos apenas como divertimentos. Isso ocorre porque, na perspectiva dos higienistas, a prática esportiva "poderia ser útil para a promoção da saúde, higiene, disciplina, uma ferramenta que poderia contribuir com o progresso do país".[29]

No que se refere à década de 1930, são muitos os estudos que abordam a necessidade de projetos nacionais de educação e saúde para a conformação da sociedade brasileira, em um tempo no qual médicos higienistas[30] e educadores escolanovistas[31] encontraram um ponto em comum no incremento da Educação Física como disciplina escolar com objetivos de formação de um homem nacional. Naquele momento, tratava-se da defesa

---

[26] Parada, 2003.

[27] Dalben & Góis Junior, 2018.

[28] Carvalho, 1998.

[29] Melo, 2021, p. 579.

[30] Lima & Hochman, 1996.

[31] Carvalho, 1998.

de uma "eugenia positiva", baseada principalmente na intervenção do Estado no sentido de uma promoção higienista da educação e da saúde, pois a "melhoria da raça" tornava-se sinônimo de oferecer condições apropriadas de saneamento para a população no país.[32]

Nesse âmbito, as relações entre esportes e políticas governamentais de saúde e educação são abordadas pela literatura especializada no sentido de observar os objetivos estratégicos do Estado em relação ao controle dessas práticas. Por exemplo, Ana Gomes e André Dalben,[33] ao estudarem o Departamento de Educação Física do estado de São Paulo, enfatizaram que na década de 1930 havia a organização de um aparato científico promovido pelo governo paulista, que desejava balizar uma Educação Física orientada segundo os conhecimentos da Medicina. Da mesma forma, reivindicava-se um sistema público de educação e uma intervenção estatal no campo da saúde. O médico Arthur Neiva, por exemplo, em São Paulo, pressionava por uma maior participação do Estado na organização dos esportes em consonância com os saberes médicos e higienistas.[34]

Em âmbito federal, a década de 1930, para Drumond,[35] representou também um maior avanço do Estado, em particular na política varguista de "oficialização" dos esportes e na organização de instituições de controle, como a Comissão Nacional de Desportos e o Conselho Nacional de Desportos (CND). Em São Paulo, esses objetivos foram primeiramente colocados pela criação do Departamento de Educação Física (DEF-SP), em 1931, como resultado de um debate sobre a necessidade de organizar e controlar a prática esportiva. Para além dos divertimentos, as "práticas de educação física", na perspectiva de higienistas, teriam que ter relevância por sua possibilidade de incremento do vigor físico da nação.[36]

---

32 Lima & Hochman, 1996; Stepan, 2005.

33 Gomes & Dalben, 2011.

34 Cf. Dalben *et al.*, 2019; Dalben & Góis Junior, 2018.

35 Drumond, 2006.

36 Cf. Pereira, 2000; Souza, 2008.

Esta educação física voltada a uma "juventude cívica" era pautada por comportamentos aceitos e recomendados por médicos e educadores em uma perspectiva de saúde que não era exclusiva de São Paulo ou do Rio de Janeiro. A literatura especializada internacional também reforça essas expectativas sobre os esportes na educação de jovens e trabalhadores.[37] Contudo, mesmo diante dos interesses de intelectuais, médicos e educadores favoráveis e contrários aos esportes, como se dava a apropriação das práticas por parte de seus praticantes? Por isso, reivindicar uma história cultural de jovens e idosos relacionada às "práticas de educação física" tornou-se nossa agenda de pesquisa mais ampla.

Na impossibilidade de construção de uma interpretação genérica sobre a perspectiva de jovens e idosos nas "práticas de educação física", optamos por uma delimitação que as toma como o lócus privilegiado que permitiu a análise de representações sobre velhices e juventudes. No entanto, seria também importante uma delimitação geográfica mais precisa que impedisse uma generalização das interpretações para um contexto nacional e permitisse, em alguns pontos, uma análise em escala microssocial. Por isso, restringimos as fontes a documentos oriundos e produzidos por meio de atores e instituições pertinentes às cidades de São Paulo e Rio de Janeiro, mesmo sabendo que essas produções poderiam circular nacionalmente. Não poderíamos dar conta das múltiplas apropriações em diversos contextos de um país continental como o Brasil, com muitas diferenças regionais. Este livro, enfim, ao destacar representações sobre juventudes e velhices nas "práticas de educação física", em um contexto urbano brasileiro, das cidades de São Paulo e do Rio de Janeiro, não tem a intenção de generalizar suas interpretações para outros contextos brasileiros. A observação do empírico por meio das fontes é limitada deliberadamente pelo urbano, pois "a cidade é uma concentração na qual esses problemas de representação têm toda a possibilidade de surgirem rotineiramente",

---

[37] Cf. Rabinbach, 1992; Mangan, 1986; Holt, 1989.

como afirma Richard Sennett.[38] No contexto citadino, a vida cotidiana pode ser concebida de muitos modos, a partir de estranhos que se tocam em uma população densa e heterogênea.[39] Não seria diferente com os jovens e idosos, que conceberiam muitas formas de vivenciar esses tempos da vida na cidade.

A escolha se justifica no sentido de que São Paulo e Rio de Janeiro, entre outras capitais, davam vazão, através de políticas públicas e de iniciativas privadas, a uma série de transformações materializadas na representação de uma cidade moderna.[40] Essas cidades brasileiras encontravam-se envoltas por mudanças nas políticas públicas de educação e saúde, na arquitetura, nas culturas material e imaterial, sendo cidades nas quais os habitantes experimentavam, em escalas muito diferentes, as transformações oriundas de uma modernização envolta por muitos hibridismos, conciliações, conflitos e diferentes identidades.

Nesse sentido, as representações sobre velhices e juventudes presentes no Brasil das grandes cidades, mesmo impactadas pela modernidade, pela industrialização, por um viés cientificista com seus preceitos modernos, conviviam com as tensões de práticas cotidianas que destoavam de outros países com diferente nível socioeconômico, deslocando-se para um universo com muitas particularidades, ao qual as representações modernas eram mais dificilmente acessíveis.

Enfim, onde discursos que transitavam entre o local, o nacional e o transnacional não se opunham, mas eram ressignificados por seus agentes ou mesmo pela crescente institucionalização de um Estado que implementa políticas públicas de educação e saúde sempre de forma parcial no contexto de um país subdesenvolvido socialmente. Ao contrário de Jeffrey Lesser,[41] insistimos nas interpretações sobre diversos "Brasis", neste caso, delimitado por um Brasil urbano de suas duas maiores

---

38 Sennett, 2014, p. 66.

39 *Idem*.

40 Cf. Chalhoub, 2012; Sevcenko, 1992; 1998.

41 Lesser, 2015.

cidades, São Paulo e Rio de Janeiro. Pois, se observarmos, por exemplo, a atmosfera intelectual brasileira, envolta em um "ecletismo extremamente conciliador"[42] entre o nacional e o internacional, entre o regional e o nacional, entre o científico e o político, seria difícil o estabelecimento, a análise ou a descrição de uma identidade brasileira homogênea que se relacionasse com as representações de velhices e juventudes.

Ainda assim é primordial neste exercício de delimitação a constituição de um critério de periodização. Se estão definidos os objetos e lugares, delimitar os períodos de análise também é um recurso necessário para uma pesquisa histórica. Desse modo, optamos por períodos particulares do século XX que foram, sem dúvida, uma centúria na qual, para Antoine Prost,[43] houve um desabrochar do corpo, representando uma modificação na relação do indivíduo consigo mesmo, fato que constitui um importante capítulo na história da vida privada. Notadamente, o corpo também tem seu destaque no Brasil do século XX. Especificamente, na década de 1930, com a organização de políticas de previdência social e a institucionalização da Educação Física; no período entre 1960 e 1970, com as tentativas autoritárias do Estado e suas resistências a um uso ideológico dos esportes; e nos anos de 1980, marcados pela "Constituição Cidadã" de 1988 e a redemocratização do país. São tempos nos quais uma conjuntura de diversos projetos e conflitos fomentaram perspectivas diferenciadas de modernidade.

Para Anthony Giddens,[44] a modernidade pode ser caracterizada pela constituição de instituições profundamente ligadas à confiança por parte dos indivíduos em sistemas abstratos, em outras palavras, confiança em conhecimentos especializados e disseminados por peritos que se contrapõem à tradição. Em uma perspectiva diversa daquela de Giddens[45] e seu sistema binário entre confianças das "culturas pré-modernas" e as

---

[42] Micelli, 2001.

[43] Prost, 1992.

[44] Giddens, 1991.

[45] *Idem.*

confianças em "sistemas abstratos modernos", Nestor Canclini,[46] sociólogo argentino e estudioso do contexto latino-americano, aponta para as contradições entre movimentos modernizadores e a modernização socioeconômica nos países desse continente. Em seus termos, na América Latina: "Essa heterogeneidade multitemporal da cultura moderna é consequência de uma história na qual a modernização operou poucas vezes mediante a substituição do tradicional e antigo".[47] Esse contexto de contradições era propício para que, no Brasil, por exemplo, apenas as elites pudessem ter acesso a práticas tidas como modernas, aos confortos de uma civilidade urbana higiênica e racional, conforme as prescrições de médicos e intelectuais. Essas práticas produziam distinção por parte de seus adeptos, mas também concomitantemente mantinham as estruturas sociais enraizadas em confianças pré-modernas, como a religião. Longe de estabelecer um paradoxo, determinados discursos modernos podiam ser acomodados, constituindo assim "culturas híbridas", conforme descrito por Canclini,[48] em relação ao campo das artes nos países latino-americanos no século XX.

Nesta concepção de "culturas híbridas", naquelas cidades brasileiras, os corpos de jovens e idosos passaram a ser objeto de intervenção científica, médica e pedagógica por meio da articulação da industrialização e dos processos de mecanização do trabalho com os saberes advindos do desenvolvimento da Medicina, da Gerontologia e da Epidemiologia no século XX; com os lazeres urbanos nas metrópoles voltados para as "práticas de educação física"; e com a escolarização das massas como caminho de afirmação dos preceitos modernos nos Estados nacionais. No entanto, os corpos de jovens e idosos também são marcados pelas contradições provenientes de uma sociedade urbana caracterizada pelas desigualdades e por disputas sobre a legitimidade de diferentes práticas e representações.

---

46 Canclini, 2003.

47 *Idem*, p. 74.

48 *Idem*.

Para Margareth Rago,[49] tratava-se de novas regras e modos de viver, nos quais os padrões considerados civilizados de comportamento e de convívio social progressivamente adotados no universo das elites deveriam ser exportados para todos os grupos sociais, e por isso produziam tensões e conflitos. Dessa forma, seria necessário erradicar hábitos populares vistos como atrasados ou perigosos[50] na busca de modernos preceitos de educação, objetivados pelos discursos de médicos e educadores.

Devemos destacar que os discursos médico-higienistas, em seus propósitos educacionais, já bem estudados no caso brasileiro,[51] tiveram uma eficácia simbólica balizada por políticas de vários setores sociais e marcaram profundamente as instituições voltadas para saúde e educação públicas. No entanto, as políticas públicas voltadas ao corpo também se somavam às iniciativas particulares que fomentavam as "práticas de educação física", inclusive entre jovens e idosos, por vezes com objetivos muito diversos. Compreendemos que, hipoteticamente, haveria múltiplas representações de velhices e juventudes que dariam outros objetivos às práticas no contexto das duas cidades em períodos do século XX.

Em momentos particulares do século XX, tanto as velhices como as juventudes foram se estabelecendo em paralelo às contradições daquelas sociedades urbanas identificadas pelas desigualdades socioeconômicas. No entanto, esse critério não cria dois blocos de sociedades modernas, como se as periféricas fossem apenas cópias mal reproduzidas das sociedades economicamente mais ricas. Tratava-se de observar que, mesmo em diferentes sociedades que se estabeleciam por Estados nacionais mais ou menos estruturados nas políticas públicas de educação e saúde, as diferenças sociais se engendravam em ambos os contextos, em países ricos e pobres, mantendo as diferenciações entre classes, grupos sociais e entre indivíduos, diferenças que se evidenciam também no campo cultural, em relação aos idosos e jovens.

---

49 Rago, 2004.

50 *Idem.*

51 Cf. Gondra, 2004; Rocha, 2003; Rocha, 2017; Stephanou, 1999.

Por exemplo, em relação aos jovens, nas primeiras décadas do século XX *juventude* era um vocábulo muito associado a práticas centradas no corpo, como danças, ritmos, esportes,[52] mas também era mobilizado para se referir a um grupo etário que deveria ser alvo de pedagogias e higienes[53] em diversas instituições, como as escolas, os parques, as fábricas e moradias. Desse modo, o incipiente Estado nacional brasileiro do início do século XX organizou também uma "Educação Física" com letras maiúsculas, institucionalizada, que buscava cada vez mais ser legitimada na ciência médica, orientando as práticas dos jovens, marcando os limites das juventudes, seus divertimentos, seus esportes.

Nessa caracterização, podemos também incluir as agências governamentais ou filantrópicas com interesse na tutela dos jovens em situação de abandono.[54] Os jovens, para além dos muros da escola, tiveram também o investimento de agências juvenis não governamentais controladas por adultos, como instituições religiosas, que também tinham como meta a educação da juventude e a ocupação do tempo dos jovens em atividades religiosas, culturais, recreativas e esportivas; da mesma forma foram criadas agências organizadas por instituições políticas que buscavam o comprometimento dos jovens com uma causa de interesse das organizações, como os casos das juventudes integralista e comunista em São Paulo e no Rio de Janeiro.[55] Nesses agenciamentos, as "práticas de educação física" seriam recursos recorrentes.

Por isso, tomamos as "práticas de educação física" como um aspecto da modernização, que precisa ser compreendido a partir de seus usos por diferentes grupos políticos e sociais. Afinal, como ressalta Marília Sposito,[56] esses agenciamentos da educação formal e não formal podem promover, por exemplo, um deslocamento da ideia de educação e

---

52 Brown, 2019; Groppo, 2000.

53 Soares & Gleyse, 2006.

54 Groppo, 2000.

55 Góis Junior & Soares, 2018.

56 Sposito, 2008.

saúde como direitos concernentes à cidadania para uma concepção que tem como central conformar os comportamentos e atitudes dos jovens, principalmente os mais pobres, concepção direcionada apenas para a civilidade dos corpos, omitindo, por exemplo, a necessidade de investimento do Estado na garantia de "uma rede de serviços, de proteção e de qualidade, o acesso aos bens culturais não disponibilizados em nossa sociedade para a maioria".[57]

Ou ainda, em um outro sentido, como demonstram Góis Junior e Carmen Soares,[58] ao desconstruir a relação homogênea entre "práticas de educação física" e políticas nacionalistas, militaristas,[59] fascistas,[60] nazistas,[61] sem evidenciar as tensões, os conflitos e as diversas apropriações dessas práticas por parte dos jovens identificados com outros grupos políticos, ou seja, em uma gama mais diversa de identidades que, nos mesmos tempo e espaço, buscavam as mesmas práticas.

Ao estudar as juventudes no século XX, Savage[62] explica-nos que na Europa ocidental e nos Estados Unidos a ideia de juventude como uma fase distintiva da vida estava ainda se consolidando. Com isso, Estados nacionais começaram a produzir discursos sobre essa fase da vida marcadamente preocupados com a delinquência juvenil. Nesse sentido, a pesquisa de Savage[63] problematizou como o Reino Unido, os Estados Unidos da América, a França e a Alemanha tentaram conceituar, definir e controlar a juventude nas primeiras décadas do século XX. Em específico, na década de 1930, para Savage,[64] a juventude era criada a partir de contextos nacionais diferenciados, com determinadas especificidades,

57 *Idem*, p. 94.

58 Góis Junior & Soares, 2018.

59 Holt, 1995.

60 Spurr, 2003.

61 Reichel, 1999.

62 Savage, 2009.

63 *Idem*.

64 *Idem*.

mas com um sentimento em comum, ligado à necessidade de uma posição política a ser defendida, motivo de polarizações e violências que exigiam dos jovens a sua afiliação clara a um dos lados do embate político, que também era uma luta no campo cultural.

Compreendemos que os contrates entre juventudes e velhices falam sobre uma história do corpo que envolve "um corpo solidário ao tempo vivido, expressivo daquilo que os jovens ainda não sabem. Trata-se de um registro humano da densidade do mundo, de suas épocas, suas intempéries e bonanças".[65] Mais particularmente, vislumbramos que as "práticas de educação física" dos jovens nessas sociedades de décadas do século XX estavam em disputa em um contexto de crescimento populacional, incremento da indústria e do comércio, urbanização, o que também se inter-relacionaria com as velhices.

Outrossim, em termos hipotéticos, também as "práticas de educação física" voltadas às velhices poderiam ser compreendidas por meio de diferentes representações sobre o envelhecimento no mesmo contexto do século XX e mobilizar disputas políticas e lutas no campo cultural. Como argumenta Daniel Groisman,[66] o desejo de longevidade, que pode ter se tornado mais presente ao longo do século XX como uma conquista dos indivíduos, poderia concomitantemente reduzir as responsabilidades do Estado e da sociedade em relação ao envelhecimento. No entanto, tomadas de outro modo, as representações sobre as velhices podem também aumentar os clamores populares por demandas sociais em relação a um "regime de cuidados" para os idosos, gerando novos desafios e lutas no âmbito das sociedades modernas.[67]

Para Stephen Katz,[68] no século XX, as velhices foram mais evidenciadas por meio de "tecnologias de diferenciação" que dão destaque

---

65 Sant'Anna, 2016, p. 18.

66 Groisman, 2015.

67 *Idem*.

68 Katz, 1998.

às diferentes etapas do "curso da vida",[69, 70] possibilitando diferentes papéis sociais desempenhados por grupos de indivíduos, pautados pela idade. Nessa centúria, essas tecnologias podem ser compreendidas principalmente pelo incremento da Geriatria e da Gerontologia como conhecimentos científicos especializados em idosos, pela sistematização de aposentadorias e pensões e pela crescente organização de asilos.[71]

Além disso, é preciso sublinhar que ao longo do século XX houve períodos de reivindicações das classes trabalhadoras no campo político, que também motivaram, em um primeiro momento, na década de 1930, a organização de um sistema previdenciário no Brasil. Júlio Simões[72] explica-nos que o sistema previdenciário brasileiro foi concebido como um seguro social com contribuições compulsórias por parte das empresas, dos empregados e do governo, em um regime de capitalização gerido pelo Estado. A organização desse sistema previdenciário, paradoxalmente, também foi relevante no controle dos movimentos operários na medida em que o Estado se colocava como mediador das relações entre o capital e o trabalho. Do mesmo modo, ao conceder a aposentadoria, o Estado também disciplinava os trabalhadores em uma ética de conservação, de pontualidade e fidelidade ao emprego.[73]

Por isso, ao observarmos as "práticas de educação física" de jovens e idosos, ressaltamos os objetivos de um projeto moderno de sociedade que enfrenta apropriações, tensões, dissonâncias e conflitos, como já dissemos, que podem emergir por meio de diferentes representações que envolvem os modos de ser jovem ou idoso.

Tal procedimento justifica-se como pertinente na busca da afirmação ou refutação da hipótese central deste estudo, qual seja, a possibilidade de compreensão da existência ou não, no contexto das

---

69 Elder Jr., 1998.

70 Bengtson, Elder Jr. & Putney, 2005.

71 Cf. Groisman, 1999; Katz, 1998.

72 Simões, 2000.

73 *Idem.*

principais cidades brasileiras, de um deslocamento das "práticas de educação física" pautadas em um discurso coletivo mais centrado nas juventudes para uma perspectiva individual de práticas mais articuladas com a ideia de rejuvenescimento e administração da velhice por parte dos indivíduos. Talvez esse deslocamento possa não ser tão arbitrário ou absoluto, impondo-se linearmente ao longo do século XX. Contudo, problematiza, a partir dos exemplos de boa conduta, virtude e cuidados com o corpo, as representações sobre velhices e juventudes em sua heterogeneidade.

Assim, a hipótese que guia este estudo versa sobre "práticas de educação física" que, por meio e além da escolarização das juventudes na década de 1930, caminhavam de forma descontínua para outras práticas não escolarizadas e centradas no comportamento virtuoso para a administração da velhice e a conquista de uma juventude prolongada, em uma responsabilização dos indivíduos jovens e idosos. Essas práticas se consolidariam hipoteticamente ao longo do século XX, em outros períodos da centúria, envoltas nas particularidades das décadas de 1960, 70 e 80.

A necessidade do estudo de diferentes períodos do século XX permite a compreensão/explicação das velhices e suas contrapostas juventudes, com o aumento da longevidade, mas, sobretudo, no momento no qual as crenças na ciência e nos pressupostos modernos de sociedade passaram pelo pessimismo em relação às promessas de desenvolvimento social do Brasil como "país do futuro". Para a historiadora Maria Stella Bresciani,[74] em texto originalmente publicado em 1985, aquele tempo, desde o final dos anos de 1960, representava o mal-estar diante de uma sociedade urbana, mecânica e impessoal.[75]

No campo intelectual, estava presente um pessimismo em relação à ciência ancorado na percepção de que a técnica teria subjugado o ser humano ao mundo do trabalho repetitivo, tornando-se seu centro na

74 Bresciani, 2018.

75 *Idem.*

vida urbana para a maior parcela da população. Nesse sentido, a história do corpo centrada nas velhices e nas juventudes ganha em complexidade ao abordar novos atores sociais em uma sociedade paulatinamente mais especializada. Enfim, ao elegermos diversos períodos do século XX, temos a possibilidade de comparar nossos dados com estudos voltados para outras sociedades. Assim, teremos um mapeamento original das representações sobre juventudes e velhices por meio das "práticas de educação física" em duas relevantes cidades brasileiras, quais sejam, São Paulo e Rio de Janeiro.

Na esteira desta agenda de pesquisa, estudar o corpo saudável, educado, doente, belo, gordo, morto foram temas recorrentes nas historiografias francesa e brasileira. Entretanto, ainda assim, os corpos jovens e idosos foram pouco explorados como objeto no Brasil, principalmente quando os analisamos em um contexto de modernização das cidades brasileiras, onde não há uma relação equilibrada, mas sim contraditória, entre modernidade e tradição. Neste livro, evidenciaremos diferentes posturas perante as práticas, não só em uma perspectiva de adesão como também de apropriação ou, então, resistência a uma racionalidade moderna.

Enfim, em contextos citadinos em que há conflitos e tensões sobre o moderno, nos quais prazeres individuais, conforto e divertimentos, que, no caso brasileiro, estavam mais restritos a determinadas parcelas da população, anunciavam novos tempos, por certo as mudanças pretendidas por essas práticas evidenciavam maneiras de ser, de se comportar ou, contrariamente, de se opor e resistir aos novos tempos, em diferentes recortes temporais que perpassaram o século XX.

Nessa trajetória no tempo, ao longo do último século, problematizaremos a ampliação das demandas para a consolidação de práticas evidenciadas pela Educação Física como disciplina escolar, pelo Esporte como instituição social, pela disseminação dos exercícios físicos e lazeres ativos em academias, clubes e parques públicos. Além disso, atestaremos neste livro que nem sempre elas são veículos unívocos dos desejos e anseios de aparatos políticos e econômicos que envolvem dimensões do poder e seus respectivos interesses em uma história sem rostos e personagens. Afinal, as estruturas econômicas e as políticas do Estado criam demandas sobre essas práticas que não são absorvidas mecanicamente pelos indivíduos. Nestes casos, há dissonância, mas também mediação, apropriação, resistência e ressignificação entre um discurso proferido por grupos sociais detentores de poder e as práticas que envolvem os usos dos corpos por parte dos sujeitos.

Segundo Marcel Mauss,[76] toda sociedade impõe ao indivíduo um tipo de uso rigoroso do seu corpo, já que seria por meio da transmissão de determinadas "técnicas corporais" que a estrutura social fixaria sua marca sobre os indivíduos. Por isso, o corpo é submetido ao aprendizado das normas de comportamentos e códigos de condutas socialmente estabelecidas. Para Régine Le Jan,[77] nas últimas décadas do século XX, a partir da *turn linguistic*, os historiadores levaram em conta a contribuição da antropologia cultural norte-americana que colocou em dúvida o fato de, nas sociedades tradicionais, o todo social ser regulado por mecanismos funcionais que se impõem aos indivíduos. Dessa forma, Le Jan[78] destaca "a importância da 'cultura' que passa pela língua, pelas práticas corporais, comportamentos, mas também pela construção dos gêneros e do simbólico". As aproximações entre História e Antropologia tiveram seus defensores e seus críticos, e para Clifford Geertz:

> A onda recente de interesse dos antropólogos não apenas pelo passado (sempre nos interessamos por ele), mas pela maneira como os historiadores lhe dão um sentido atual, e do interesse dos historiadores não apenas pela estranheza cultural (coisa que Heródoto já exibia), mas também pelas maneiras como os antropólogos a trazem para perto de nós, não é um simples modismo; sobreviverá ao entusiasmo que gera, aos medos que desperta e às confusões que cria. [...] Para que venha a prosperar um trabalho dotado da originalidade, da força e do belo caráter subversivo do que examinei, e mais uma imensa quantidade dos que não examinei, vinda de todas as partes de cada um dos

---

76 Mauss, 2003.

77 Le Jan, 2016.

78 *Idem*, p. 23.

> campos para todas as partes do outro [...], parece necessária uma sensibilidade mais aguda para as condições – práticas, culturais, políticas e institucionais – em que ele ocorre.[79]

Esses encontros entre a Antropologia e a História colocaram as práticas e o corpo como categorias relevantes para a análise das sociedades. Contudo, é fundamental para uma historiografia do corpo ir além do simbólico e observar uma formalidade das práticas, no sentido de Certeau.[80] Escrevemos em um momento no qual o debate historiográfico enfrenta os desafios de uma história social que compreenda as particularidades das culturas e as apropriações dos sujeitos e, da mesma forma, de uma história cultural que tem de levar em consideração as estruturas e os processos sociais.[81] Enfim, depois das avalanches pós-modernistas sobre a História que decretaram açodadamente o seu fim, os historiadores compreenderam que as verdades são convenientes, mas isso não quer dizer que eles renunciam ao firme propósito de produzir um conhecimento verificável "como qualquer outro que pretenda ser científico e não ficcional".[82]

Além disso, como alerta Le Jan,[83] depois das desconstruções provenientes dos encontros, há a necessidade de reconstrução da crítica das fontes, pois a *linguistic turn* também tem seus limites, como a insistência no papel da linguagem e suas correlações com outras formas de vida cultural, já que "a formação das categorias parece mais social do que linguística, na medida em que duas sociedades diferentes empregam as mesmas palavras, mas lhes dão significados diversos".[84] Desse modo, a História continuou relevante nas interpretações sobre as sociedades, pois

---

79 Geertz, 2001, p. 123.

80 Certeau, 2011.

81 Aróstegui, 2006.

82 *Idem*, p. 245.

83 *Op. cit.*

84 *Idem*, p. 24.

a contextualização da linguagem no tempo, para compreender o sentido das palavras, tornou-se impreterível.

O corpo como objeto de estudo da História, sendo aí um corpo múltiplo, pois pode representar dimensões bastante diferentes da vida, como a própria expressão de um indivíduo ou de grupos sociais, evoca movimentos corporais, pedagogias, liberações e proibições.[85] A história do corpo se debruça sobre um objeto que pode ser medido, estudado biologicamente em termos físicos, mas também seria uma história das sensações, da dor e do prazer.[86] Dessa forma, quando há situações em que o corpo ganha significado social, há também uma disputa acerca de valores e sentidos sobre seus usos.[87]

Esse movimento de interesse em relação à história do corpo foi particularmente incentivado por uma perspectiva historiográfica que começava a ser delineada de modo mais preciso (isso não significa dizer que não houvesse antes desse recorte ideias acerca do tema) com o advento da Escola dos Annales em fins da década de 1920 na França. Particularmente, em uma terceira geração dos Annales, marcada pela direção de Jacques Le Goff, enfatizou-se também uma história mais atenta às relações microssociais, a uma história local, a uma história cultural e a uma problematização mais delimitada em temas particulares. Nesse momento, nas três últimas décadas do século XX, a história cultural incentivou uma historiografia atravessada por projetos interdisciplinares nos quais as fronteiras entre as disciplinas científicas avançariam na direção de interações e aproximações possíveis entre a Etnologia, a Economia, a Psicanálise, a Arqueologia, a Educação e, também, as Artes e a Filosofia. Em seu percurso, a História estabeleceu diálogos e rompeu fronteiras, teceu relações de parceria com outras ciências humanas e definiu, assim, novos objetos, problemas, interpretações. O corpo, por exemplo, como objeto interdisciplinar foi um tema que possibilitou

85 Cf. Vigarello, 2004; Vigarello & Holt, 2008.

86 Corbin, 2008.

87 Moraes, 2011.

diálogos com a Antropologia Cultural, com a Sociologia Histórica, com a Filosofia, com a Educação, com as Ciências da Saúde, mas também incentivou uma produção especializada na área da Educação Física.

Na área de Educação Física, como bem demonstrado por Carmen Soares,[88] o estudo do corpo em uma perspectiva histórica fazia parte de um movimento que visava, em um primeiro momento, conceber uma perspectiva de desnaturalização da Educação Física, ainda marcada por uma perspectiva higienista nos anos de 1990. Soares,[89] por meio de suas pesquisas, permitiu a compreensão de que a constituição da Educação Física como campo, produtor e objeto do conhecimento científico podia ir além das análises biológicas.

A produção deste texto se estabelece neste movimento de encontros interdisciplinares. Todavia, para além desse debate que delineou possibilidades de delimitações das pesquisas sobre o corpo na História, este livro coloca a Educação Física como personagem privilegiada em recortes temporais particulares, pertinentes ao século XX.

Na esteira deste projeto, é preciso alertar o leitor de que este recorte temporal não sustenta uma história linear, que organizaria o tempo como uma evolução lógica em que os anos de 1980 seriam resultantes dos fatos encontrados em um estado bruto nos anos de 1930. Os historiadores Giovanni Levi e Jean-Claude Schmitt,[90] na ocasião da organização de um estudo sobre a história dos jovens em uma longa duração, da antiguidade aos tempos modernos, mencionam a forma inconsciente com a qual alguns historiadores estabelecem explicações homogêneas que dão sentido unívoco a uma narrativa na qual o tempo é regular, dado em um mesmo ritmo, mesma velocidade, em uma diacronia formalmente estabelecida. Da mesma forma, não procuramos pelas essências da juventude e da velhice que dão sentido ao presente e futuro; ao contrário, buscaremos as continuidades e descontinuidades das práticas e representações.

---

88 Soares, 1994.

89 *Idem.*

90 *Op. cit.*

Por isso, nosso estudo buscou uma abordagem do passado que não fosse utilitarista, que não fosse um resgate de uma chave de interpretação do presente e do futuro; ao contrário, ele almejou observar as pluralidades, as descontinuidades, as diferenças, mas também algumas continuidades e similitudes que dão alguma generalidade sistêmica aos períodos do século XX aqui estudados. Enfim, não se trata de uma história da Educação Física no século XX, mas sim de momentos particulares nos quais as "práticas de educação física" se inter-relacionam com as diferentes representações de juventudes e velhices ocorridas em períodos do século XX.

Para dar conta deste desafio, escolhemos a análise de suas práticas em um jogo de escalas que vai do macro ao micro por meio de uma problematização que enfatiza duas categorias que emergiram das fontes estudadas sobre o assunto desde nossa defesa de doutoramento,[91] há 20 anos. Pensamos que a partir das relações entre "práticas de educação física" e as representações sobre juventudes e velhices, compreendendo principalmente suas oposições como rejuvenescimento ou prolongamento da juventude, podemos vislumbrar aspectos particulares de um projeto moderno de educação e saúde e suas apropriações que tiverem como centro os indivíduos em suas práticas. Assim, jovens e idosos conceberiam muitas formas de vivenciar esses tempos da vida na cidade.

Ao perceber as "práticas de educação física" que envolvem as representações sobre juventudes e velhices, podemos problematizar seus praticantes e confrontá-los em relação aos objetivos de políticas públicas, perspectivas científicas, conhecimentos especializados e suas prescrições. Assim, pretendemos interpretar o corpo documental numa lógica não edificada por uma infraestrutura econômica que determina as instituições, mas sim na perspectiva de interações entre sujeitos históricos que discursam e agem mediante diferentes interesses, os quais se articulam em um sistema abstrato de práticas e referências simbólicas no campo

91 Góis Junior, 2003.

da cultura. Desse modo, para dar conta do desafio, organizamos o livro em quatro capítulos.

No primeiro capítulo, abordaremos as relações entre as "práticas de educação física" e as representações sobre juventudes e velhices na década de 1930. Nele, observaremos que as "práticas de educação física", de forma central, estavam envoltas em um projeto de institucionalização da Educação Física mais relacionado com as representações sobre as juventudes, particularmente, uma "juventude saudável", uma "juventude informal e esportista" e uma "juventude cívica", o que não significava a ausência de representações sobre velhices que promoviam os cuidados com o corpo. No entanto, as representações de velhices estavam mais afastadas do que se convencionou atrelar a uma "institucionalização da Educação Física", que ganhava força sobretudo no campo escolar e nas praças esportivas. Isso porque estas eram voltadas aos objetivos de rejuvenescimento, e jornais de São Paulo e do Rio de Janeiro repercutiam essa mentalidade, em dietas, cremes, remédios, massagens, pílulas e, ainda de forma secundária, ginásticas.

No segundo capítulo, enfocaremos as décadas de 1960 e 1970 particularmente nas representações de juventudes. Nele, vamos confrontar as "práticas de educação física" com discursos polarizados entre jovens conservadores e jovens progressistas. Todavia, o desvelamento dos opostos também suscita outros discursos que mobilizam representações sobre juventude que não se distanciavam dos objetivos das juventudes "saudável", "cívica" e "informal e esportiva". Nesse sentido, é possível perceber continuidades em relação aos anos de 1930, mas também particularidades e descontinuidades nas duas décadas do século XX, por conta do cenário político da Guerra Fria e das disputas em relação à contracultura em "lutas de representação".[92]

No terceiro capítulo, as velhices ganham centralidade no mesmo período dos anos de 1960 e 1970. Nele, diferentes representações sobre

92 Chartier, 2002.

as velhices são mobilizadas de forma inédita na promoção das "práticas de educação física" para todas as idades. Desse modo, ao longo dos anos de 1960 e 1970, dos esportes aos exercícios físicos, do "*cooper*" às atividades físicas, das lutas às ginásticas, todos os vocábulos utilizados para propagandear e promover as "práticas de educação física" já não eram apenas relevantes estratégias educacionais para os jovens e crianças, como nos anos de 1930 – eram agora relevantes para os idosos e para jovens e adultos preocupados em administrar as próprias velhices.

No quarto capítulo, observamos o incremento de um "envelhecimento ativo" e as contradições entre os direitos coletivos a políticas de saúde e uma outra perspectiva de individualização dos corpos. Na oposição entre juventudes e velhices, entre direitos públicos e investimentos individuais, em um processo de redemocratização, diferentes representações sobre juventudes e velhices criam um quadro complexo no qual as desigualdades sociais e o posicionamento sobre essas diferenças socioeconômicas colocavam os atores sociais da Educação Física e da Saúde entre a atuação política e o silenciamento. Não havia apenas esses dois polos, pelo contrário, havia posições intermediárias que promoviam representações e práticas diversas, desde a crítica dos esportes como "ópio do povo" até a pauta de luta por direito de acesso à saúde e a defesa da atividade física como fórmula para a saúde.

CAPÍTULO 1
JUVENTUDES E VELHICES EM FACE DAS "PRÁTICAS DE EDUCAÇÃO FÍSICA" NA DÉCADA DE 1930

> A difusão do esporte popular, os albergues da juventude, as férias remuneradas permitiram que os operários mais jovens desenvolvessem os novos hábitos de asseio corporal [...] A aparência física passa a depender mais do próprio corpo, e, portanto, é preciso cuidar dele. (Antoine Prost, 1992, p. 97).

1.1 A CONSTRUÇÃO DE UMA "JUVENTUDE SAUDÁVEL" EM UM PAÍS MODERNO E AS PRÁTICAS DE EDUCAÇÃO FÍSICA[1]

Uma juventude em particular ganhava contornos nítidos no processo de modernização das cidades brasileiras, já que seria ela também símbolo de corpos saudáveis que garantiriam um patrimônio humano ao Estado e ao mundo do trabalho. Para isso, seria importante superar as representações pessimistas sobre o povo brasileiro, já que ele não seria, de modo algum, inferior, mas sim doente. A doença do povo poderia ser redimida, e esta foi uma representação central, a da "juventude saudável" nos anos de 1930, para que o investimento em "práticas de educação física" no cotidiano se aproximasse do que ocorria no campo cultural em parte da Europa, como destaca a epígrafe de Antoine Prost.[2]

---

1 Este subcapítulo teve como base dados parciais publicados por Góis Junior *et al.*, 2021, na *Revista Brasileira de História da Educação.*

2 Prost, 1992.

No Brasil, naquele período, tanto em São Paulo como no Rio de Janeiro aconteciam transformações urbanas pautadas pelas prerrogativas da higiene pública do início do século XX.[3] As maiores cidades brasileiras tentavam reproduzir a urbanidade europeia, logicamente de forma limitada, pelas condições objetivas daqueles contextos citadinos. Essa representação moderna de cidade encontrava seus defensores no país, com conglomerados populacionais que almejavam se diferenciar do cenário rural e dos subúrbios urbanos, a partir das primeiras décadas do século XX.[4] Novos discursos e práticas enalteciam os sonhos da civilização industrializada, racional e cientificamente administrada, a qual poderia fornecer os confortos da luz elétrica, de novos transportes, de consumo e divertimentos.

Para Le Goff,[5] o termo "moderno" assinala a tomada de consciência de dada sociedade em relação a uma ruptura com o passado. Nesse sentido, países atingidos pelo colonialismo europeu, como o Brasil, precisaram enfrentar a questão do atraso no século XX. Em um processo de identificação, com negação e oposição entre antigo e novo, a "modernização" teve certas características que, para Le Goff,[6] separam uma "modernização equilibrada", em que o êxito da penetração do "moderno" não destruiu o antigo, como no Japão, por exemplo, de uma "modernização por tentativas" que procurou conciliar antigo e novo não de forma equilibrada, mas parcial, como no Brasil. Neste último exemplo, a afirmação da modernidade se refere, sobretudo, a uma consciência do progresso, a um plano em elaboração identificado como conquista de um grupo, de uma elite, de círculos restritos, mesmo quando suas práticas alcançam populações mais amplas, no que se denomina de "modernização em tentativas".[7] Além disso, precisamos

---

3 Cf. Chalhoub, 1996, 2012; Rago, 2014; Costa, 1979; Hochman, 1998; Luz, 1982.

4 Cf. Morse, 1965; Mehrtens, 2010.

5 Le Goff, 2013.

6 *Idem.*

7 *Idem.*

compreender que um processo de modernização exerce diferentes impactos em diversos grupos sociais da cidade, pois o moderno tem um sentido multifacetado, ao passo que as mudanças estabelecidas em dados espaços e tempos abarcam "maneiras plurais de apreensão" das transformações em curso.[8]

Portanto, neste cenário de pluralidade e contradições, se por um lado havia projetos modernizadores inspirados nos países industrializados, por outro, a partir dos anos 1920 e 1930, havia também anseios por uma representação mais genuína de "brasilidade",[9] ancorada na mestiçagem,[10] o que provocou, por exemplo, a exaltação do samba[11] e a oficialização da capoeira.[12]

No período, os conflitos raciais emergiam na produção dos intelectuais modernistas que, por conseguinte, propagavam discursos de otimismo e valorização do povo brasileiro e da mestiçagem.[13] Essas interpretações de uma geração de intelectuais, representadas principalmente pela produção intelectual de Gilberto Freyre (1900-1987), caracterizavam-se pela crítica a posturas racistas, mas ao mesmo tempo construíam uma identidade brasileira que almejava tornar-se mais homogênea,[14] pois clamavam por um otimismo, por um "país do futuro". Assim, Gilberto Freyre, como representante mais proeminente desta geração de intelectuais brasileiros na década de 1930, promovia uma identidade nacional a partir de uma conciliação pacífica entre modernidade e cultura popular, omitindo os conflitos, as tensões e violências que tinham como base o racismo.[15]

---

[8] Cerasoli, 2004.

[9] Weinstein, 2015.

[10] Cf. Santos, 2010; Romo, 2007.

[11] Hertzman, 2009.

[12] Fonseca & Vieira, 2014.

[13] Cf. Stepan, 2005; Schwarcz, 1999; 2008; Santos, 2010.

[14] Cf. Freyre, 1959; 1973 [1933].

[15] Cf. Bastide & Fernandes, 1971; Fernandes, 1972; Skidmore, 1989; Mota, 1994.

Seguimos este mesmo itinerário da crítica, mas delimitado pela inserção das "práticas de educação física" e pelas representações sobre juventudes que envolviam os discursos de médicos e da imprensa. Nesse sentido, observamos que os discursos sobre a educação física dos jovens também tentavam homogeneizar os comportamentos juvenis, afirmando uma identidade da juventude brasileira. Contudo, as representações das juventudes em face das "práticas de educação física" eram ainda mais centralizadoras, pois contrariavam a mestiçagem, a despeito da influência de Freyre, já que criticavam ou silenciavam sobre práticas mais populares ou com uma identificação cultural africana.

Compreendemos que as "práticas de educação física" dos jovens forjavam uma "juventude saudável" e urbana pautada por comportamentos considerados legítimos, que se ancoravam em discursos médicos e jornalísticos. Não há, desse modo, uma continuidade mecânica entre discursos modernistas e as "práticas de educação física" nos dizeres de médicos e da produção jornalística da "grande imprensa".

Na análise documental, três evidências ancoraram a interpretação de tensionamentos gerados pela instituição de modos de comportamento da juventude considerados pertinentes às "práticas de educação física": a) os silêncios em relação à capoeira identificada como educação física e as insistentes associações entre capoeira, delinquência e vadiagem, bem como o debate sobre o papel da Medicina e da Educação Física em relação à criminalidade da juventude pobre; b) a necessidade de controle do comportamento juvenil para evitar o ócio e moldar a sexualidade; c) a defesa do discurso científico como legítimo nas escolhas pertinentes à Educação Física por meio da representação da moderação e por meio da regulamentação, o que gerou críticas à popularização dos esportes entre jovens, sobretudo o futebol.[16]

[16] Cf. Kittleson, 2014; Goldblatt, 2014.

1.1.1 AS REPRESENTAÇÕES DE MÉDICOS E JORNALISTAS SOBRE UMA "JUVENTUDE SAUDÁVEL"

As grandes cidades, como São Paulo e Rio de Janeiro, entre outras, davam vazão, através de políticas públicas e de iniciativas privadas, a estas transformações materializadas na representação de cidade moderna. Este Brasil urbano encontrava-se envolto por essas mudanças na higiene pública, na arquitetura, na cultura material, mas também, de forma paradoxal, não se afastava de uma cultura tradicional ligada ao campo, à fazenda, ao rural[17] e aos hábitos populares. Para o antropólogo Ruben Oliven,[18] a partir de muitos hibridismos, conflitos e conciliações, uma identidade brasileira tentava se consolidar, em termos simbólicos, como "comunidade imaginada".[19]

Neste momento, interessa-nos como a imprensa jornalística e os médicos representavam uma "juventude saudável" em seus aspectos culturais em relação ao que se convencionou chamar naquele período de "Educação Física", um vocábulo que congregava naquele tempo uma pedagogia desenvolvida para a infância e a juventude pautada nas práticas de esportes, jogos e ginásticas. Isso, entretanto, não significa que as questões políticas não se articulem com essas representações culturais, como no caso da juventude hitlerista alemã, que tinha em sua essência a prática diária de exercícios físicos.

Portanto, mesmo sem desconsiderar os aspectos políticos, nosso olhar será direcionado neste momento para o campo cultural, evidenciando por meio das fontes os discursos médicos e jornalísticos que representavam particularmente um projeto de educação das juventudes que defendia a construção de uma sociedade moderna e higienizada.

Esse projeto educacional dos jovens estabelecia-se com uma imprecisa definição de juventude no período, mas já associava as palavras *jovem*,

---

[17] Lima, 2008.

[18] Oliven, 2001.

[19] Conceito utilizado por Anderson, 2013.

mocidade e *juventude* às demandas que envolviam a educação, o fortalecimento da raça, a educação física, a criminalidade e a sexualidade.

Além disso, na defesa de uma pedagogia voltada aos corpos que cumprisse critérios de racionalidade, cientificidade e educação moderna, outras práticas distantes dessas características eram silenciadas ou associadas à juventude pobre e estigmatizada.[20] Por exemplo, mesmo com a legalização da prática da capoeira na década de 1930 e sua valorização como referência nacional,[21] com a valorização dada pelos intelectuais à mestiçagem do povo brasileiro e com a necessidade de busca de identidades próprias perante o "moderno", nos anos de 1930,[22] as "práticas de educação física" dos jovens eram evidenciadas e apoiadas pela imprensa como uma pedagogia marcadamente inspirada nos modos de vida europeu e norte-americano. Por isso, a capoeira era constantemente associada na imprensa ao jovem pobre, à vadiagem e à violência, sem a representatividade que a prática tem atualmente em relação a uma identidade brasileira, e sem nenhum tipo de vínculo com uma Educação Física institucionalizada no período. Vemos isso, por exemplo, na notícia publicada no jornal *A Batalha* com o título "Roubou o homem que o protegera": "Ontem, estava na Central do Brasil o sr. Pereira do Nascimento, quando viu o rapaz, em companhia de vadios a jogar capoeira. Chamou um policial e mandou prendê-lo. [...] Ao ser interrogado ali, declarou chamar-se José da Silva, ter 17 anos, sem profissão e residência".[23]

Neste excerto, a imprensa, a partir de um evento em particular, associa a vadiagem à capoeira e à juventude. Sobre a juventude pobre pesavam estigmas que não eram confirmados pelas escassas estatísticas do período. Para acessarmos essas representações em seus próprios termos, apresentamos resumidamente um longo debate na Academia Nacional de

---

20 Arend, 2011.

21 Cf. Fonseca & Vieira, 2014; Pires, 2010.

22 Cf. Fonseca & Vieira, 2014; Pires, 2010.

23 *A Batalha*, 20 ago. 1932, p. 3.

Medicina, a qual tinha sede na cidade do Rio de Janeiro. Na ata da sessão realizada no dia 29 de outubro de 1936, um debate sobre a delinquência infantil no Brasil fomentou discursos antagônicos entre os médicos, o que deixa vislumbrar a existência de diferentes visões acadêmicas e políticas entre eles. É interessante observar que mediante muitas soluções sugeridas para o controle da criminalidade, argumentos de intervenção médica e biológica eram contrapostos com a necessidade de uma intervenção pedagógica que envolvia "práticas de educação física". A discussão foi gerada pela comunicação oral do Dr. Leonildo Ribeiro, que tinha o título de "Aspectos médicos do problema da delinquência infantil", publicada na íntegra no *Boletim* daquela instituição médica. Ribeiro argumentava que:

> A medicina está sendo chamada a representar papel cada vez mais importante na defesa da sociedade e, mais especificamente, na obra contra o crime, em que estão empenhados os especialistas de toda parte, tendo em vista que a criminalidade cresce, contínua e assustadoramente, nos centros mais cultos do mundo. Foi um médico de gênio, Lombroso, quem primeiro demonstrou, há mais de cinquenta anos, que se a ideia de crime estava ligada à de saúde perfeita de seu ator, para que ele pudesse ter noção de responsabilidade, era urgente modificar nesse sentido as leis penais, visto como grande parte dos criminosos é evidentemente constituída de indivíduos anormais ou doentes, não podendo ter, por isso mesmo, consciência do mal que estavam praticando. Puni-los, simplesmente, além de ser, em certos casos, uma heresia científica, era medida desumana, sem finalidade prática, na defesa da sociedade.[24]

O Dr. Leonildo Ribeiro, ainda em meados da década de 1930, defendia uma naturalização do comportamento social ancorado na biotipologia italiana, que tinha como expoente o Dr. Cesare Lombroso.[25] A partir da biotipologia seria possível, no entendimento do pesquisador, prevenir a criminalidade identificando distúrbios biológicos na infância e na adolescência. Ribeiro continua:

---

[24] Ribeiro, 1936, pp. 842-843.

[25] Silva, 2014.

> Começaram então a surgir, por toda parte, depois da guerra, as instituições de estudo e observação da infância e da adolescência. Nos Estados Unidos, apareceram os laboratórios de pesquisas juvenis e as clínicas psicológicas infantis. Clarepede, na Suissa, funda o primeiro consultório médico-pedagogo, no qual realizou uma obra de repercussão mundial. A Bélgica inicia a reforma completa de sua legislação sobre a criança, colocando-se na vanguarda dos povos europeus, pelas suas novas leis nesse sentido. Mais recentemente, na Alemanha e na Áustria, os partidários da doutrina de Freud instalaram consultórios de *pedanálise* e, na Itália, surgem os Institutos de Biotipologia, sob a influência das novas ideias da escola constitucionalista de Viola e Pende.[26]

Havia na década de 1930, segundo Savage[27], uma preocupação crescente dos governos do Estados Unidos da América e dos principais países da Europa ocidental com o controle dos índices de criminalidade, o que ocasionou o desejo de maior controle sobre a juventude pobre. No Brasil, uma parcela dos médicos teve a iniciativa de dialogar com esses estudos, porém sem se pautar em estatísticas confiáveis, mas sim em discursos morais sobre as juventudes.[28] Mesmo assim, o Dr. Ribeiro criticava algumas medidas educacionais que poderiam mitigar de alguma forma a delinquência no país. Em seus termos:

> Fica assim evidenciado que a solução do problema, no Brasil, da infância abandonada e delinquente difere, em alguns de seus aspectos, da que lhe foi dada em outros países, mesmo entre aqueles que mais se aproximam de nós. De que valeria internar uma dessas pobres crianças, mesmo em instituições admiravelmente aparelhadas para realizar sua educação física e profissional? O resultado seria, a meu ver, completamente nulo e até em certos casos prejudicial.[29]

---

26 *Idem*, p. 846.

27 Savage, 2009.

28 Morelli, 2018.

29 Ribeiro, 1936, p. 856.

Ao relativizar os benefícios da educação e da educação física sobre a saúde das crianças e jovens, o médico defendia os limites de uma intervenção educacional, pois, para ele, o comportamento delinquente tinha uma explicação biológica, e não pautada no contexto cultural de inserção das juventudes. Contudo, essa ideia não era comungada por toda a classe médica. Assim respondeu o presidente da sessão na Academia Nacional de Medicina, Manoel de Abreu: "Não creio, apesar das opiniões abalizadas expostas pelo nosso colega, que sejam as infecções que determinam, positivamente índice elevado de delinquência dessas crianças. Parece-me que é a miséria, causadora da doença e, ao mesmo tempo, da delinquência – a grande miséria!".[30]

O discurso do Dr. Abreu corroborava uma parcela significativa da Medicina brasileira que defendia não existir inferioridade racial por parte das populações pobres no país, mas más condições de saúde, provocadas pelo abandono e pelo isolamento por parte das políticas públicas.[31] Assim, o debate sobre as populações resultou em maior influência de uma vertente preocupada com reformas sociais a partir da década de 1930.[32] O pronunciamento do Dr. Manoel de Abreu também incentivou outros interlocutores que apoiaram e criticaram as pesquisas do Dr. Leonildo Ribeiro. Assim pronunciou-se o Dr. Pedro Pernambuco:

> Sabemos hoje, de acordo com a Medicina Legal infantil e com os ensinamentos de todos quantos se dedicam a esses assuntos da Medicina infantil, que a criminalidade, em geral, se processa depois dos 18 anos, sendo raros os casos em que praticam delitos crianças aquém dessa idade, hipótese em que os delitos são sempre determinados por dois fatores essenciais: primeiro: uma educação ativamente má; e, segundo, perturbações de natureza orgânica ou psíquica, que condicionam o delito.[33]

---

30 Academia Nacional de Medicina, 1936, pp. 858-859.

31 Hochman, 1998.

32 Cf. Stepan, 1998; 2005.

33 Academia Nacional de Medicina, 1936, p. 862.

O Dr. Pernambuco defende a tese de Ribeiro apresentando uma estatística não publicada no estudo de que 70% dos jovens com menos de 18 anos cometiam crimes ou delitos por uma condição de debilidade mental ou doença psicológica.[34] Tratava-se de uma tese de medicalização dos crimes e delitos praticados por jovens, ao passo que, se as causas da delinquência fossem provocadas por doenças mentais, o problema estaria mais no campo médico do que no educacional. Assim, permitiria uma penetração ainda maior dos discursos médicos em políticas públicas eugênicas direcionadas à juventude.[35] Entretanto, a tese era de difícil defesa, e o Dr. Ribeiro não confirmou as estatísticas do Dr. Pernambuco, mas interpelou:

> Vamos admitir que sejam 50% as causas sociais e que as causas de natureza biológica representem os outros 50%. Já que não podemos enfrentar de maneira decisiva as causas de natureza social, enfrentemos as biológicas, que na minha opinião são as mais fáceis de ser abordadas e mais diretamente vencidas, e termos, assim, diminuído em grande parte uma percentagem enorme de criminalidade infantil, que aumenta sistematicamente em todos os grandes centros cultos do mundo.[36]

A preocupação com a juventude era patente entre os médicos brasileiros na década de 1930, contudo, a criminalidade estava longe de ter maior incidência entre os jovens até 18 anos. Embora houvesse poucas estatísticas sobre o crime no Brasil na década de 1930, dados do estado de São Paulo, verificados em 1936 e publicados pelas autoridades governamentais no jornal *Correio Paulistano*, revelavam que havia maior ocorrência de práticas ilegais por parte de homens de 26 a 45 anos.[37]

Outro aspecto relevante sobre as "práticas de educação física" dos jovens nos periódicos médicos do período era a defesa de aulas

---

[34] *Idem*.

[35] Souza, 2008.

[36] Academia Nacional de Medicina, 1936, p. 866.

[37] *Correio Paulistano*, 21 nov. 1937, p. 24.

institucionalizadas de Educação Física para as juventudes oriundas das classes média e alta. Nesse caso, sem os estigmas da inferioridade racial e biológica, tratava-se de selecionar a melhor educação física para a juventude. O tema era importante, pois entre os anos de 1920 e 1940 a população brasileira passou de 30,6 milhões para 41,1 milhões, e os menores de 20 anos correspondiam a 54% do total naquele período.[38]

Por isso cuidar da juventude por meio de políticas públicas de educação e saúde era reformar a sociedade do futuro e promover a modernização dos corpos, pelo menos do ponto de vista de parte significativa dos médicos. Assim considerou o Dr. Ovidio Meira:

> Sob este ponto de vista, Sr. Presidente, declarei que, no Rio de Janeiro, são abandonadas não só as crianças indigentes, mas as da classe média e as ricas. Esse abandono seria, talvez, facilmente corrigível sem grande ônus, pois não há no Rio de Janeiro, um *club* esportivo que não tenha favores especiais dos governos. De sorte que, dividindo-se o ano letivo em dois períodos, um de educação intelectual e outro de educação física e cívica, esses grandes centros esportivos serão naturalmente compelidos, ou a desistir dos favores [de] que gostam, ou a ceder as suas sedes para educação dessas crianças, estabelecendo-se frequência obrigatória e compulsória, salvo para aquelas que tivessem que sair do Rio de Janeiro, obrigando-os, entretanto, a frequentar outros centros.[39]

O Dr. Meira compreendia que a ocupação do tempo dos jovens fosse uma tarefa importante para o controle do comportamento juvenil em todas as classes sociais. Era impreterível evitar o ócio de todas as juventudes. Dessa forma, as "práticas de educação física" eram consideradas ferramentas importantes de uma educação moral capaz de conformar os comportamentos.

Essas prerrogativas eram observadas, por exemplo, nas revistas médicas, quando se tratava o tema "como a sexualidade afetava a juventude". Para evitar uma gravidez indesejada, ou mesmo a própria relação sexual

---

[38] Fausto, 2002.

[39] Academia Nacional de Medicina, 1936, pp. 860-861.

na adolescência, as armas modernas da Medicina não se referiam mais à moral religiosa, mas a uma moral médica pautada no controle científico dos corpos. Nela utilizava-se também como estratégia a educação física, que possibilitava a ocupação do tempo da juventude, evitando o ócio. Assim se pronunciou o Dr. Neves Manta na revista *Imprensa Medica* no artigo "Prophylaxia das paixões prematuras", em 1932:

> Cumpre fazer-se, portanto, antes de mais nada, a profilaxia da cópula prematura, evitando assim junções de corpos tenros e em evolução! Mas como fazê-lo? Nas forças estéticas encontrará a Higiene os meios para uma profilaxia perfeita. Não só aí: nos exercícios físicos e nos jogos pueris encontrará também derivativos admiráveis para o desnorteio das manifestações eróticas *subinstitivas*.[40]

Outrossim, o Dr. Clovis Muzzel Faria, em 1937, aconselha o controle da masturbação juvenil através do incentivo às práticas esportivas:

> Poderemos empreender um rápido estudo da masturbação dividindo-se em dois casos gerais: a masturbação na idade juvenil e a sua [prática] na idade adulta. Preferimos falar em masturbação juvenil, porque é geralmente na puberdade que se faz sentir com mais intensidade. [...] Aos pais e educadores que devem estar suficientemente preparados em matéria de sexualidade para que sua missão seja perfeita, cabe saber evitar que o educando se masturbe em excesso. Não incutindo ideias perniciosas no jovem como são as de que ficará louco, tuberculoso, impotente etc., que só servem para aumentar as angústia do masturbador e que é precisamente o que se deve evitar, pois, são tais teorias que tornam o indivíduo neurastenizado e com um sentimento de culpa que o acompanhará a vida inteira, porém, fazendo que sua atenção seja orientada para outros fins como são o *sport*, a arte, etc.[41]

A palavra de ordem na Medicina era a moderação, e evitar excessos em tudo era um princípio que orientava o campo educacional em relação

[40] Manta, 1932, p. 342.

[41] Faria, 1937, pp. 483-484.

ao corpo. Em vez da condenação moral própria da educação religiosa em relação à masturbação, a Medicina do início do século XX optava pela moderação. Para alcançar esse objetivo, da mesma forma, era preciso ocupar o tempo dos jovens por meio de "práticas de educação física", como as realizadas nos esportes. Se para os médicos era importante que os exercícios fossem pautados na ciência e tivessem como princípio a moderação e a negação dos exageros, no campo dinâmico da cultura muitas "práticas de educação física" tinham visibilidade na imprensa.

Essa diversidade, contudo, tinha certos limites por parte da "grande imprensa", sobretudo pelos jornais das cidades de São Paulo e Rio de Janeiro. Desse modo, as "práticas de educação física" nessas cidades eram particularmente oriundas de determinadas culturas e, fosse nas escolas,[42] nos clubes esportivos,[43] na vida associativa de imigrantes,[44] nas associações cristãs de moços,[45] ao ar livre,[46] nos rios,[47] nas ruas e avenidas,[48] fosse nos subúrbios,[49] havia uma centralidade de visibilidade de esportes ingleses, de jogos infantis e pedagógicos de origem norte-americana e de ginásticas europeias que eram apropriados e ganhavam novos sentidos por seus praticantes, tanto em São Paulo como no Rio de Janeiro.

Por exemplo, havia uma transgressão por parte dos jovens, pois nem sempre a educação física era moderada ou higiênica. Assim, ressignificações de "práticas de educação física" geravam tensões. Esse cenário não era exclusivo do contexto brasileiro, e outros estudos evidenciam

---

42 Cf. Góis Junior; Silva & Pinto Junior, 2022; Silva & Góis Junior, 2023.

43 Melo, 2021.

44 Cf. Mazo, 2012; Quitzau, 2016; Santos Neto & Góis Junior, 2023; Doi & Góis Junior, 2021.

45 Baía & Moreno, 2019.

46 Cf. Soares, 2016; Soares & Santos Neto, 2018.

47 Medeiros, 2021.

48 Lessa; Soares & Moraes e Silva, 2023.

49 Melo, 2022.

essas contradições entre uma educação física ligada ao "moderno", ao científico, em contraposição a práticas tradicionais ou desviantes, como o estudo de David Kirk e Karen Twigg,[50] que descreve as resistências em relação à ginástica sueca, por conta de sua previsibilidade e monotonia, na Austrália, na década de 1930; e o estudo de Klaus Dittrich,[51] sobre as contradições entre práticas educacionais tradicionais e uma educação física moderna na Coreia.

No Brasil, as contradições das "práticas de educação física" podem ser observadas na publicação de constantes críticas à popularização de alguns esportes. A partir de escolhas identitárias, realizadas tanto por médicos como pela imprensa das maiores cidades brasileiras, uma Educação Física institucional, mesmo se estabelecendo de maneira mais ampla, não podia ser atrelada a uma cultura da improvisação ou dos divertimentos desinteressados, pois assim seria associada ao popular. Na defesa de uma "juventude saudável", discursos de médicos e jornalistas, em um aspecto moral, ensejavam representações de uma juventude educada por meio de princípios pedagógicos e científicos. No entanto, as representações devem ser contrapostas às formalidades das práticas, como já defendemos aqui, com base em Michel de Certeau;[52] e no campo cultural, "práticas de educação física", como os esportes, sofreram apropriações e ressignificações. A produção jornalística, envolta nas "lutas de representações", questionava os desvios das práticas. Carlos Fernandes, no artigo "Cultura physica", no jornal *O Paiz*, ponderava:

> Não sei se chegamos a compreender que o aprumo, a destreza e airosidade britânica, apesar do *whisky* e do tabaco, se derivam quase que exclusivamente daqueles sadios hábitos de exercitação muscular. Seja como for, adotamos aqueles jogos, nacionalizamos a peteca, e chegamos ao exagero de erigir o *football* como mania pandêmica, que se manifesta em acessos hebdomadários

---

50 Kirk & Twigg, 1993.

51 Dittrich, 2014.

52 Certeau, 2011.

> de ameaçador e contagioso delírio. Assim estamos fabricando uma geração masculina de cangurus, pelo tamanho excessivo das pernas, como já temos uma enorme plêiade de guaribas, pelo comprimento demasiado dos braços – os remadores. [...] Todavia é mister não confundir educação física com desportos. Estes caracterizam-se pela sua finalidade recreativa, que pode chegar ao atletismo ou ao comprometimento da saúde, da harmonia fisiológica. Aquela visa precisamente auxiliar, estimular e manter a *euritmia* do corpo humano.[53]

Carlos Fernandes alertava para a invasão dos esportes no cotidiano das cidades. O texto representa uma linha de pensamento que via os esportes como ameaça no campo educacional na mesma perspectiva do médico Dr. Carlos Sussekind de Mendonça, em "O *sport* está deseducando a mocidade brasileira", de 1921. Mendonça[54] inferia que a prática de esportes trazia mais malefícios do que benefícios, na medida em que ocasionava, em tese, uma excessiva fadiga corporal que desequilibrava o organismo, sendo, portanto, anti-higiênica.[55] A isso aludia o artigo denominado "Um grande passo para o aperfeiçoamento de nossa gente", de Nelson Lourenço, publicado no jornal *O Paiz*, em 1930:

> Houve uma época em que os diretores dos colégios compreenderam a necessidade da *gymnastica*, quando mais não fosse para apresentar nos dias de festa aquela célebre parte dos exercícios físicos. Mas, quem passou por esses estabelecimentos de ensino há de estar lembrado que essa *gymnastica* era habitualmente praticada, uma ou duas vezes por semana, em local improprio e em impropria hora. [...] Mas, eis que o *football* surgiu. Trazia todas as qualidades que um povo, descendente em sua grande maioria de latino e índio, exigia. Era violento. Emocionava. E do modo por que foi compreendido, não requeria perseverança para aprendê-lo. Era só jogar. [...] Mas *football* é *sport*, e *sport* não é cultura física. Longe estava ele de representar a nossa urgente necessidade. [...] O *sport* só pode ser olhado como causa do avigoramento

53 Fernandes, 1930, p. 1.

54 Mendonça, 1921.

55 Dalben & Góis Junior, 2018.

> do corpo, e consequentemente da raça, quando praticado com moderação e racionalmente. [...] O que não é mais possível, é continuarmos na vertiginosa descida em que vamos. O *football* causou em nosso meio uma verdadeira revolução social. As revoluções sociais originam, no princípio, atropelo, excesso, balbúrdia, após tudo isto, vem a condição melhor.[56]

Essas críticas evidenciam que as práticas precisavam ser controladas e regulamentadas por um poder institucional, pois no campo dinâmico da cultura gozavam de maior autonomia, uma vez que os jovens e as classes populares delas se apropriavam. Concomitantemente, os ataques moralistas aos esportes suscitavam também seus defensores, oriundos de diversos grupos sociais. Revistas especializadas, influenciadas por instituições de fomento ao esporte, como a YMCA (Young Men Cristian Association, Associação Cristã de Moços) do Rio de Janeiro, tomaram partido no debate, defendendo os esportes como estratégia de higienização e educação da juventude. Um exemplo era a revista *Sport Illustrado*, que em 1938 dizia que os países adiantados incentivam os esportes com uma regulamentação governamental, pois eles poderiam ser a "coluna mestra da higienização, digamos, assim, de sua juventude".[57]

As polêmicas residiam também no debate sobre o melhor instrumento de uma educação física para os jovens. Como desdobramento, de um lado, produziu-se uma idealização do valor do esporte. De outro, percebe-se forte suspeita de que ele estimularia excessos que comprometeriam a integridade dos jovens. Américo Netto,[58] por exemplo, assume uma posição conciliatória entre ginástica e esportes, e essa perspectiva parece ter sido mais influente quando observamos as práticas evidenciadas pelos jornais, tanto em São Paulo como no Rio de Janeiro, sugerindo que os esportes e as ginásticas se tornaram estratégias menos concorrentes ao longo da década de 1930, dando espaço para uma

---

[56] Lourenço, 1930, p. 4.

[57] *Sport Illustrado*, 2 jun. 1938, p. 3.

[58] Netto, 1933.

educação física eclética, congregando diferentes tradições europeias e norte-americanas. O posicionamento de Américo Netto não era trivial, e se analisarmos sua rede de sociabilidades, observaremos que ele, primeiramente, esteve envolvido na criação da Escola de Educação Física de São Paulo; era secretário-geral do Departamento de Educação Física do Estado de São Paulo; tinha relações com a filial paulista da Associação Cristã de Moços, entidade de grande relevância na promoção de esportes norte-americanos e ingleses; atuou como representante paulista do movimento olímpico brasileiro e trabalhava na publicação da revista *Educação Physica* (1932-1945), primeira publicação periódica especializada no gênero. Ou seja, era um agente histórico importante no que se referia à institucionalização de uma área profissional no país, a agora Educação Física, com letras maiúsculas, como disciplina escolar e também como curso superior. Desse modo, se ao longo da década de 1930 foram garantidas as questões objetivas para seu oferecimento nas escolas de São Paulo e Rio de Janeiro, agora era necessário demonstrar os benefícios de sua implantação.

1.1.2 A NECESSIDADE DE UMA INSTITUCIONALIZAÇÃO DA EDUCAÇÃO FÍSICA[59]

A revista *Sport Illustrado*, do Rio de Janeiro, ao defender a institucionalização da Educação Física, em 1938, falava dos esforços empreendidos pelos governos para a criação de um curso superior civil na cidade do Rio de Janeiro. Em seus termos: "nosso Ministério da Educação, bem como a Prefeitura Municipal, prescreveu exigências utilíssimas sobre o assunto. Com isso a contingência de instrutores capazes, técnicos e categorizados. Fugiu-se do empirismo para a ação científica, metodizada e consciente".[60]

[59] Este subcapítulo teve como base dados parciais publicados na *Revista Movimento*, Góis Junior, 2017.

[60] *Sport Illustrado*, 2 jun. 1938, p. 3.

A Educação Física brasileira, como o movimento internacional, teve médicos, educadores e militares como apoiadores de seu projeto de institucionalização, marcado por sua presença nas escolas e em cursos de formação especializados. A produção histórica dedicada à Educação Física teve vários estudos que relacionaram sua institucionalização no currículo com objetivos militares, nacionalistas e com projetos modernos de sociedade. Corpos higienizados pela crença em pedagogias sustentadas pelo discurso científico como progenitor de caminhos seguros de civilidade e progresso social. Como exemplos, na Escócia, Eilidh Macrae[61] demonstrou a importância que o governo e importantes educadores deram à Educação Física na reforma curricular de 1931. Na Turquia, Cüneyd Okay[62] vislumbrou a valorização das festas esportivas para jovens e crianças com o objetivo de estimular um sentimento de nacionalismo nas primeiras décadas do século XX. Na Suécia, Suzanne Lundvall[63] evidenciou que a ginástica sueca desenvolvida por Per-Henrik Ling no século XIX, exportada para diversos países no mundo, tinha objetivos fortemente ligados à saúde, mas também ao militarismo. Na Argentina, Pablo Scharagrodsky[64] afirmou que na década de 1920, diante dos conflitos sobre a questão do melhor método de Educação Física, os argentinos optaram por uma organização didática nacional com forte influência médica, permitindo e proibindo tipos específicos de movimento. Na Alemanha, Michael Krüger[65] narrou o papel da ginástica e suas associações civis na construção da identidade nacional desde o século XIX. Na França, Georges Vigarello[66] descreveu uma ginástica mecânica, calculada, bastante objetiva, que tinha como lema o controle corporal em uma lenta difusão no século XIX. Na Inglaterra, para

---

61 Macrae, 2012.

62 Okay, 2003.

63 Lundvall, 2015.

64 Scharagrodsky, 2014.

65 Krüger, 1996.

66 Vigarello, 2003.

John Welshman,[67] mesmo sob a influência da pedagogia dos esportes, a ginástica higiênica tinha também seus defensores.

Ao observar essas interpretações ao redor do mundo, percebemos que discursos proferidos por médicos e jornalistas, quando traduzidos em "práticas de educação física", mais especificamente, em pedagogias delimitadas por ginásticas europeias, mas também pelos esportes e jogos infantis, davam certa homogeneidade à institucionalização de conhecimentos especializados. Desse modo, a historiografia internacional da área, por meio de interpretações diversas, vislumbrou o papel destacado de médicos, educadores e militares como personagens relevantes na construção da Educação Física com letras maiúsculas, ou seja, sistematizando práticas e conhecimentos no sentido de forjar uma ocupação especializada presente nas escolas e também fora delas, em associações e clubes esportivos. Enfim, os narradores enfatizam os ideários médico e militar presentes desde o século XIX nas "práticas de educação física".

Em São Paulo, na década de 1930, também a produção jornalística foi uma importante interlocutora na conformação de um campo específico e do que chamamos de "institucionalização da Educação Física", que podemos exemplificar com a criação da Escola Superior de Educação Physica, embrião de uma das principais faculdades da área no país, a Escola de Educação Física e Esportes da Universidade de São Paulo.

Os discursos produziam representações que davam importância e centralidade a determinadas práticas que incidiam sobre os corpos, prescrevendo determinados comportamentos que aludiam a determinada "juventude saudável". Muitas vezes atrelada a uma "juventude cívica" no sentido de forjar uma identidade nacional, a Educação Física era tema que movia seus defensores na imprensa. Pois, a exemplo de uma educação mais utilitária, de uma escola voltada ao trabalho e preocupada com a formação de uma identidade nacional, a Educação Física, para seus defensores, era uma prática privilegiada em um cenário de reformas

---

67 Welshman, 1998.

educacionais que ocorriam desde a década de 1920 e se efetivavam na década de 1930.[68]

Na perspectiva do Estado, que almejava avançar no controle dos comportamentos juvenis, era paulatinamente mais pertinente a escolarização das "práticas de educação física". No caso específico de São Paulo, é possível perceber de forma nítida o incentivo de parte da imprensa quando o assunto era a organização de aparelhos estatais direcionados à "causa" da Educação Física. Destacava o jornal *Correio Paulistano*, na reportagem "Em prol de uma raça mais forte":

Figura 1 – Fotografia da reportagem "Em prol de uma raça mais forte" no *Correio Paulistano*. Fonte: *Correio Paulistano*, 13 ago. 1930, p. 5.

Não é de hoje que os mestres da pedagogia vêm aconselhando, insistentemente, a educação física ao par da educação intelectual. Fundamentam, eles, sobejamente, as suas teorias, num combate eficaz àquele velho preconceito que dominava a época do romantismo, segundo o qual a força muscular era incompatível com a atividade intelectual. Felizmente, a crença em apreço já passou para o rol das cousas mortas. Está por demais vulgarizada a prática

68 Paulilo, 2009.

> de exercícios físicos, cuja importância é, atualmente, das mais relevantes, principalmente aos estabelecimentos de ensino. A Escola "Caetano de Campos", que bem merece sua denominação de modelo, não podia descuidar-se desse elemento considerado essencial para a educação moderna: a *gymnastica*. De fato: profissionais competentes obrigam os escolares daquele estabelecimento fazer exercícios apropriados que os tornarão mais ágeis e resistentes.[69]

Para além da Escola Caetano de Campos, antiga Escola Normal de São Paulo, era preciso que as aulas de Educação Física fossem disseminadas a todo o sistema público estadual de ensino ao longo da década de 1930. Para isso, seria impreterível a formação de instrutores e professores na Escola Superior de Educação Física, além da criação do Departamento de Educação Física, que propiciaram um incremento na oferta de profissionais especializados que pudessem lecionar nas principais cidades do estado de São Paulo. Contudo, antes de 1934, era preciso recorrer aos profissionais formados no Rio de Janeiro, especificamente na turma de 1929 da Escola do Exército, que, por iniciativa de Fernando de Azevedo, então Diretor da Instrucção Publica do Districto Federal, foi reativada através de um convênio, formando uma turma de militares e civis. Particularmente, essas políticas públicas repercutiam positivamente na imprensa paulista. Para o *Correio Paulistano*, no texto "Educação Physica", Fernando de Azevedo visava:

> [...] estender a todos os brasileiros, desde a primeira infância, os benefícios da educação física de acordo com princípios comuns racionais e científicos já aplicados. É necessária a obrigatoriedade dos exercícios físicos metódicos, desde a escola primária. Para tanto, é preciso inicialmente interessar o professor primário, e isso, no Distrito Federal, é objetivo já atingido, graças à boa vontade do prefeito Antônio Prado Junior e do diretor da Instrução Pública, professor Fernando de Azevedo, empenhados nesse "desideratum" com o ardor de quem compreende a sua importância para o futuro da nacionalidade. Graças a eles, já uma turma de professores, em número de 23,

69 *Correio Paulistano*, 13 ago. 1930, p. 5.

> fez, em 1929, com grande dedicação e real proveito, um estágio de alguns meses no Curso Provisório da Escola de Sargentos, e se encontra hoje distribuída pelas escolas primárias do Distrito Federal, com pleno conhecimento do método ali praticado. Outras turmas, naturalmente, sucederão àquela e, dentro de poucos anos, estará adotado o método necessário em todas as escolas da República.[70]

Desse modo, a questão da Educação Física nas escolas era paulatinamente incentivada, enfrentando, primeiramente, a necessidade de formação de professores civis. Neste contexto, quando Fernando de Azevedo assume a condição de diretor do novo Departamento de Educação de São Paulo, em fevereiro de 1933, ele convoca uma comissão estadual de Educação Física, evento noticiado pelo jornal *Correio de São Paulo* em sua primeira página, na reportagem intitulada "Instalou-se hontem a Comissão Estadual de Educação Physica".[71] A despeito da saída repentina de Fernando de Azevedo da direção da educação pública em São Paulo, a comissão foi estruturada no Departamento de Educação Physica atrelado à Secretaria de Educação e da Saúde Pública de São Paulo, antigo Departamento de Educação, que tinha diversos objetivos, entre eles colocar em funcionamento a Escola Superior de Educação Physica, criada por decreto em 1931, sem, contudo, funcionar até 1934, quando foi publicado seu regulamento e currículo, sendo convocada a primeira turma no dia 1º de agosto daquele ano.[72]

Ao observarmos os currículos para formação de instrutores e professores, percebemos uma tendência a um maior diálogo com as ciências biológicas. Das quinze cadeiras, sete tinham suas bases nessas ciências, duas eram ligadas às ciências humanas e da educação e seis eram profissionalizantes. São as escolhas de conhecimentos, saberes e práticas, tidas como eleitas em um currículo, que podem demonstrar de qual educação física aqueles atores estavam falando. O nascedouro da Escola

---

70 *Correio Paulistano*, 4 maio 1930, p. 5.

71 *Correio de São Paulo*, 10 fev. 1933, p. 1.

72 Góis Junior, 2017.

Superior de Educação Physica evidencia a racionalização das "práticas de educação física", pois elas eram compreendidas por sua sustentação, principalmente na Medicina e nas Ciências Biológicas, que dialogavam brevemente com a Pedagogia e a História no sentido de legitimação de uma prática para além da experiência, que se diferencia do velho, do tradicional, e se aproxima da Ciência e Tecnologia. Tal investimento mereceu destaque da imprensa paulista. A Escola paulista era a segunda escola civil criada no país, posterior à Escola de Educação Física do Espírito Santo, criada em 1931, e anterior à Escola Nacional de Educação Física e Desportos, no Rio de Janeiro, de 1939.

A Educação Física daquela escola superior era lembrada principalmente por seu apelo à ciência, como revela o relato do colunista Lellis Vieira, que, surpreso, tece uma série de elogios à Escola, enfatizando sua ciência e tecnologia, bem como seu papel no desenvolvimento da "raça":

> Aquilo é positivamente um assombro. Não estamos exagerando. Temos a medida exata das apreciações justas. E quem quiser certificar-se do adjetivo, que vá lá, visite o aparelhamento desse notável instituto.
> Nós mesmos pensávamos, como leigo nessas coisas, que educação física fosse um problema simplista: um, dois, três, um, dois, três. Estende o braço, encolhe a perna, espicha o pescoço, funga o respiro...
> Pois senhores o negócio é seriíssimo, especialmente o capítulo médico. Instalada admiravelmente num prédio enorme, feito para Hospital, mas que se achava fechado, ali se vê um serviço completo de fichagem, a primeira biblioteca da América do Sul especializada no assunto, salas de desenho, de controles, de estatística, esta então, admirável, e aparelhos de Raio X, cardiogramas, aplicações elétricas, metabolismo basal, mesas operatórias, móveis cirúrgicos, fiscalização de toda a vida esportiva por meio de registros, assistência acidental, finalmente, um conjunto que não se pode descrever em três tirinhas de papel. [...]
> A gente tem a impressão de que a Escola Superior de Educação Physica de São Paulo é qualquer estabelecimento vulgar, comum, meia-tigela, destinado *apenasmente* a endireitar cacundas *camelórias* e tornozelos... caolhos! Vão lá ver o que é aquela obra. Grande concepção científica, étnico-social, embasamento orgânico das populações que, nos parques infantis já padronizados para o Interior do Estado, serão amanhã o orgulho da raça.

> Não é com geleia que se vence na vida. É com tutano muscular, de fibra, que se triunfa no duro.[73]

Não é um fato isolado a escolha do título do artigo jornalístico de Lellis Vieira "Pela Raça!", pois muitas vezes a Educação Física estava relacionada ao discurso de "fortalecimento da raça", e era percebida como instrumento de regeneração do povo, daí a necessidade de sua escolarização e presença em parques infantis. Corroborando a análise de Sidney Chalhoub[74] que evidencia discursos interessados na transformação dos espíritos dos trabalhadores brasileiros, a imprensa aludia à formação de jovens disciplinados, marcados pela representação de uma raça forte e saudável. Nessa construção, determinadas práticas, como as ginásticas e as esportivas, eram enaltecidas como modernas, e outras tradicionais, como a capoeira, eram silenciadas. De fato, segundo estudo de Dalben e Góis Junior,[75] a imprensa paulistana e, em particular, o jornal *O Estado de S. Paulo,* como representante da "grande imprensa", foi um destacado defensor dos esportes. Para Fernando de Azevedo, parcela relevante da imprensa de São Paulo e do Rio de Janeiro teve posição de vanguarda na divulgação do movimento esportivo.[76]

Na década de 1930, havia uma imagem sobre o "novo" brasileiro, jovem e saudável, que, é necessário frisar, possivelmente estava muito mais presente entre os intelectuais, a imprensa e os seus leitores do que no cotidiano das cidades brasileiras ou no interior do país. Contudo, a imprensa dava visibilidade ao ideário moderno, investindo em uma "juventude saudável" no campo educacional, que incluía, sem dúvida, a disciplina corporal e as "práticas de educação física".

Essa interpretação leva-nos a compreender que os jornais silenciavam sobre as tensões entre as pedagogias modernas voltadas ao corpo e

---

73 Vieira, 1939, p. 3.

74 Chalhoub, 2012.

75 Dalben & Góis Junior, 2018.

76 Azevedo, 1960.

outras práticas presentes no cotidiano das cidades brasileiras, como a capoeira ou as práticas circenses, que naquele momento eram excluídas do currículo superior de uma educação física marcadamente influenciada por perspectivas norte-americanas e europeias.[77] Em outras palavras, quando se observa a opinião jornalística a partir de seus cronistas, há tentativas de evidenciar práticas identificadas com o científico, o organizado, o planificado, o racionalizado, como a ginástica, mas também com os esportes e jogos em uma pedagogia moderna, enfim, em uma Educação Física que dava centralidade a determinadas práticas. A Escola Superior de Educação Physica era primordial neste projeto educacional. Em 1939, comemora o *Correio Paulistano*, na reportagem "Escola Superior de Educação Physica":

> É oportuno recordar que esse notável instituto de ensino fisicultor teve neste último ano um desenvolvimento que ultrapassou a todas as expectativas, após longo tempo de marasmo e abandono. Só na matrícula de 1939, verifica-se o ingresso de 306 alunos e alunas, constituindo esse fato o melhor documento comprobatório da eficiência, do brilho, do surto ascensional e do entusiasmo reinante em nosso meio, pela cultura física.[78]

Tanto os esportes como as ginásticas passam a ser percebidos como práticas capazes de desenvolver a saúde das juventudes, já que podem ser entendidas como hábito higiênico. Garantidas as questões objetivas para seu oferecimento nas escolas, como a formação de professores, era necessário demonstrar os resultados de sua implantação na década de 1930. Na tentativa de aproximar a sociedade desse cotidiano nas escolas, deparamos com as festividades e comemorações organizadas por estabelecimentos de ensino, que objetivavam levar à comunidade externa suas escolhas sobre o trabalho pedagógico desenvolvido. É neste âmbito que os corpos ganham destaque, por isso o protagonismo da

[77] Cf. Schneider *et al.*, 2016; Soares, 1994.

[78] *Correio Paulistano*, 2 abr. 1939, p. 5.

Escola Superior de Educação Physica no noticiário do *Correio Paulistano*, quando o tema era educação das juventudes:

> O início do desfile foi anunciado pelo "speaker" oficial, principiando escolares, *gymnastas*, escolas profissionais, Escola Normal Modelo e Escola Superior de Educação Physica, em número aproximado de dez mil escolares, em meio a grande entusiasmo e aplausos da multidão. [...]
> Realizaram-se depois interessantes demonstrações de exercícios físicos por alunos da Escola Superior de Educação Physica e dos grupos escolares.
> A primeira demonstração nesse sentido constituiu em vários números de ginástica rítmica, executados por um grupo de alunas de grande beleza plástica. A seguir, foram executadas várias pirâmides por alunos da Escola Superior de Educação Physica, do grupo escolar "Miss Browne", e por escoteiros da Associação Escolar, demonstrações essas que despertaram também grande interesse.
> A festa, promovida pelo Departamento de Educação obteve grande êxito, sendo abrilhantada pelas bandas de música da Força Pública e da Guarda Civil.[79]

Dez mil escolares desfilaram, hontem, em homenagem ao "Dia da Raça"

A SOLENNIDADE REALIZOU-SE NO ESTADIO DO PALESTRA ITALIA, NA AGUA BRANCA, SOB O PATROCINIO DO DEPARTAMENTO DE EDUCAÇÃO — OS FESTEJOS REVESTIRAM-SE DE BRILHANTISMO

Figura 2 – Fotografia da reportagem "Dez mil escolares desfilaram, ontem, em homenagem ao 'Dia da Raça'", no *Correio Paulistano*.
Fonte: *Correio Paulistano*, 13 out. 1938, p. 6.

[79] *Correio Paulistano*, 13 out. 1938, p. 6.

Todo esse investimento na educação física dos jovens não foi administrado de forma homogênea nas escolas. Era preciso lidar também com resistências por parte dos pais, pois enfim era necessária uma mudança no campo cultural em relação às "práticas de educação física", o que não poderia ser alcançado a curto prazo. Nesse sentido, era impreterível o discurso dos jornais, mas também de educadores que se enfileiraram na defesa da Educação Física. Para o Prof. Raymundo Pastor, por exemplo, a maioria dos pais tinha uma concepção errônea, para não dizer pejorativa, das disciplinas escolares menos tradicionais, como a Educação Física. Em suas palavras:

> Se os pais repugnam o ensino de matérias julgadas ineficazes à vida prática que espera a maioria das crianças, embora reconheçam, no íntimo, que se trata de conhecimentos utilizáveis, que dizer, porém, em relação ao jogo infantil, para justificá-lo na escola, aos olhos estarrecidos dos pais, que não se cansam de repetir que mandam os filhos à escola para aprender e não para brincar? À *gymnastica* pode-se atribuir papel importante na conservação da saúde, na ação ortopédica.[80]

Sem dúvida, os argumentos atrelados à saúde eram os mais penetrantes no que diz respeito à justificação de uma educação física nas escolas. Se brincar era inútil, os jogos, a partir de uma lógica científica, promoviam o desenvolvimento infantil, garantindo-lhe uma infância e juventude preparadas para o mundo do trabalho, por isso utilitária. Mas também porque aquelas práticas conformavam nos corpos uma moralidade ao mesmo tempo da eficiência com os esportes e da ortopedia com as ginásticas.[81] As representações que orbitavam a institucionalização da Educação Física em São Paulo, na década de 1930, residiam na conquista de corpos fortes e saudáveis forjados na juventude e na infância. Os discursos jornalísticos, sobretudo a partir de conhecimentos científicos em voga, pareciam pautar a formação superior ao lado de práticas como

80 Pastor, 1934, p. 3.

81 Vago, 2002.

esportes, jogos e ginásticas. Equipamentos e tecnologias criavam a atmosfera propícia, para o espanto dos leigos em relação à organização de uma escola superior especializada em Educação Física. Tratava-se não apenas de uma prática, mas de um conhecimento racionalizado a partir de aparatos maquínicos, como aparelhos de raios X, cardiogramas e aplicações elétricas. Além disso, o protagonismo da Escola Superior nas demonstrações públicas e festividades cívicas do Departamento de Educação evidenciava também as tentativas de aproximação de seus preceitos educacionais do público mais amplo na cidade.

Da mesma forma, no Rio de Janeiro, essas festividades ganham o interesse do público, e foi neste âmbito também que as juventudes em desfile ganharam destaque. Nas palavras de Hollanda Loyola sobre "O dia da raça":

> É o dia da Raça, o desfile da mocidade do Brasil. Desde cedo atordoam os ares e o toque festivo dos clarins e o cavo cadencia os tambores; dos mais longínquos recantos da cidade apresentam-se grupos álacres de jovens que se destinam à grande concentração; a música marcial das canções patrióticas, os vivas de alegria que se cruzam e se confundem, as milhares de bandeiras que drapejam farfalhantes dão ao ambiente um entusiasmo febril, comunicativo, que empolga, galvaniza. Toda a cidade está em festa, reina alegria por toda a parte. [...]. Os jovens de cabeça erguida, atitude correta, passo firme, marcham garbosamente sorridentes e belos, disciplinados e convictos, numa esplêndida visão do que será o Brasil glorioso de amanhã. [...]. Um povo desfila! Com efeito, ao contemplar-se, nesses desfiles esplendorosos, a nossa vibrante juventude patrícia, esses corpos flexíveis e harmoniosos, sadios e fortes, queimados de sol e estuantes de vida, sente-se que uma raça se define, e a nação adquire uma consciência. Anônimo professor de Educação Física, coroação de seu esforço, a tua maior colaboração para a grandeza da pátria. Eu te felicito, exulta comigo![82]

Hollanda Loyola era um professor importante na publicação da revista *Educação Physica* (1932-1945) e tinha uma atuação política engajada na

---

[82] Loyola, 1941, p. 9.

"Ação Integralista Brasileira", uma corrente política que tinha inspirações fascistas, contudo com muitas características próprias.[83] No entanto, não podemos apressadamente rotular aquelas iniciativas como a ascensão de uma juventude fascista no Brasil. Havia no Rio de Janeiro, no mesmo campo incipiente da Educação Física, outras pedagogias em disputa, inclusive liberais em seus fundamentos éticos, de "práticas de educação física".

Por exemplo, a professora norte-americana Lois Williams teve papel central na disseminação de uma pedagogia dos jogos. Ela trazia dos Estados Unidos sua formação na área, pautada pela defesa dos jogos ao ar livre, e foi influente na organização da Educação Física como disciplina escolar na rede pública de ensino do Rio de Janeiro e na atualização de professores oriundos da Escola Normal. Assim, a professora Williams chegava ao Brasil por intermédio da seção feminina da Associação Cristã de Moços (YMCA), e logo é inserida no círculo da Associação Brasileira de Educação. Posteriormente, ocupa cargos públicos na prefeitura do Distrito Federal, com uma posição importante na área, na gestão de Anísio Teixeira. O *Jornal do Brasil* deu destaque, em 1932, em uma reportagem intitulada "Para fortalecer a raça", a uma demonstração pública de Educação Física na Quinta da Boa Vista, organizada pela professora. No documento fica evidente a importância dos jogos pedagógicos em seu projeto educacional.[84]

A experiência de Lois Williams no Rio de Janeiro evidencia que a ginástica europeia ou uma Educação Física militarizada não eram as únicas fontes das "práticas de educação física", sobretudo a partir da década de 1930. A influência norte-americana parece ser importante,[85] não somente no contexto das escolas presbiterianas ou metodistas, mas inclusive em algumas escolas públicas, como as do município do Rio de Janeiro. Nesse caso, especificamente, a influência do movimento

---

[83] Simões, 2009.

[84] *Jornal do Brasil*, 6 nov. 1932.

[85] Schneider *et al.*, 2016.

educacional da Escola Nova, inspirado pelas ideias de John Dewey e em pedagogias norte-americanas dos jogos, dos parques infantis, dos *playgrounds*, revelaram-nos uma articulação entre um projeto higienista brasileiro e várias vertentes que tinham em comum a intervenção sobre a juventude.

Muito desse investimento sobre a juventude teve apoio do governo centralizador de Getúlio Vargas anterior ao Estado Novo (1937-1945). Mesmo com uma posição centralizadora, Vargas, em um primeiro ciclo de seu governo, soube seduzir muitos intelectuais brasileiros[86] para a atuação nos campos da saúde e da educação. Com a contribuição dessa intervenção governamental, projetos direcionados às juventudes incentivaram algumas transformações no cotidiano das cidades, que eram percebidas pelos cronistas da época. Um exemplo é o artigo "1830--1930", de Gomes Ribeiro, publicado no jornal *O Paiz*, em 1930. Nas suas palavras,

> 1830-1930 – Qual será a mentalidade reinante de hoje a um século? Eis uma pergunta que nos vem naturalmente ao espirito, ao compararmos o homem, e sobretudo a mulher, de 1930 com o homem e a mulher de 1830. [...] A doença do espirito refletiu-se no corpo. Desconheciam-se a *gymnastica* e a higiene; uma reflorescência de misticismo medieval declarou guerra ao corpo: morrer jovem e tísico era gloria summa dos poetas românticos [...] Todos quiseram viver, com mais higiene e maior conforto. Aplicaram à indústria as conquistas da ciência; aumentou-se a riqueza, desenvolveu-se o progresso. Viajou-se muito; os povos conheceram-se uns aos outros, repartindo entre si o que tinham de melhor. [...] A mulher é hoje um ser pensante... Não teme a saúde, antes se robustece pela cultura física. Faz *gymnastica*, disputa provas de natação, e, por isso vence os homens, em concursos para empregos públicos e particulares. Não fica mais a suspirar à lua, como as Ofélias de 1830.[87]

---

[86] Micelli, 2001.

[87] Ribeiro, 1930, p. 3.

Para Gomes Ribeiro, as "práticas de educação física" representavam as conquistas de um mundo "moderno" orientado pelos auspícios da ciência e da saúde, possibilitando até mesmo a conquista de espaços originalmente masculinizados, como o esporte, por parte das mulheres, sem, contudo, mencionar os objetivos eugenistas que envolviam a disseminação da educação física entre elas.[88] De certo, o depoimento de Gomes Ribeiro parece também demasiadamente otimista em relação às transformações proporcionadas pelo projeto de país "moderno" ou, pelo menos, de cidade moderna.

De todo o modo, as "práticas de educação física" dos jovens ressaltavam, naquele momento, as conquistas científicas no campo da saúde, o que permitia a ascensão das representações de uma "juventude saudável" e urbana na década de 1930. Observamos que os discursos de médicos e da imprensa nas cidades do Rio de Janeiro e São Paulo tinham o objetivo de legitimar práticas direcionadas ao corpo que, entretanto, deveriam ser embasadas em conhecimento científico e em uma moral da moderação. Dessa forma, ganhava destaque no Brasil uma educação física delimitada pelas orientações oriundas de uma educação europeia e norte-americana. No entanto, a necessidade de legitimação desta educação física evidencia também tensões geradas pelos silêncios e/ou pelas críticas a outras práticas que tinham maior identificação com os divertimentos desinteressados, com a improvisação, como a popularização de alguns esportes, como o futebol, ou mesmo com práticas tradicionais, como a capoeira.

Esses dados evidenciam também contradições provenientes do campo cultural, que oscilavam entre representações de um Brasil caracterizado pela mestiçagem, como uma cultura conciliadora e uma "democracia racial" particularmente brasileira na linha de Gilberto Freyre, e os discursos pautados pelo científico e pela "grande imprensa", com uma representação de um Brasil urbano e homogêneo que silenciava

[88] Goellner; Votre & Pinheiro, 2012.

e/ou criticava práticas populares ou oriundas da cultura africana e da tradição rural, pois tentava moldar as juventudes urbanas em um projeto modernizador mecanicamente identificado com os países industrializados.

Contudo, a despeito de parcela dos discursos de médicos e cronistas de jornais, as práticas ganhavam uma dinâmica própria e contextualizada. Desse modo, as tensões e os conflitos entre diversos grupos identitários e classes sociais produziam outras práticas. Em outras palavras, a educação física dos jovens era ressignificada por diversos grupos, como cristãos, integralistas e comunistas, que disputavam influência sobre os círculos de jovens formados pelo interesse naquelas práticas.

Portanto, as juventudes também reproduziam disputas políticas em suas parcelas urbanas. Por exemplo, entre os jovens integralistas e a juventude comunista ocorriam diversos embates, que não eram simples reproduções dos conflitos europeus, pois a existência de jovens liberais, católicos, protestantes, conservadores, anarquistas ou comunistas não permitia um contorno simplesmente dicotômico entre os polos, mas complexos reajustes políticos. A década de 1930, no Brasil, foi um período de conflitos e conciliações em uma política marcada por ambiguidades no governo varguista.[89] Seria possível, então, pensar em imbricações entre disputas políticas e "lutas de representações" sobre as juventudes em suas "práticas de educação física" no campo cultural.

1.1.3 JUVENTUDES, ESPORTES E POLÍTICA NA DÉCADA DE 1930[90]

No dia 31 de maio de 1935, na cidade do Rio de Janeiro, um jornal chamado *A Manhã* circulava nas ruas da capital do Brasil. O impresso era um veículo de propaganda política da Aliança Nacional Libertadora (ANL) que contava com o apoio de comunistas brasileiros. Um dos seus

---

89 Williams, 2001.

90 Este subcapítulo teve como base dados parciais publicados na revista *Educação e Pesquisa*, Góis Junior & Soares, 2018.

assíduos articulistas, Alvaro Moreyra, intelectual simpatizante do Partido Comunista, estava preocupado com as juventudes das cidades brasileiras. Naquela manhã, podiam-se ler seus argumentos que descreviam o cotidiano das escolas cariocas:

> A sineta toca. Aula! Que chateação! Enquanto o professor explica a vida e a morte de Sócrates, os alunos pensam em Sylvio e Jaguaré [jogadores de futebol]. Nos recreios seguintes, nas aulas seguintes, na saída, no bonde, nas reuniões com os companheiros de bairro, enquanto não chega o sono, nenhum estudante pega num livro. Não tem tempo. Está ocupado pelo Botafogo, o Vasco, o Flamengo, o America, o S. Christóvão, o Fluminense, o Bangu... A cola também constitui um "sport". A passagem por média rasteira é um "goal" na certa.[91]

O futebol, símbolo marcante da vida moderna, começou a dominar as cidades brasileiras, mobilizando as juventudes. A ácida crítica de Moreyra, baseada principalmente na forma como os esportes motivavam os jovens, encontrava eco e discordância entre diferentes atores sociais de diversos grupos. Observamos que os esportes, os jogos e as ginásticas, compreendidos como "práticas de educação física", eram espaços em que grupos identificados pela juventude imprimiam suas respectivas identidades. Analogamente, pode-se comparar isso com o cinema ou o teatro, em que indivíduos e grupos atribuem sentido e significado a expressões artísticas e a certas práticas e representações (individuais ou coletivas) que, segundo Roger Chartier, "não são reflexos verdadeiros ou falsos da realidade",[92] mas sim construções que refletem as múltiplas divisões do mundo social.

No mesmo sentido, os esportes, os jogos e as ginásticas também se entrelaçam com diversas identidades, incluindo as políticas. Muitos estudos já relacionaram a educação física a políticas nacionalistas,

---

[91] Moreyra, 1935b, p. 3.

[92] Chartier, 2015, p. 7.

militaristas, fascistas, nazistas e ao integralismo brasileiro,[93] ou seja, associando essas práticas a aspectos políticos autoritários e conservadores. No entanto, é igualmente importante considerar outros grupos políticos e/ou religiosos, ampliando o leque de identidades envolvidas, inclusive políticas, que, no mesmo tempo e espaço, buscavam as mesmas práticas voltadas para o corpo. Nesse caso, como seriam as representações sobre a educação física por parte de grupos identificados com a ideia de juventude, mas sob perspectivas políticas distintas?

Por exemplo, em relação à juventude comunista da década de 1930, a "grande imprensa", ainda em 1937, estava preocupada com o avanço da propaganda comunista entre os jovens. No artigo "Os recursos da propaganda comunista", também era evidenciada a circulação dessa juventude nos meios esportivos. Desse modo, no campo cultural, os comunistas disseminavam seus pensamentos nos locais onde as juventudes estavam inseridas, sobretudo nas escolas, universidades e também nas associações, nos clubes e círculos esportivos. É um indício relevante no sentido de compreender que "grupos juvenis controlados por adultos", para usar o termo do sociólogo Luís Antonio Groppo,[94] como a juventude comunista, estavam imbricados com grupos juvenis informais, organizados em torno de práticas informais, como uma festa ou um esporte, ou até mesmo com grupos juvenis institucionalizados, como os universitários e os escolares. Os comunistas sabiam que para uma vitória nos embates políticos era necessário impactar o campo cultural das juventudes, por isso o investimento em uma "juventude informal e esportista". No relato do *Jornal do Brasil*: "Todos os meios são visados para a penetração nas escolas, nas universidades, nos meios esportivos, etc., mediante a criação de clubes, círculos recreativos, grupos excursionistas, sob cujos disfarces procuram os emissários do Komintern inocular o vírus comunista na mocidade do nosso continente".[95]

---

[93] Cf. Holt, 1995; Spurr, 2003; Reichel, 1999; Simões, 2009.

[94] Groppo, 2000.

[95] *Jornal do Brasil*, 28 dez. 1937, p. 6.

A juventude comunista investia em uma aproximação com clubes esportivos populares, localizados no subúrbio carioca, com intuito de se aproximar de uma "juventude informal e esportista". Por certo, esse investimento nas "práticas de educação física" despertava adeptos em diversos setores políticos da sociedade, mas também motivava desconfianças por parte de alguns liberais e comunistas, sobretudo de alguns intelectuais. A rápida popularização dos esportes, principalmente do futebol na década de 1930, incomodava Alvaro Moreyra pela exagerada importância que os esportes gozavam entre os jovens em detrimento de outros aspectos da cultura. Ele não era contra a educação física, mas sim a centralidade na educação daqueles tempos. Aludia o intelectual no artigo intitulado "Acompanhando o câmbio":

> Creio que seja ótima a educação física. Principalmente quando não se torna ideia fixa, e única ideia capaz de se manter na gente nova. Assim, fica sendo falta de educação. De corpo musculoso, ombros largos, peito aberto, pernas ágeis, sem carnes inúteis, os rapazes de hoje organizam, para os olhos de quem gosta, um espetáculo agradável. Porém põem nos ouvidos de quem não gosta, a pior das sensações. No Brasil, o exagero e a afobação são estados de nascença. Antes, se fazia força para os domar, estilizar. Agora, a força é para os desenvolver. O "sport", detalhe da vida, apareceu aqui e expulsou o resto da vida. No resto, estava o essencial. Ganhamos, então, grandes jogadores de "foot-ball", grandes remadores, grandes nadadores. Multiplicamos as quadras de "tennis", as piscinas, os cestos. O "box" já apresenta campeões nacionais.[96]

Não era uma opinião particular motivada por uma ideologia comunista, pois a desconfiança e a crítica aos exageros eram comungadas por alguns médicos e jornalistas. Para eles, os jovens, como já vimos neste livro, teriam que evitar os excessos. Para Moreyra,[97] os jovens deveriam ser estimulados em relação às "práticas de educação física", mas de forma tutelada, com objetivos específicos. Na "grande imprensa"

---

[96] Moreyra, 1935b, p. 3.

[97] *Idem, ibidem.*

havia uma tendência de promoção de muitas "práticas de educação física", divulgando argumentos de críticos e defensores da ginástica, dos esportes, de ambos.[98] Nesse aspecto, as representações dos comunistas são peculiares, pois eles viam os esportes amadores como o ponto de partida para a formação de associações juvenis populares. A propaganda jornalística de influência comunista estabelecia vínculos entre a juventude comunista e os jovens esportistas, especialmente destacando uma "juventude informal e esportista".

Apesar das desconfianças em relação aos exageros de uma "cultura física" entre os jovens urbanos, os comunistas perceberam as associações esportivas como espaços de disputa simbólica com outros grupos, como os integralistas, por exemplo. Buscar uma frente ampla e se aproximar de outras experiências de juventude, como a "juventude informal e esportista", tornou-se uma estratégia para preparar uma revolução política com base nos jovens. Embora esse plano não tenha obtido êxito, acabou consolidando um forte ideário anticomunista no Brasil,[99] preocupado com a crescente capacidade de infiltração dos comunistas entre os jovens. As "práticas de educação física" eram, portanto, vistas como táticas para reunir as juventudes e, assim, se tornaram relevantes para o sucesso de projetos políticos.

A educação física seria excelente com sua força mobilizadora que impactava as juventudes, mas tanto o governo central como os locais perceberam a necessidade de sua regulação, por isso o investimento na "institucionalização da Educação Física". Desse modo, se houve preocupação bastante reiterada no controle, significa que outras representações estavam presentes e deveriam ser silenciadas ou secundarizadas. Enfim, se o Estado pretendeu que os esportes, as ginásticas, os jogos e os divertimentos fossem usados no sentido de homogeneizar grupos sociais em um projeto coletivo, seduzindo os jovens em relação a uma determinada

---

98 Góis Junior; Melo & Soares, 2015.

99 Motta, 2002.

identidade, como afirmam Dalben e Góis Junior,[100] é necessário também advertir o fato de que os esportes foram disseminados em nosso país de forma mais ou menos independente do desejo de suas classes política e intelectual.

A presença dessas práticas no campo cultural era particularmente dinâmica e de difícil controle ou regulamentação por parte do Estado naquele momento. Por exemplo, no estudo de Santos Neto e Góis Junior,[101] que teve como fonte a imprensa paulistana, foi possível observar que a definição do que era considerado legítimo em relação aos esportes evidencia que o próprio conceito do que era esportivo foi mobilizado conforme os interesses de diferentes agentes sociais. Por isso, "tanto a imprensa como os poderes públicos traduziam as práticas em modos e estilos de vida considerados moralmente aceitos e que deveriam ser considerados distintivos no que concerne ao 'bom gosto', ao 'bem viver'".[102] Já por parte de jogadores de azar, suas práticas podiam ainda ser nomeadas como "esportes", dada a institucionalização incipiente da Educação Física e a consequente regulamentação dos esportes.

A juventude comunista também buscava outras possibilidades de "práticas de educação física" no sentido de aproximação com a "juventude informal e esportista". Incentivada pela organização da ANL, que tinha como principais bandeiras as lutas contra o imperialismo e o fascismo, os comunistas tinham como adeptos jornalistas, estudantes, artistas, educadores pertencentes a distintos grupos sociais. No Rio de Janeiro, a ANL tinha grande influência, como já dissemos, sobre o jornal diário *A Manhã*, que, por sua vez, circulou sob a direção de Pedro Motta Lima, em 1935. O jornal ganhou notoriedade na opinião pública com a colaboração de textos de Alvaro Moreyra, Anísio Teixeira, Jorge Amado, Di Cavalcanti e Carlos Lacerda,[103] e tinha como linha editorial ser uma

---

[100] *Op. cit.*

[101] Santos Neto & Góis Junior, 2019.

[102] *Idem*, p. 12.

[103] Brasil, 2015.

voz da esquerda brasileira. Em meados da década de 1930, mesmo com a repressão e a clandestinidade dos comunistas, a imprensa relacionada à ANL, tanto em São Paulo como no Rio de Janeiro, efetivou uma campanha exaustiva contra o integralismo. Com mais críticas à Ação Integralista Brasileira (AIB) do que ao próprio Governo Vargas, os jornais comunistas disputavam a influência sobre as juventudes, evitando o crescimento daquele movimento conservador, combatendo-o insistentemente.

Com ânimos acirrados, comunistas de um lado, integralistas de outro e uma opinião pública majoritariamente liberal e/ou conservadora, marcada pela influência da "grande imprensa" e por um governo inicialmente ambíguo, como o de Getúlio Vargas, desenhavam um cenário propício para uma guerra de palavras. Nesse contexto, os jornais *A Manhã*, no Rio de Janeiro, e *O Homem Livre*, em São Paulo, se posicionavam como representantes da ANL (Aliança Nacional Libertadora), enquanto o jornal *A Offensiva* representava os interesses integralistas. Por outro lado, os diários *Jornal do Brasil*, *Correio Paulistano* e *O Estado de S. Paulo* atuavam como defensores dos interesses liberais e capitalistas.[104] O jornalista Álvaro Moreyra, no jornal *A Manhã*, descrevia esse momento de antagonismos e confrontos ideológicos intensos:

> Aquelas camisas, importadas pretas da Itália e que se esverdearam na viagem; aqueles braços direitos endurecidos no ar, de mão aberta; aquele sigma, que é uma cruz suástica mal copiada; aqueles anauês [palavra de origem tupi-guarani que tornou-se a saudação integralista] de veados em transe; os faniquitos oratórios do chefe; o senhor secretario Gustavo Barroso, secretário da Educação Physica, com uma bruta barriga; o senhor Madeira de Freitas entristecendo o país com suas graças... tudo, tudo o que a Ação exibiu foi uma vergonha contra Deus, contra a pátria e contra a família... Depois, o senhor Plínio Salgado viu que a coisa era possível [...] E desandou em cima justamente da chamada Nova Lei de Segurança Nacional, também conhecida como Lei Monstro, que estava em preparo: [Alvaro Moreyra descreve o que teria dito Plínio Salgado sobre a lei] – "Se a lei vier, eu gritarei, por oito e meio milhões

[104] Thalassa, 2007.

de quilômetros quadrados, a quarenta e dois milhões de brasileiros: Eu proíbo a Liberal Democracia no Brasil". De certo que não seria direito colocar o sr. Plínio Salgado na cadeia. Mas, no hospício, era uma boa obra de caridade.[105]

Dirigente na Secretaria de Educação Física da Ação Integralista Brasileira, Gustavo Barroso, mencionado por Moreyra, era um destacado integralista que dava contornos nitidamente militaristas e autoritários ao papel de uma educação física dos jovens. Experiente em diversos cargos públicos, como o de primeiro diretor do Museu Histórico Nacional,[106] suas concepções eugênicas davam o tom do projeto educacional autoritário que se desenhava nas fileiras fascistas do Integralismo. No entanto, os integralistas não eram os únicos adversários dos comunistas, ainda era preciso enfrentar a repressão governamental e a opinião pública liberal. Se antes o jornal *A Manhã*, a ANL e os comunistas tinham seus discursos voltados à oposição ferrenha ao integralismo, a "grande imprensa" estava mais preocupada em atacar os comunistas e os seus valores considerados contrários à moralidade brasileira cristã. O *Jornal do Brasil*, em 1936, dá grande notoriedade a um parecer do Deputado Alberto Alvares sobre a atuação dos comunistas no Brasil que culminou com a tentativa de revolução em 1935, acusando a propaganda comunista de defender, em seus comícios e panfletos, a supressão da legislação contra o aborto e a intervenção abortiva gratuita nos hospitais do Estado. Mas ainda havia outras supostas bandeiras comunistas, como oposição ao combate à prostituição; supressão do casamento e do divórcio; suspensão de todas as penas para as aberrações sexuais, anistia de todos os criminosos sexuais condenados.[107]

No entanto, as lutas também se traduziam nas ruas, em episódios de violência entre os jovens e suas posições políticas opostas. Estavam presentes também no campo cultural disputas em relação à possibilidade de

[105] Moreyra, 1935a, p. 3.

[106] Bertonha, 2008.

[107] *Jornal do Brasil*, 7 jul. 1936.

influência política sobre grupos juvenis formais e informais. Particularmente, disputavam-se posições, articulações e, por último, a constituição de redes de relações sobre vários setores ligados às juventudes, como as associações esportivas. Nesse sentido, havia, por parte dos comunistas, o interesse em ampliar sua influência sobre os jovens associados em grupos formais e informais em torno das práticas esportivas. Se aquelas práticas específicas de educação física atraíam os interesses das juventudes, longe de se colocarem como uma juventude comunista oposta a uma "juventude informal e esportista", com outros interesses, com o compromisso revolucionário os jovens comunistas enxergaram a possibilidade de aproximação com outras juventudes a partir dos esportes, ampliando sua propaganda política em outros círculos. O próprio relatório de 1936, do deputado Alberto Alvares, evidencia essa prerrogativa quando revela o apoio de associações esportivas à juventude comunista. Nas suas palavras: "A juventude comunista, que antigamente era apenas uma insignificante organização sectária, prepara atualmente um Congresso Pan-brasileiro da Juventude Operária, Estudante e Camponesa. Esse congresso já conseguiu o apoio das organizações desportivas, das organizações de estudantes, organizações operárias, etc.".[108]

A partir desse pressuposto, os comunistas organizados na imprensa e nos grupos juvenis também tentavam evitar a disseminação de outras ideologias políticas, como o integralismo e o nazismo entre os esportistas. Um exemplo pode ser descrito por meio de publicação do jornal paulistano de influência comunista *O Homem Livre*, que, em 1933, denunciava, através de um depoimento anônimo, as alusões a símbolos e ideias nazistas no Esporte Clube Germânia, atual Esporte Clube Pinheiros, utilizando-se do argumento de que os princípios racistas do nazismo constituíam uma evidente contradição à prática esportiva brasileira, que congregava os negros em suas equipes.[109]

---

[108] *Idem*, p. 13.

[109] *O Homem Livre*, 9 out. 1933, p. 2.

Embora não seja possível confirmar a acusação do jornal, sobretudo tendo como referência os estudos específicos sobre o clube,[110] podemos, no entanto, afirmar que também no Rio de Janeiro o jornal *A Manhã* estava atento em relação às associações entre "práticas de educação física" e movimentos políticos conservadores, sobretudo o integralismo. Em 1935, o tema central do VII Congresso Nacional de Educação estava ligado à Educação Física nas escolas.[111] Naquele momento, a Associação Brasileira de Educação (ABE), em parceria com órgãos públicos, decidiu promover uma parada desportiva, realizada em 30 de junho de 1935, com o objetivo de fomentar o tema da Educação Física. O jornal *A Manhã* apoiava entusiasticamente essa iniciativa, apesar da presença significativa de liberais na ABE. É relevante mencionar que os comunistas mantinham uma boa relação com alguns líderes da associação, como Anísio Teixeira, o que gerava acusações por parte da imprensa integralista de uma suposta "bolchevização do Distrito Federal" liderada por Teixeira.[112]

Nesse contexto, o jornal *A Manhã* não proferiu qualquer crítica à realização do evento, mas manifestou uma forte preocupação com a possibilidade de jovens integralistas participarem do desfile, especialmente no meio de algumas organizações, como a Escola de Educação Física do Exército, liderada pelo coronel Newton Cavalcanti desde os anos de 1920 e que, segundo o jornal, tinha ligações com o integralista Pantaleão Pêssoa. Por isso, a ênfase era evitar qualquer demonstração simbólica de jovens integralistas no desfile.[113]

Apesar das preocupações iniciais, após a realização do desfile, as manifestações integralistas não se concretizaram, e o jornal *A Manhã* relatou o evento com muitos elogios à iniciativa da ABE, conforme pode ser lido no jornal da época:

---

[110] Quitzau & Soares, 2010.

[111] Linhales, 2009.

[112] *A Offensiva*, 16 set. 1936.

[113] *A Manhã*, 29 jun. 1935.

> Foi soberbo, sob todos os motivos, o espetáculo que, anteontem, foi oferecido à população carioca pela Associação Brasileira de Educação, fazendo desfilar cerca de 15 mil atletas numa demonstração vibrante de força e de vigor de nossa mocidade. E essa parada de músculos, muito embora realizada numa hora quase imprópria [14h30], teve a presenciá-la um numeroso público, que se concentrou em todo o trajeto do desfile para saudar os representantes da cultura física brasileira.[114]

Sem qualquer desprezo pelas "práticas de educação física", os comunistas colocavam-se na defesa de jovens esportistas, por exemplo, perseguidos pelos integralistas. O jornal *A Manhã* relatou um caso de perseguição a jovens esportistas cariocas que não aderiram às ideias de Plínio Salgado e, por isso, eram vítimas de perseguição policial, sendo acusados de serem *footballers* vermelhos.[115]

A investida dos comunistas em relação aos clubes esportivos tinha outras características. O jornal *A Manhã* era um veículo de imprensa que fomentava a aproximação com os clubes esportivos de subúrbio – ou seja, mais populares – e, nesse sentido, noticiava eventos relacionados com tais associações. Exemplos eram publicados na coluna "*A Manhã* entre os pequenos *clubs*",[116] com notas sobre o Sport Club Benfica, o Sport Club União, o Sport Club Guararapes, o Hanseatica Football Club, o Sport Club Fatima e o Sport Club Primor. Havia também o incentivo por parte do jornal para a criação de novos clubes esportivos populares, como o Centro Sportivo Tupynambá, cujos princípios amadores eram enaltecidos pelo noticiário.[117]

Um clube esportivo popular tinha que ter características que o diferenciassem dos grandes clubes da cidade do Rio de Janeiro, como Flamengo, Vasco, Bangu, Botafogo, América e Fluminense, nenhum deles considerado popular pelos comunistas, pois tinham aderido ao

---

114 *A Manhã*, 2 jul. 1935, p. 4.

115 *A Manhã*, 2 jul. 1935, p. 2.

116 *A Manhã*, 6 jul. 1935.

117 *A Manhã*, 28 maio 1935.

profissionalismo no futebol. Desse modo, o pequeno clube popular precisava ser amador para, dessa maneira, cumprir seus objetivos junto às juventudes. Então, o jornal *A Manhã* apresentou uma série de reportagens sobre as vantagens do amadorismo e as desvantagens do profissionalismo, entrevistando ex-atletas de futebol. No artigo intitulado "Sob os aspectos sportivo, social, intelectual e moral, comparará o público o amadorismo e o profissionalismo!", aludia o jornal: "'A Manhã' confiará à população esportiva da cidade a tarefa de comparar os antigos campeões da cidade, sob o tríplice aspecto esportivo, social e moral com os jogadores da atualidade, a fim de que julgue, afinal, o quanto tem sido nociva, entre nós, a implantação do profissionalismo, e, impatriótica, a mercantilização da educação física".[118]

Compreender que o amadorismo esportivo era uma bandeira da imprensa comunista no Rio de Janeiro na década de 1930 é um dado importante, pois, em tal visão, o amadorismo não era um valor elitista. Ao contrário, o profissionalismo e a consequente mercantilização dos jogadores eram os problemas para o acesso popular aos esportes.

Desse modo, era preciso que as "práticas de educação física" fossem mais democráticas, pois possibilitariam livres associações no seio da juventude popular. Posteriormente, seria importante a aproximação da juventude comunista com esses clubes, o que podia ocorrer a partir, por exemplo, da ampliação do espaço editorial de divulgação dos jovens atletas e seus pequenos clubes naquele jornal. Em 1935, buscando esse objetivo, o jornal *A Manhã* promoveu um concurso entre os atletas de pequenos clubes do subúrbio carioca: "Quem conhece, de perto, a vida dos pequenos *clubs*, os sacrifícios de seus diretores, o entusiasmo de seus amadores, é que pode constatar como se pratica, de facto, *sport* por *sport*, o puro amadorismo, que resiste a todas as investidas dos mercantilizadores

118 *A Manhã*, 13 maio 1935, p. 5.

da educação física, que veem nessa nova modalidade de negócio uma fonte rendosa para emprego de capitais".[119]

Em síntese, em vez de pensar uma juventude brasileira do período no singular, em vez de pensar as "práticas de educação física" como simples expressões de um pensamento e de uma prática autoritários e de pertencimento a uma única experiência de juventude, podemos considerar a necessidade de refinar nossas interrogações às fontes no sentido de buscar perguntas e respostas sobre em que medida os jovens foram motivados pelos esportes e seus modos de organização e por outras práticas.

Durante os anos de 1930, foi notável o interesse de médicos, educadores e cronistas de jornais pelas "práticas de educação física", que, até então, eram associadas principalmente às representações de juventudes e à construção de um projeto de país "moderno". Nessa perspectiva, era visível a tentativa de desenvolver um projeto coletivo, embora por vezes autoritário e homogeneizador, que buscava se consolidar por meio de políticas públicas de educação e saúde, com a participação de diversos grupos e classes sociais. Embora a Educação Física institucionalizada tivesse como foco principal as juventudes, isso não significa que as representações sobre as velhices também não estivessem presentes, ainda que não se articulassem da mesma forma com as "práticas de educação física".

1.2 AS MÚLTIPLAS VELHICES DA DÉCADA DE 1930 E OS DISCURSOS SOBRE O REJUVENESCIMENTO[120]

As fontes históricas evidenciam que, até aquele momento, os discursos mobilizados no sentido de uma educação das juventudes eram centrais para os objetivos da Educação Física; além da educação

---

119 *A Manhã*, 20 jun. 1935, p. 7.

120 Este subcapítulo teve como base dados parciais publicados na revista *História, Ciências & Saúde – Manguinhos*, Góis Junior, 2020.

higiênica na infância, as "práticas de educação física" cumpriam no plano de médicos, cronistas e educadores a função de modelação de uma "juventude saudável", de uma "juventude cívica" e uma "juventude informal e esportista".

No entanto, outras práticas eram disseminadas na imprensa e, em menor medida, nos periódicos especializados em Medicina. Essas práticas, todavia, estavam mais afastadas do que se convencionou atrelar a uma "institucionalização da Educação Física", que ganhava força sobretudo no campo escolar e nas praças esportivas, pois elas eram voltadas à velhice ou a objetivos de rejuvenescimento que repercutiam em jornais de São Paulo e do Rio de Janeiro, como dietas, cremes, remédios, massagens, pílulas e, também, em um segundo plano, ginásticas.

Ao mesmo tempo que era preciso tutelar os jovens em um projeto contraditório, mas coletivo de nação, agora começam a se ensejar os desejos individuais de conquista do rejuvenescimento, dando vazão a um mercado econômico, mas também simbólico, centrado nas velhices.

Afirmamos que isso não significa que tais aspirações individuais fossem inauguradas na década de 1930 naquelas cidades brasileiras. A especificidade do período reside no anúncio de uma tendência que se consolidou ao longo do século XX, qual seja, de uma maior e significativa "individualização dos corpos" e de uma "administração da velhice"[121] por meio de práticas consideradas saudáveis. Como exemplo, já na década de 1930, observamos que a conservação de um corpo jovem já movia os desejos de uma parcela dos indivíduos, sobretudo mulheres. Nos anos 30, múltiplas formas de representar os corpos velhos começavam a ser anunciadas nos jornais, embora uma delas fosse constante: a caracterização da "velhice como solidão", tristeza e medo, na qual a velhice era representada de forma dolorosa, pois os idosos eram isolados e algumas vezes excluídos de uma participação social efetiva.[122] A

[121] Cf. Viet, 2012; Góis Junior, 2020.

[122] Cf. Magali, 1931; Campos, 1931.

velhice era significativamente representada pela doença e pela espera da morte, de forma análoga à descrita por Norbert Elias[123] em *A solidão dos moribundos.*

Entretanto, havia também, em sentido contrário, outras representações, de certo otimismo em relação ao envelhecer; embora em manifestações menos frequentes, era possível ler nos jornais que a velhice era apenas uma fase da vida, com seus infortúnios, mas também com suas belezas. Emergia na imprensa daquele período, nas principais cidades brasileiras, uma representação, tão comum no final do século XX, de que a velhice não significava o fim e a morte, mas uma nova maneira de viver com seu corpo.[124] Neste caso, essa representação era mais condizente com o otimismo proveniente das realizações da ciência no início do século XX, em que a longevidade era uma conquista alcançada pelos indivíduos mediante as prescrições médicas. Em 1939, no *Jornal do Brasil*, a novidade, então, para os velhos e as velhas era o rejuvenescimento por meio da ciência médica, o que conhecemos hoje como cirurgia plástica, aliada a toda uma rede de serviços estéticos:

> Certa ocasião, travamos conhecimento com uma senhora de uns sessenta anos, que se havia submetido a uma intervenção cirúrgica, com o fim de eliminar as rugas existentes no seu rosto. [...] – enfim, o rosto que o cirurgião havia "criado" era o de uma mulher de uns vinte anos. O aspecto, porém, que essa senhora oferecia, era quase o de um fantasma. [...] Resolveu, então, não desanimar e sim, ir para a frente e desta maneira obteve, na realidade, a força de vontade indispensável para tal fim. [...] Esse esforço íntimo para conservar a aparência de juventude já é, em si, um sinal de vitalidade psíquica. A senhora em questão iniciou um rigoroso tratamento de beleza, sob a direção criteriosa de um hábil profissional. Tomava diariamente longas massagens no rosto e no corpo. Começou a empregar numerosos produtos próprios para reconstituir os tecidos flácidos da epiderme e para reativar a circulação do sangue. Passava, diariamente, horas a fio, batendo a sua pele e trabalhando-a com os preparados revigorantes. Impregnava, por assim dizer, a sua epiderme

[123] Elias, 2001.

[124] Cerviño, 1939.

> com óleos e cremes gordurosos. Seguia dieta. Submetia-se, com disciplina férrea, à atividade física. Dava longos passeios e praticava, regularmente, a sua ginástica. [...] Esse é um exemplo de verdadeiro rejuvenescimento.[125]

Nestas cidades brasileiras, além dos serviços pouco acessíveis à maior parte da população e das críticas e dos preconceitos proferidos em relação aos homens e às mulheres que se dedicavam ao seu próprio corpo, tachados como uma elite mundana, excêntricos, malandros, homossexuais ou prostitutas,[126] havia, paradoxalmente, uma intensa campanha, em nome de uma ampliação desse mercado dos desejos de juventude, que reeducava os olhares sobre as velhices em uma perspectiva de conquista pessoal, centrada nos corpos dos indivíduos.

No entanto, as representações sobre as velhices também suscitavam pautas coletivas. Por exemplo, é preciso sublinhar que a década de 1930 foi um período de reivindicações das classes trabalhadoras no campo político que também motivou a organização de um sistema previdenciário no país.[127]

Assim, mesmo em um país com uma população majoritariamente jovem, como o Brasil em 1939, o tema da velhice ocupava espaço nas lutas políticas. De acordo com os dados do Recenseamento de 1940,[128] a população com mais de 60 anos representava apenas 4,06% do total de habitantes, o que equivalia a 1.675.534 idosos em um país com uma população total de 41.236.315 habitantes. Essa proporção era semelhante no Distrito Federal, a capital do país, onde 4,88% da população tinha mais de 60 anos. No estado de São Paulo, a população com mais de 60 anos de idade era de 4,12%.[129] Mesmo com essa baixa representatividade numérica, a questão da velhice não era negligenciada e era objeto de atenção e debates políticos.

---

125 *Jornal do Brasil*, 4 jun. 1939, p. 3.

126 Sant'anna, 2014.

127 Simões, 2000.

128 IBGE, 1946.

129 *Idem*.

TABELA 1 – POPULAÇÃO POR IDADE NO BRASIL, SÃO PAULO E RIO DE JANEIRO – 1940

Anos de idade	0 a 29	30 a 59	60+	Não sabiam	Total
Brasil	29.140.194	10.388.316	1.675.534	32.271	41.236.315
Estado de São Paulo	4.966.651	1.910.716	296.095	6.854	7.810.316
Distrito Federal (Rio de Janeiro)	1.068.209	603.660	86.011	6.261	1.764.141

Fonte: Adaptado de IBGE, 1946.

GRÁFICO 1 – PORCENTAGEM DA POPULAÇÃO POR IDADE NO BRASIL, SÃO PAULO E RIO DE JANEIRO – 1940

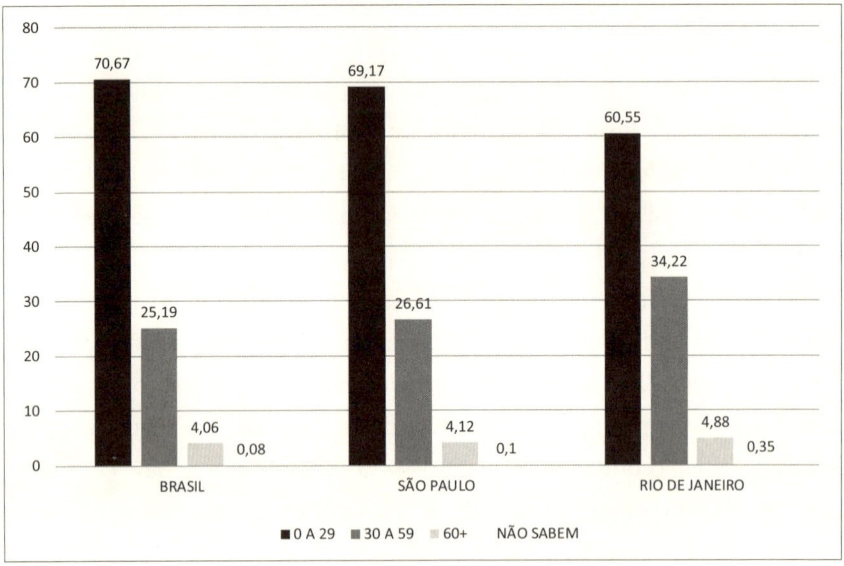

Fonte: Adaptado de IBGE, 1946.

Dessa forma, os idosos representavam uma parcela mais restrita da população brasileira, mas, outrossim, as desigualdades sociais também repercutiam sobre suas vidas, pois, longe do mundo da publicidade e do consumo, trabalhadores viviam o isolamento do envelhecimento. Alguns cronistas ressaltavam esse sofrimento e representavam a "velhice como solidão" na proximidade da morte anunciada e na falta de saúde. De forma alguma havia esperança, muito menos confiança na ciência médica no sentido de evitar ou amenizar tanto sofrimento. Havia apenas o sentimento de tristeza. Para o cronista Benjamin Costallat, por exemplo, em texto publicado no *Jornal do Brasil*:

> A velhice já é a tristeza... Matou-se. Depois de ter resistido até os oitenta anos. Resistiu muito. Não haverá, às vezes, mais heroísmo em resistir às tentações da paz que a morte promete do que resistir aos homens, aos inimigos e aos exércitos? Um guarda noturno vivendo até os oitenta anos não será mais digno de glória do que um general resistindo até o último cartucho na mais heroica e terrível das batalhas? O supremo heroísmo é viver![130]

O cronista não parece nada otimista em relação aos confortos da modernidade urbana. Viver era duro, morrer era ter paz, ficar velho era prova de resistência e heroísmo, sobretudo se fosse um trabalhador. Naquele momento, sem a possibilidade da aposentadoria, aquele trabalhador, o guarda-noturno, estava impedido de usufruir deste direito, pois naquele cotidiano de trabalhador velho e pobre, dizia o cronista, o suicídio era uma saída digna. Até mesmo Sigmund Freud no texto "O mal-estar da civilização", escrito em 1929, afirmava: "Enfim, de que nos vale uma vida longa se ela se revela difícil e estéril em alegrias, e tão cheia de desgraças que só a morte nos é recebida como libertação?".[131] Podemos perceber que há diferentes formas de observar a modernidade daquele período.

Da mesma forma, não podemos pensar que o processo de modernização das cidades de São Paulo e do Rio de Janeiro promoveu mudanças de forma homogênea sobre a vida de grandes parcelas de sua população. Ao percorrermos as fontes, percebemos diferentes formas de representar as velhices e, concomitantemente, aceitar, contrariar e se apropriar dos modos de envelhecer nas cidades.

Para os cronistas dos grandes jornais, a velhice não chegava repentinamente, era lenta, mas os sinais pareciam claros demais. Desse modo, as possibilidades de decadência do corpo ao longo dos anos

---

[130] Costallat, 1934, p. 5.

[131] Freud, 1978 [1929], p. 150.

repercutiam na imprensa, e duas perguntas incidiam sobre o medo da velhice: quando a decadência se iniciava? Quando os homens e mulheres começavam a envelhecer? Os saberes autorizados para essas respostas residiam nas proposições médicas. A imprensa, por sua vez, desejava torná-los acessíveis, comunicando aos seus leitores a partir dos especialistas, dos médicos. Enfim, os saberes autorizados em "lutas de representações" têm o poder de imposição de uma verdade. Desse modo, a informação jornalística era considerada também aceita e autorizada, pois era respaldada pela ciência. Contudo, os jornalistas tinham que conviver com a multiplicidade de informações desconexas e contraditórias provenientes dos cientistas. Em *O Malho*, Aurelio Pinheiro problematizava:

> São incontáveis as teorias, os cálculos, as afirmativas de psicólogos e biologistas determinando a época precisa, a última etapa, a fronteira da existência onde a força mental atinge a sua magnífica plenitude e onde começa a penumbra melancólica da decadência, do declínio, da desoladora ruína. Para alguns essa fronteira está fixada nos trinta anos, fim de mocidade e princípio de madureza; para outros, essa transição psico-biológica surge aos quarenta; e agora, para um professor da América do Norte que resolveu dedicar-se a essa tarefa de controle, o limite da máxima atividade mental se estende até os quarenta e sete e meio anos da vida.[132]

Todo o pessimismo nas representações das velhices residia também nos desejos e nas saudades em relação à juventude. Portanto, *mocidade* era um vocábulo recorrente nas representações sobre velhice, pois sua dicotomia era rígida, mesmo com todas as contradições da ciência médica a esse respeito; no campo cultural, muitas vezes uma velhice era concebida de forma ligeira e simplificada como a oposição à juventude. Ou se era velho, ou se era moço. Mesmo no contexto das maiores cidades brasileiras, a crença na ciência, na Medicina e nos confortos da modernidade convivia com um sentimento de impotência diante do

---

[132] Pinheiro, 1936, p. 33.

envelhecimento, que significava muitas vezes apenas a proximidade da morte.

Não havia, nessa representação sobre as velhices, esperança em uma ciência que fosse capaz de controlar a natureza e rejuvenescer os corpos. A velhice era, neste caso, simplesmente a saudade da juventude.[133] Muito diferente desse período, em termos comparativos, no início do século XXI, a tese de doutorado de Maria Cleonice de Souza,[134] ao entrevistar idosos daquele período no interior de Minas Gerais, inclusive de uma zona rural, demonstrou que os entrevistados criticavam alguns aspectos pontuais da modernidade, mas enalteciam as facilidades da tecnologia, como eletrodomésticos, automóveis e os avanços da Medicina que proporcionariam, na sua visão, maior longevidade e uma melhor qualidade de vida.

Contudo, na década de 1930, em São Paulo e no Rio de Janeiro, havia quase que um silenciamento em relação às lutas da ciência contra a velhice, apesar das representações de uma moralidade moderna que criticava o comportamento tradicional dos velhos no campo da cultura. Revistas dedicadas às mulheres evidenciavam modos de ser e viver que estavam em oposição à ética vivida pelas idosas. Diante disso, ser uma mulher velha no período poderia também significar estar atrasada no tempo. A mulher moderna era representada como jovem, ativa e livre, já as mulheres velhas eram, para a conhecida colunista carioca Crysantheme, fora daquele tempo. Em artigo publicado na revista *A Vida Domestica*, em 1931:

> Na sua larga cadeira de palha, forrada de coxins de chitão, dona Joanna, com as mãos cruzadas sobre o abdômen volumoso de anciã, mirava a neta que, esbelta, aureolada de mocidade em flor, dançava, sozinha, ao som da ortofônica, entoando um foxtrote. Com uma sua saia curta que adejava aos seus menores movimentos, como largas azas de borboleta, Clarinha, igualmente com os seus cabelos curtos, os seus braços nus, a boca carmesim, lembrava

[133] Simões, 1939.

[134] Souza, 2013.

uma boneca nova, tirada recentemente da caixa. Clarinha manifestava-se moderna, feminista, libertada dos princípios que, durante toda a vida de dona Joanna, tinham sido sempre a base de seu proceder. E, quando levada ao auge da surpresa, a veneranda anciã ousava um protesto, era de fazer sorrir a resposta da criança: – Ora, vovó, isso era no seu tempo![135]

...nunca que a avó e
a neta se comprehende-
riam naquella hora...

Figura 3 – Ilustração da reportagem "A mocidade e a velhice" na revista *A Vida Domestica*. Fonte: Chrysantheme. *A Vida Domestica*, n. 158, 1931, p. 63.

Naquele momento, as revistas dedicadas às mulheres conclamavam-nas para a vida moderna. Desse modo, havia o incentivo ao consumo de novos eletrodomésticos, de novas músicas, de novas roupas esportivas, de novos modos de ser e agir.[136] Concomitantemente, reivindicavam a liberdade para as mulheres das classes média e alta, e convidavam as leitoras para um mundo social onde as formas de ser mulher estavam ancoradas em uma pedagogia da beleza.[137] Naquela vida moderna, essas representações operavam sobre os desejos de liberdade, conquista e realização em uma perspectiva individual.

Entretanto, como descreve Denise Sant'Anna,[138] este mundo da propaganda ainda era distante do cotidiano das mulheres brasileiras

[135] Chrysantheme, 1931, p. 63.

[136] Soares, 2011.

[137] Campos, 2015.

[138] Sant'Anna, 2014.

no período, pois elas eram constantemente impedidas e criticadas ao se dedicarem a determinadas "extravagâncias", leiam-se cuidados com o corpo. Por outro lado, quando a imprensa e suas propagandas investiam nas imagens de beleza e juventude, a velhice feminina era relegada ao esquecimento, sendo substituída pela necessidade compulsória da juventude. A antropóloga Guita Debert[139] lembra que, longe de uma interpretação que coloca as mulheres como vítimas da indústria da beleza, há ainda a necessidade de ressaltarmos que a crescente publicidade dessa indústria ao longo do século XX, aqui evidenciada em um período inicial, contribuiu para produzir representações sobre os modos corretos de viver dos "jovens de idade avançada", para reparar as marcas da velhice. Desse modo, a projeção da juventude nos corpos velhos, assim como a negação do envelhecimento progressivo, impediria a representação de uma estética própria da velhice.[140]

Paralelamente, os cientistas observaram a oportunidade de promover suas próprias representações sobre as velhices, aquelas nas quais era possível por meio da ciência médica adiar ou reverter o processo de envelhecer. Novas técnicas acessíveis a uma parcela ainda restrita de mulheres inauguravam um dos mercados de consumo mais promissores ao longo do século XX, o mercado dos corpos belos,[141] que, sem dúvida, eram representados pela projeção da juventude nos corpos, inclusive dos velhos.

1.2.1 Medicina, ciência, publicidade e suas representações sobre a velhice em cidades brasileiras na década de 1930

A ciência moderna no início do século XX, com o advento da Gerontologia, começava a fomentar a conquista da longevidade como mais um avanço tecnológico das sociedades modernas que estaria ao

139 Debert, 2014.

140 *Idem.*

141 Sant'anna, 2014.

alcance dos indivíduos.[142] Se pudermos interpretar que a longevidade suscitava o interesse de muitas pessoas em uma sociedade moderna, também é verossímil que os paulistanos e cariocas, com suas contradições, por interesses diferentes e pelas desigualdades entre grupos e classes sociais, se apropriassem de maneira particular de práticas avalizadas pelos cientistas e voltadas aos modos considerados legítimos de envelhecer. Assim, mesmo diante de uma secularização dos corpos e uma medicalização da vida, também havia apropriações dos saberes autorizados, manifestadas em um comércio bastante movimentado de produtos duvidosos, porém acessíveis a uma população mais ampla, que, por sua vez, sem maiores informações, consumia os mais variados "remédios" para evitar a velhice.

A crença na racionalidade da ciência não afetava as populações de forma homogênea, pois as teses científicas eram, em alguns casos, contrariadas pela tradição católica ou mesmo desacreditadas por parte considerável da população, atingida cotidianamente pelas normas impostas pelas políticas públicas de governos e sanitaristas. Contudo, também é importante salientar que as representações modernas da ciência, mesmo sem homogeneidade, influenciavam novos comportamentos nas populações urbanas, incutindo hábitos higiênicos que afetavam as moradias, fábricas e escolas.

Mesmo assim, mesmo impactadas pelo progresso científico e as inovações nos tratamentos e nas descobertas relacionadas à velhice, as mais amplas populações urbanas de São Paulo e Rio de Janeiro não tinham acesso a uma gama diversa de serviços profissionais especializados em saúde, para assim administrar a velhice.[143] A despeito destas desigualdades, surgiam cirurgias e tratamentos mais avançados e dispendiosos, que prometiam mais tempo de juventude. Protelar a velhice, manter como possível os traços de "juventude saudável" também se afirmavam

---

142 Katz, 1998.

143 Cf. Góis Junior, 2020; Viet, 2012.

como desejos de consumo. Entretanto, quando se falava do envelhecer, em que novas formas de viver a velhice eram valorizadas em detrimento de outras, não havia o mesmo apelo público de educação das massas. O envelhecer não tinha ainda a mesma atenção do Estado em termos de políticas públicas, com exceção do incremento de uma previdência social. No entanto, o comércio dava centralidade à velhice, ou melhor, às formas de evitá-la por meio de um novo mercado de produtos e serviços especializados dirigidos aos desejos dos indivíduos. Afinal, a velhice administrada estava centrada em uma dimensão individual que, diferentemente da educação escolarizada das infâncias e juventudes, não era uma prerrogativa dos governos, pois era tida como uma conquista pessoal.

Mesmo assim, sem a atenção das políticas públicas ou sem ser reivindicada como fomentadora de uma identidade nacional, a velhice administrada promoveu um mercado de produtos e serviços que passam a ser ofertados a estratos sociais mais amplos, interessados nas promessas do rejuvenescimento. Com isso, uma gama de produtos passa a ser propagandeada nos jornais, e muitos deles eram evidentes falsificações. Neste cenário, os reclames tinham o mesmo objetivo: vender uma representação de juventude, protelar o envelhecimento e rejuvenescer. Como estratégia, os anúncios desses produtos apelavam para o reconhecimento da ciência como discurso legitimador. Em 1936, um artigo no jornal *Correio Paulistano*, intitulado "Velhice é moléstia", dizia: "'PEROLAS TITUS' é o remédio seguro para o mal da velhice. No Departamento de Produtos Científicos, Matriz, a avenida Rio Branco, 173, 2.° andar, Rio de Janeiro e Filial, a rua de São Bento, 49, 2.° andar, em São Paulo, distribui-se ampla literatura a respeito, enviando-se também pelo correio. Para informações existem pessoas especializadas à disposição".[144]

Esses produtos comerciais atendiam aos desejos das pessoas que estavam impactadas pelas descobertas recentes da ciência e que, por conta da chancela dos "cientistas", estavam dispostas a consumi-

[144] *Correio Paulistano*, 3 set. 1936, p. 7.

-los. Contudo, boa parte desses produtos só tinha respaldo da ciência nos próprios anúncios. Consideramos, portanto, que a falsidade dos resultados desses produtos e suas promessas improváveis conquistavam, mesmo assim, um mercado consumidor, dada a frequência desses reclames nos jornais. Esse mercado só podia ser formado a partir de dois pressupostos: primeiramente pela constituição de grupos sociais que desejavam a aparência de jovialidade; em segundo, pela crença na ciência como detentora unívoca da verdade. Por isso, era fundamental que os anúncios estivessem atentos a qualquer pesquisa recente que envolvesse a velhice. Os periódicos médicos relatavam as inovações e o desenvolvimento de técnicas de cirurgias estéticas. Não seria vaidade, era necessidade, nos termos do cirurgião Pires Rebelo, na *Imprensa Medica*, em 1930:

> Numa moderna clínica de beleza, ao lado dos processos já conhecidos e bem divulgados, existem outros novos e de resultados eficazes no que diz respeito à estética. Queremos referir-nos às partes elétrica e operatória, sem dúvida as que mais sucesso trazem às questões do embelezamento. [...] Não só na Europa como na América do Norte, vários escritos sobre o importante assumpto da cirurgia reparadora têm aparecido, todos eles assignados pelos mais notáveis cirurgiões. Aqui no nosso país, esse novo ramo da cirurgia ainda se encontra em início, mas em pouco tempo terá, como no estrangeiro, um grande desenvolvimento. [...] É preciso ficar bem claro não se tratar de vaidade um caso em que o cirurgião esteta tenha que intervir. Muitas profissões requerem rostos jovens, desenrugados. É unicamente uma questão de necessidade.[145]

Embora as cirurgias fossem restritas às elites, elas também operavam sobre os desejos de parcela de estratos sociais mais amplos, criando um mercado de produtos que, sem a mesma eficácia, eram mais acessíveis. Em um anúncio do *Correio Paulistano*, um simples comprimido

---

[145] Rebelo, 1930, pp. 742-743.

era a solução das rugas, embora o próprio reclame já alertasse sobre seus efeitos lentos.[146]

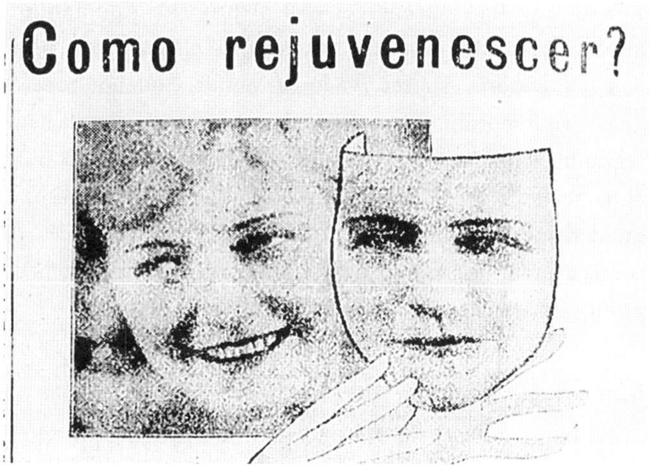

Figura 4 – Ilustração do *Correio Paulistano* sobre o rejuvenescimento.
Fonte: W-5. *Correio Paulistano*, 29 set. 1934, p. 4.

A despeito de uma apropriação dos discursos médicos em relação às velhices, uma gama considerável de importantes laboratórios internacionais, bem como pesquisadores renomados na Europa e nos Estados Unidos, perseguia este problema de pesquisa. Um dos primeiros pesquisadores a ganhar destaque na imprensa de São Paulo e do Rio de Janeiro foi o russo Serge Voronnoff. O historiador Thomas Cole[147] descreve Voronoff como o primeiro pesquisador a trabalhar com transplante de glândulas hormonais, que para o russo seria a solução para evitar a velhice. Serge Voronoff (1866-1951) era um médico russo que foi diretor da cirurgia experimental no Laboratório de Fisiologia do Collège de France.[148] Em entrevista na Itália, publicada em *A Gazeta*, em 1931, Voronoff explicava:

[146] *Correio Paulistano*, 29 set. 1934.

[147] Cole, 1993.

[148] *Idem.*

> Como poderemos viver 140 anos? Voronoff mostra o que se pode fazer para prolongar a vida, sob as condições da atual existência. Grimaldi (Itália) – fevereiro – Agência Brasileira. Serge Voronoff o magico do rejuvenescimento pretende algum dia rejuvenescer-se a si próprio. Apontando certa vez para uma gaiola, onde se achavam enormes chimpanzés, o sábio disse: 'Aquele é o Theodoro, está reservado para mim... quando precisar de suas glândulas' [...] É, portanto, necessário descobrir a maneira de não ser morto e preservar a energia do corpo, permitindo-lhe resistir a seus inimigos. [...] Consequentemente, acredito que quando os homens tiverem à sua disposição meios poderosos de prolongar a vida, será absurdo deixarem de o fazer, o que equivaleria a andar de carro a tração animal na época de estrada de ferro, do automóvel e do aeroplano.[149]

O otimismo de Voronoff estava ancorado nas conquistas da ciência, pois se ela e a tecnologia tinham conquistado avanços, por exemplo, em relação aos meios de transporte, por que não teria êxito em prolongar a vida? Como ele mesmo indica em seu depoimento, havia um grupo de pesquisadores que perseguia os mesmos objetivos desde o século XIX e início do século XX, como o prestigiado médico Charles-Édouard Brown-Séquard (1817-1894), sucessor de Claude Bernard na cadeira de Medicina Experimental no Collège de France, e Elie Metchnikoff (1845-1916), médico russo que, em 1888, assumiu uma cadeira no Instituto Pasteur, e, por conta de suas pesquisas no campo da imunologia, conquistou o Prêmio Nobel de Medicina em 1908. Havia também pesquisadores contemporâneos de Voronoff, como Alexis Carrel (1873-1944), médico francês, pesquisador no Instituto Rockefeller, agraciado com o Prêmio Nobel em Medicina de 1912, com um trabalho sobre cultura de células e cirurgia; e Eugene Steinach (1861-1944), fisiologista austríaco, diretor do Instituto Biológico de Viena.[150]

Ou seja, a questão do envelhecer atraía os olhares de pesquisadores renomados que contribuíam para uma representação da "velhice como

---

[149] *A Gazeta*, 11 mar. 1931, p. 3.

[150] Cole, *op. cit.*

doença" que poderia ser controlada. Se a velhice era uma doença, seria preciso descobrir as causas, o tratamento e a cura. Sem dúvida um problema intangível, pois como poderiam diferenciar uma velhice normal de outra, patológica?[151] Todavia, é interessante observarmos como a imprensa brasileira representava essa busca pela cura da velhice, pelo rejuvenescimento ou, ao menos, por uma administração da velhice.

Primeiramente, as notícias sobre as descobertas que envolviam o tema da velhice eram acompanhadas de anúncios. Essas pesquisas, ao despertar esperanças de rejuvenescimento, possibilitavam a exploração dos desejos de consumo de seus leitores, propiciando assim a constituição de um mercado de produtos duvidosos que atrelavam suas imagens à pesquisa científica. Por exemplo, após a divulgação na imprensa brasileira das intenções de rejuvenescimento de Voronoff com enxertos hormonais e transplantes de glândulas, anúncios proclamavam soluções mais simples e baratas que tinham a "anuência" de Voronoff ou promoviam produtos propagandeados como mais sofisticados que as descobertas do pesquisador russo. Como exemplos, reclames do *Correio Paulistano* intitulados "Sylvino P. Araujo: o Voronoff brasileiro" e "Porque o dr. Sylvino Pacheco de Araujo, eminente médico brasileiro, como o grande cientista russo, também criou, com o seu maravilhoso preparado 'FLUXO-SEDATINA', o rejuvenescimento da mulher".[152]

O Dr. Sylvino Pacheco de Araújo era na verdade um farmacêutico mineiro[153] que se tornou médico apenas em 1930,[154] ano no qual é veiculado o reclame. As publicidades de fórmulas mágicas tinham em comum a facilidade da administração oral de simples comprimidos[155] e os custos comparavelmente reduzidos em relação aos difíceis tratamentos,

[151] Groisman, 2002.

[152] *Correio Paulistano*, 25 jul. 1930, p. 13.

[153] Almanak Laemmert, 1918, p. 3017.

[154] Almanak Laemmert, 1930, p. 466.

[155] *Correio Paulistano*, 26 jun. 1935.

ginásticas, massagens e cirurgias, bem mais custosos em termos de esforços e recursos financeiros.

Assim, os anúncios seduziam seus consumidores a partir de apropriações dos discursos médicos e das descobertas científicas conforme os interesses de um comércio, em específico, o mercado do rejuvenescimento e suas fórmulas inventivas, que promovia a divulgação de pesquisas científicas estrangeiras e cujo objetivo era a conquista individual de uma administração da velhice. A esse mercado interessava a disseminação de representações modernas sobre os corpos velhos com o intuito de ampliar, em nome dos desejos individuais, o consumo.

Além dessas representações que atestam a penetração, embora não homogênea, de uma Medicina pautada em técnicas cirúrgicas, ginásticas, massagens e tratamentos estéticos, é preciso ressaltar que a centralidade nos corpos rejuvenescidos possibilitava aos médicos uma ampla visibilidade nos jornais, com o intuito de esclarecer os leitores sobre as novidades propagandeadas pelo mercado da administração da velhice.

Por exemplo, em 1936, o *Correio Paulistano* publica uma entrevista com um dos maiores especialistas no assunto, o Dr. Alexis Carrel, do Instituto Rockefeller. Carrel, com sua perspectiva eugênica, acreditava que a modernidade tinha substituído a seleção natural pela possibilidade de sobrevivência e reprodução de indivíduos genética e cronicamente doentes.[156] Desse modo, a ciência deveria ter cautela ao pensar em prolongar a vida sem antes possibilitar um envelhecer natural e saudável.[157] Para Carrel, seria contraproducente ampliar a população de idosos sem que esses pudessem ser produtivos. Em suas palavras, Carrel pergunta: "Por que deveríamos adicionar mais anos à vida de pessoas que são infelizes, egoístas, estúpidas e inúteis?"[158]

Naquele momento, parte dos médicos e cientistas, como Elie Metchnikoff, representava a longevidade como uma conquista, em

---

[156] *Correio Paulistano*, 1 out. 1936.

[157] Cole, 1993.

[158] Carrel, *apud* Cole, 1993, p. 207.

que a senilidade não impediria o indivíduo de envelhecer com saúde e produtividade.[159] Alexis Carrel, ao contrário, compreendia que a longevidade não era uma conquista, pois ela ocasionaria um problema social e eugênico. Para ele, a longevidade promoveria um desequilíbrio entre as populações idosas e jovens, ampliando o contingente de populações consideradas por ele improdutivas.

Embora, no final da década de 1930, o Brasil fosse um país de jovens, com mais de 29 milhões de habitantes entre 0 e 29 anos, equivalente a 70,67% da população,[160] os receios de Carrel sobre a conquista de uma maior longevidade eram pautados na discussão dos países mais ricos, mas também consistiam em uma resposta a todo o entusiasmo que a publicidade e os jornais evidenciavam sobre o rejuvenescimento. Concomitantemente, a grande imprensa das principais cidades brasileiras silenciava sobre as condições de vida dos velhos, sobretudo dos mais pobres.

Ainda sobre Carrel, mesmo com os receios em relação à longevidade, ele também pesquisava a velhice a partir da biologia celular, tendo êxito em uma técnica que propiciou a preservação de uma cepa de células do coração de um galináceo em estado embrionário. Como uma das referências no assunto, era bastante crítico em relação aos métodos empregados por seus contemporâneos, como Serge Voronoff. Sem citar o nome do pesquisador russo, Carrel chama sua técnica, a partir do transplante de glândulas de macacos, de tapeação. Nos seus dizeres: "O princípio é simples. Leva a uma vida mais áspera, ascética, pouco diferente da que levavam os homens primitivos. Leva ao único método de rejuvenescimento. Esses métodos de glândulas de macacos, e outros, são 'tapeações'".[161] Dessa forma, sentencia no jornal *Correio Paulistano*: "E nós devemos lembrar que as utopias de hoje são as realidades de amanhã. Nunca conquistaremos, entretanto, a morte", diz o Dr. Carrell, "mas o

---

[159] Groisman, 2015.

[160] IBGE, 1946.

[161] *Correio Paulistano*, 1 out. 1936, p. 16.

rejuvenescimento poderá ser conseguido, embora ainda leve um século ou mais para ser descoberto o meio".[162]

Outrossim, o médico Julio Cantala publicou vários artigos sobre descobertas científicas em jornais brasileiros, principalmente no *Correio Paulistano* e no *Diário de Notícias*, respectivamente, publicações de São Paulo e do Rio de Janeiro. Sobre o tema do rejuvenescimento, evidenciava todo o seu ceticismo em relação a essas pesquisas. Seu posicionamento explica-nos o porquê de, no Brasil, a imprensa médica especializada dar pouca atenção ao assunto, já que a infância e a juventude eram temas muito mais recorrentes nos periódicos médicos em comparação aos estudos sobre as velhices. Afinal, seus resultados eram muito mais tangíveis e adequados à perspectiva brasileira de um país representado como jovem. Desse modo, restava à "grande imprensa" relatar e divulgar o debate internacional sobre os estudos da velhice com o intuito de satisfazer os apelos particulares de parte de seus leitores. Em 1937, o Dr. Cantala, no jornal *Correio Paulistano*, em artigo intitulado "A pedra filosofal e o elixir da longa vida", apontava:

> A medicina e a higiene, lutando contra as doenças e prevenindo uma boa estabilidade fisiológica, eliminando o perigo constante das epidemias, estipulando normas racionais de trabalho e de vida social, têm baixado de muito o índice de mortalidade nos países de civilização avançada. Em artigo recente, Jean Rostand afirma que a média de vida, computada em bloco, é atualmente de 50 anos, quando há meio século passado era de 33 aproximadamente. O rejuvenescimento, ou melhor, a prolongação da mocidade é, no entanto, questão bem mais complexa.[163]

A despeito do desinteresse dos melhores pesquisadores brasileiros, muito mais interessados na higiene da infância, nas juventudes e no controle de doenças tropicais, a "grande imprensa" continuava reforçando a representação da "velhice administrada" como uma fase da vida que no

---

[162] *Idem, ibidem.*

[163] Cantala, 1937, p. 17.

futuro próximo se tornaria mais aprazível se bem gerida. Nesse sentido, muitas notícias relatavam novas técnicas oriundas da Europa e dos Estados Unidos que tinham em comum o controle do declínio físico causado pela velhice.

Como exemplo, podemos citar o artigo "O segredo da mocidade eterna", no qual um inventor francês, Georgia Knap (1866-1946), teria descoberto o princípio do rejuvenescimento, mas não estava disposto a divulgá-lo.[164] Faleceu, contudo, aos 80 anos. Na reportagem "O problema da longevidade humana", o pesquisador Paul Kouchakoff, que trabalhava em Nice, na França, e depois em um laboratório de bioquímica em Lausanne, na Suíça, defendia a ingestão restritiva de alimentos crus como fórmula de longevidade que poderia levar o homem aos 270 anos.[165] Até mesmo a imprensa de linha editorial comunista, como o periódico paulistano *O Homem Livre*, divulgava as últimas notícias sobre o estudo do envelhecimento na Rússia. O artigo "Ciencias, offensiva contra a morte" atestava que naquele jornal estavam presentes as mesmas representações científicas de preservação da juventude. Sendo assim, é possível compreender que haveria por parte dos seus leitores um interesse na questão da administração da velhice. Nele, a figura do biofísico russo Petr Petrovich Lazarev (1878-1942) era o argumento de autoridade para defender a ideia de que a vida humana poderia ser prolongada.[166] Se um periódico comunista via com interesse o domínio sobre a natureza da velhice, o mesmo não ocorria com parcela dos católicos daquelas cidades brasileiras, eles mesmos provenientes das classes médias urbanas, mas contrários aos desejos de rejuvenescimento.

Como exemplo da crítica dos católicos brasileiros, relatamos que, em 1932, o médico norte-americano Paul de Kruif (1890-1971) escreveu o livro *Men against death*, publicado no Brasil com o título *A luta contra a morte*. Nele, o médico norte-americano descreve a trajetória das pesquisas

---

[164] *Correio Paulistano*, 16 jun. 1935.

[165] *Correio Paulistano*, 9 ago. 1930.

[166] *O Homem Livre*, 27 maio 1933.

sobre o envelhecimento da segunda metade do século XIX até o início da década de 1930. A recepção de seu livro não causou maior alarde na imprensa brasileira, com exceção do artigo assinado pelo educador católico Amadeus Mendes, intitulado "Uma página de Paul de Kruif", em 1939:

> O sr. Paul de Kruif, porém, não se preocupa em afastar do seu espírito a ideia de morte. Ao contrário: Teima em acompanhar as pesquisas dos que procuram conseguir protelar a sua aparição, uma vez ser de todo impossível obter a sua exclusão. [...] "O maior desejo do homem – diz ele – é a juventude eterna. De Merlin até Gagliostro, Brown-Sequard e Voronoff, charlatães e sábios tiveram o mesmo sonho e sofreram a mesma derrota. Ninguém descobriu o segredo supremo". [...] O elixir da longa vida! Quanta esperança longamente acariciada, desesperadoramente sonhada e, ao depois, cruelmente desfeita! Mas, afinal, o prolongamento da vida, mesmo sem o cortejo das tristezas e amarguras da velhice, trar-nos-ia a suspirada felicidade? [...] As sedutoras promessas das bem-aventuranças celestes que os bons e os santos predizem aos mortais, ainda não lhes conseguiram anular o incoercível apego às atracões da vida terrena. O padre Manuel Bernardes naquela sua linguagem branda e castiça relembra as palavras do Espírito Santo, quando afirmava "que a memória da morte é amargosa para aqueles a quem a possessão da vida é doce".[167]

A publicação do livro de Paul de Kruif não contrapunha a ética religiosa norte-americana. Thomas Cole[168] explica-nos que da mesma forma que Max Weber observou, em seu clássico *A ética protestante e o espírito do capitalismo*, uma lógica de interdependência entre religião e economia, também havia a mesma lógica relacional entre os propósitos dos reformadores da saúde pública e os da ética religiosa puritana nos Estados Unidos. Cole,[169] ao estudar a história das velhices naquele país, considera que algumas características do calvinismo e dos presbiterianos

[167] Mendes, 1939, p. 4.

[168] *Op. cit.*

[169] *Idem.*

americanos, como autocontrole e uma rígida disciplina moral, eram congruentes com os objetivos higienistas de autonomia e de governo de si. Essa convergência produzia naquele contexto uma "moralidade civilizada",[170] que, por sua vez, enfatizava um controle físico dos desejos e dos impulsos dos corpos. Neste caso norte-americano, tanto os religiosos como também os médicos e cientistas compreendiam esses investimentos sobre a saúde dos corpos de maneira positiva desde o século XIX.[171]

Entretanto, em São Paulo e no Rio de Janeiro não foi possível observar a mesma convergência. Na década de 1930, seria difícil compreender os católicos como um grupo coeso no que diz respeito aos cuidados com os corpos, já que embora educadores católicos dessem importância e defendessem uma educação higiênica, paradoxalmente outros, como Amadeus Mendes, viam os investimentos da ciência em relação às estratégias de rejuvenescimento como uma supervalorização de uma ética dos corpos, da vida terrena, em detrimento da educação das almas. Alguns católicos brasileiros se opunham à modernização e às consequentes transformações no campo cultural. Um exemplo representativo seria a produção intelectual do católico Tristão de Athayde. No texto "A idade nova e a Acção Catholica", publicado no periódico católico *A Ordem*, em 1935, Athayde critica o homem moderno, a ciência e as universidades, por percebê-los como catalisadores de uma crise moral. Em seus termos:

> Nunca vimos, ao contrário, como hoje em dia, tanta despreocupação com o futuro, tanta agitação vazia, tanta febre de viver intensamente, de arrancar da vida terrena tudo o que ela possa dar. Nesse homem moderno – que no fundo não existe, pois há todas as espécies de homens modernos e o signo da diversidade em que vivemos se reflete, justamente, na multiplicidade infinita de temperamentos, de soluções, de pontos de vista, que fazem de nossa época um caos mais ou menos dourado de ciência. [...] Onde estamos, então? No fim da revolução burguesa [...] tendo por ideal a liberdade absoluta, caracterizadas pelo predomínio da raça branca, pela industrialização do

---

[170] *Idem.*

[171] *Idem.*

> ocidente, pela religião da ciência e pela decadência do prestígio da religião, pela arte puramente estética, pelo culto da cultura, pelas viagens de recreio, pela libertação sexual do homem, o urbanismo generalizado, o triunfo das economias abertas e livres, as universidades em que tudo se ensina sem ordem nem hierarquia de valores, o feminismo, etc. [...] E o resultado foi o fenecimento de toda a cultura e de toda a vida.[172]

Analisamos essas particularidades como contradições do campo cultural brasileiro que afetavam as representações sobre velhices nos centros urbanos de São Paulo e do Rio de Janeiro. Assim, mesmo diante de uma nação brasileira "imaginada" por parte de suas elites, como uma comunidade próspera, urbana e moderna, no âmbito das grandes cidades, onde os discursos médicos podiam ser caracterizados por sua racionalização, havia outras representações sobre as velhices reivindicadas por tradições religiosas das mesmas elites, gerando disputas sobre quais comportamentos eram mais legítimos. Neste contexto, intelectuais católicos, como Amadeus Mendes e Tristão de Athayde, motivaram um julgamento moral sobre a modernização e os desejos materiais.

Essas especificidades de um tempo e lugar evidenciam que as representações sobre as velhices eram concebidas sobre contradições que contribuíram para a existência de múltiplos envelhecimentos. Seria essa tese que impedia uma descrição homogênea de uma única velhice, mas que, ao mesmo tempo, atestou um considerável aumento do poder dos saberes científicos e médicos sobre os comportamentos considerados adequados em relação aos corpos. Houve, outrossim, a constituição de um mercado consumidor ligado ao rejuvenescimento que se naquele momento não atingia de forma central as "práticas de educação física", mais relacionadas aos jovens na década de 1930, em outros períodos do século XX vai considerar modificações graduais nesse quadro.

Além disso, essas diversas representações sobre as velhices nas principais cidades brasileiras na década de 1930 permitem uma análise a

[172] Athayde, 1935, pp. 104-105.

respeito do crescente aumento da responsabilização individual em relação ao processo de envelhecimento. Esse contexto levava a uma espécie de "privatização da saúde dos corpos", diminuindo a intervenção coletiva do Estado. Entretanto, a questão não é tão simples, como abordaremos nos próximos capítulos. O desenvolvimento econômico das sociedades, em conjunto com o processo de modernização das cidades e a consolidação dos conhecimentos técnicos, intensificou os conflitos e as diferenças em lutas coletivas, mas também, de forma paradoxal, incentivou uma crescente individualização dos sujeitos. Essa individualização se manifestava por meio da adesão a comportamentos considerados aceitos para jovens e idosos, mas que, ao mesmo tempo, eram alvo de conflitos e disputas entre diferentes grupos e classes sociais.

CAPÍTULO 2
JUVENTUDES E ESPORTES EM MEIO AOS CONFLITOS POLÍTICOS NOS ANOS DE 1960 E 1970

> A volta do país à normalidade democrática não depende em absoluto do resultado das eleições de novembro e da vitória da Arena – assegurou ontem em Brasília alta fonte política. Muito antes de se disputar a eleição assistiremos ao desfecho da crise institucional, que terá solução satisfatória se a Seleção Brasileira conquistar em Buenos Aires o divino caneco. [...] O General Figueiredo, por sua vez, terá um *beau geste*, pedindo à Arena que retire sua candidatura e satisfaça a aspiração geral. (Carlos Drummond de Andrade, 2002 [1978], p. 149).

2.1 GUERRA FRIA E ESPORTES NA IMPRENSA: UM CAMINHO PARA AS REPRESENTAÇÕES DAS JUVENTUDES CONSERVADORAS (1959-1972)

Bem diferente dos anos de Ditadura descritos por Drummond, no fim dos anos de 1950 ainda grassava na sociedade brasileira certo otimismo nas artes, na música, nas cidades, no Governo Juscelino Kubitschek (1956-1961) em tempos democráticos, o que era refletido nas "práticas de educação física", sobretudo nas congratulações ao esporte brasileiro, que ostentava naquele momento dois títulos mundiais em dois esportes disseminados internacionalmente: o de 1958 no futebol e de 1959 no basquetebol.

Em um momento no qual a democracia no país vivia um período de crescimento econômico, de popularidade do governo e de conquistas esportivas internacionais no futebol e basquetebol, crescia também no noticiário dos jornais brasileiros o número de advertências sobre uma "ameaça comunista" no estrangeiro ou as contradições do comunismo com uma moral cristã, pois haveria "um abismo de opiniões que separa aqueles cujos pensamentos foram influenciados pelos dogmas marxistas e os daqueles cuja fé e pontos de vista acham-se enraizados em qualquer das grandes tradições religiosas".[1] Além de parte da imprensa, católicos, homens e mulheres conservadores tiveram uma importante atuação na disseminação de sentimentos de medo em relação a uma iminente revolução comunista.[2]

Em um cenário de Guerra Fria, a polarização internacional entre países comunistas e capitalistas acirrava o debate político interno.[3] Tanto as juventudes quanto suas práticas, como os esportes, eram impactadas por esses conflitos.

Em 1963, a cidade do Rio de Janeiro recebia os jogos da fase final do IV Campeonato Mundial de Basquetebol Masculino. Mas, especificamente, naquela noite de 23 de maio, no ginásio do Maracanãzinho, vizinho do imponente e lendário estádio de futebol do Maracanã, havia um ambiente demasiadamente hostil na recepção da equipe nacional de basquetebol da União Soviética que jogaria contra o Brasil.[4]

Uma sonora vaia direcionada aos soviéticos desviava a atenção de todos os envolvidos. Parecia não ser simplesmente uma disputa esportiva, pois os demais rivais dos brasileiros no torneio mundial não foram recebidos com a mesma agressividade pela torcida local.[5] O jornalista Mario Martins, na crônica "Ameaça Crescente", publicada no *Jornal do Brasil*, condenava o comportamento de parte dos brasileiros naquela praça esportiva:

---

1 Peacock, 1959, p. 5.

2 Cf. Motta, 2002; Power, 2015.

3 Motta, 2002.

4 Correia, 2017.

5 Correia; Góis Junior & Soares, 2021.

> Semelhante espetáculo não deve ser encarado como simples falta de cortesia. Ele tem raízes mais profundas e mais condenáveis. Mostra a todos nós que, nos subterrâneos da sociedade brasileira, se está armando uma mentalidade de agressividade que não é próprio dos brasileiros e que aos nossos sentimentos não corresponde. Hoje, a perturbar uma partida de basquetebol, amanhã perturbando a tranquilidade e a segurança de toda a população.[6]

O Brasil vencera o jogo contra a União Soviética, e, posteriormente, o campeonato mundial disputado em seu território. Entretanto, esta história vai além dos resultados esportivos, pois naqueles anos, entre as décadas de 1960 e 1980, o mundo vivia uma crescente preocupação com a polarização política em âmbito internacional. A chamada Guerra Fria opunha os países capitalistas e os comunistas, e o Brasil sentia os seus reflexos em um período marcado por uma Ditadura Civil-Militar (1964-1985).

Existe um interesse crescente na historiografia internacional sobre o lugar da América Latina na Guerra Fria, em específico o papel do Brasil não como simples ator regional dependente dos Estados Unidos, mas também com interesses e objetivos próprios, expandindo seu papel global e intervindo direta e indiretamente em países sul-americanos como Chile, Bolívia, Uruguai.[7] Na compreensão do historiador argentino Sebástian Carassai,[8] vários estudos enfocaram a violência de regimes militares ditatoriais latino-americanos na Guerra Fria a partir dos seus protagonistas, dos Estados nacionais, entretanto, poucos estudos se debruçavam sobre a dimensão simbólica da violência propagada nesses contextos, o que vem, recentemente, abrindo uma nova linha de investigação.

Na historiografia brasileira, o pesquisador Rodrigo Motta destacou que a Ditadura Civil-Militar brasileira é recentemente um assunto candente em relação aos motivos que levaram à ruptura institucional nos

6 Martins, 1963, p. 13.

7 Harmer, 2012.

8 Carassai, 2015.

anos anteriores ao Golpe de 1964.[9] Nessas análises, os estudos mais recentes têm evitado "representações simplistas sobre a Ditadura que exageram a polarização entre resistentes e colaboradores, como se os dois polos resumissem as opções dos atores da época".[10] Nesse sentido, o historiador brasileiro argumenta que um dos problemas de análises simplistas que organizam os atores sociais dicotomicamente "é a tendência a colocar na sombra o apoio de segmentos sociais expressivos ao regime ditatorial, que aderiram de modo espontâneo, sem necessidade de coação".[11]

Assim, não seria suficiente na historiografia narrar as políticas repressivas e as ações de resistência armada e popular, pois também é importante aos historiadores compreender por que parte da sociedade civil apoiou o autoritarismo, assim como outra parte tentava se colocar em uma postura de pretensa neutralidade, ou ainda como outros atores resistiram por meio de práticas que confrontavam simbolicamente o conservadorismo de maneira mais sutil, por exemplo, por meio de sua produção cultural, através das artes, do humor e das "práticas de educação física", em especial os esportes e os jovens.

Em 1959, em âmbito político internacional, a Revolução Cubana destituía, em janeiro de 1959, a ditadura de Fulgêncio Batista.[12] A partir daquele momento e na década de 1960, consolidava-se o apoio da União Soviética na instituição do socialismo em Cuba, ao mesmo tempo que tentativas de contrarrevolução com apoio do Governo dos Estados Unidos e a crise dos mísseis colocavam a América Latina no centro da Guerra Fria.[13]

No mesmo mês de janeiro de 1959, ocorreu a organização do III Campeonato Mundial de Basquetebol masculino no Chile. Naquele momento, é compreensível que grande parte dos jovens, atletas, treinadores, torcedores e admiradores da prática de basquetebol não

---

9 Motta, 2014.

10 *Idem*, p. 2.

11 *Idem, ibidem.*

12 Pérez-Stable, 1994.

13 Paterson, 1989.

vislumbrasse quaisquer relações entre o ambiente político internacional conflituoso e aquelas disputas esportivas em outro país do continente. No entanto, apesar dessa interpretação, parte significativa da "grande imprensa" brasileira promovia uma campanha anticomunista no país desde a década de 1930. Por isso, naquele torneio esportivo havia espaço para uma disputa simbólica contra o comunismo, representado pela equipe de basquetebol da União Soviética.

Na perspectiva de que o esporte possa simbolizar uma guerra,[14] alguns jornais descreviam, a despeito da presença da forte equipe norte-americana, a equipe soviética como a principal adversária da equipe brasileira.[15]

Em 1963, no IV Mundial de Basquetebol, houve, da mesma forma, um incremento da propaganda anticomunista por meio do esporte em parte da imprensa. Um ano antes do Golpe de 1964, no contexto político, a presidência do Brasil era ocupada por João Goulart. Em um regime democrático prestes a ruir, o presidente propunha algumas reformas de base, como a reforma agrária.[16] Tinha uma orientação política moderada e reformista, muito distante de qualquer "ameaça comunista". Entretanto, suas propostas de reforma trouxeram desconforto aos setores conservadores, como o partido conservador União Democrática Nacional (UDN), parte dos militares, católicos conservadores, organizações de mulheres cristãs, proprietários rurais e parte significativa do empresariado nacional.[17]

Por isso, alguns autores consideram que seria mais apropriado falarmos de um Golpe Civil-Militar de 1964, dado o apoio de parte dos civis.[18] O que efetivamente não significaria um apoio massivo da sociedade brasileira, pois não se pode sustentar a compreensão de uma intervenção militar de caráter democrático, mas sim destacar a atuação civil no golpe.

---

14 Coakley & Dunning, 2000.

15 Correia, 2017; Correia, Góis Junior & Soares, 2021.

16 Delgado, 2009.

17 Cf. Power, 2015; Delgado, 2009.

18 Ridenti, 2018.

O estudo de Motta[19] problematiza o período ao acessar pesquisas de opinião realizadas pelo Ibope (Instituto Brasileiro de Opinião Pública e Estatística) que não foram publicadas, mas que obviamente foram encomendadas para medir percepções da população brasileira sobre o Governo João Goulart. Os dados analisados por Motta[20] evidenciam que, antes do Golpe de 1964, havia uma clara aversão ao comunismo (80% dos paulistanos eram contrários à legalização do Partido Comunista Brasileiro – PCB), mas que isto não significava falta de aprovação do governo (42% o achavam ótimo ou bom, 30%, regular, na cidade de São Paulo) e das reformas (79% de aprovação dos entrevistados na capital paulista) propostas pelo Governo Goulart.

João Goulart, desse modo, gozava de popularidade e naquele momento não tinha sua imagem colada ao comunismo, o que realmente não condizia com sua postura política moderada. Entretanto, em 1963, a "ameaça comunista" não era mais algo relacionado ao contexto estrangeiro, pois em São Paulo, tendo como fonte as mesmas pesquisas de opinião, 32% dos entrevistados consideravam o comunismo um perigo imediato no Brasil.[21] As coberturas esportivas dos jornais estudados corroboraram a análise de que havia um crescimento deste sentimento de "perigo", mas que havia também outras posições.

Em 1963, quando o país sediou o IV Campeonato Mundial de Basquetebol, com as finais marcadas para a cidade do Rio Janeiro, mais uma vez a equipe rival foi a soviética. De acordo com parte da imprensa, havia um descontentamento geral com o comportamento da equipe soviética.[22]

No entanto, segundo Renan Correia,[23] um dos acontecimentos marcantes no Campeonato Mundial de 1963 foi a propaganda anticomunista movida por um movimento civil organizado, o Instituto

---

19 Motta, 2014

20 *Idem.*

21 *Idem.*

22 Cf. Correia; Góis Junior & Soares, 2021; Correia, 2017.

23 Correia, 2017.

Brasileiro de Ação Democrática (Ibad), em um jogo entre Brasil e União Soviética. Fundado em maio de 1959, o órgão tinha como principal função combater, em um primeiro momento, o Governo Juscelino Kubitschek, assim como produzir e difundir propaganda anticomunista na mídia.[24] No contexto do governo de João Goulart, que para os conservadores tinha uma orientação comunista, esses grupos civis tiveram uma atuação decisiva na oposição e deposição do governo. Sua atuação é considerada relevante no êxito do Golpe de 1964.[25]

No âmbito esportivo, mais especificamente nos jogos da União Soviética, como mencionado no início deste texto, havia um ambiente extremamente hostil. Como explica Renan Correia,[26] essa recepção hostil por parte da torcida brasileira também foi fomentada pelo Ibad, que distribuía ingressos a quem quisesse vaiar os soviéticos.[27] Dreifuss, "ao estudar as décadas de 50 e 60, sustenta que a atuação política do Ibad, associada a empresários brasileiros e ao capital estrangeiro, foi um dos principais fatores do colapso do Governo Goulart, tendo no sentimento anticomunista sua principal arma retórica".[28]

No entanto, da mesma forma que parte da imprensa destacava essa oposição à equipe soviética de basquetebol, havia também críticas a essa postura. Foi incisiva a crônica de Mario Martins, publicada no *Jornal do Brasil*, na qual acusa os agressores de nazifascismo.[29]

Mario Martins escrevia no *Jornal do Brasil*, e absolutamente este não era um periódico progressista, pois tratava-se de um jornal liberal de grande circulação. Nessa linha editorial que se apresentava pretensamente como "neutra", o cronista fomentava uma representação da identidade brasileira ligada ao diálogo, ao consenso, às resistências ao conflito

---

24 *Idem.*

25 Cf. Dreifuss, 1981; Correia, 2017.

26 *Op. cit.*

27 Cf. *Brasil Urgente*, 26 maio 1963; Correia, 2017; Correia; Góis Junior & Soares, 2021.

28 Correia, 2017, p. 82.

29 Cf. Martins, 1963; Correia, 2017.

violento, a uma "democracia racial", nos termos de Gilberto Freyre na década de 1930.[30]

Para esses cronistas pertencentes à linha editorial de Mario Filho, um importante representante das teses de Gilberto Freyre[31] na crônica esportiva, haveria um legado histórico de uma identidade brasileira de conciliação. Desse modo, organizações civis e políticas consideradas mais sectárias em diversos espectros políticos seriam rechaçadas por essa identidade que se distanciava dos conflitos. Essas representações de uma geração de intelectuais que impactou parte dos cronistas esportivos, inspiradas principalmente pela produção sociológica de Gilberto Freyre, construíam uma identidade brasileira que almejava se tornar mais homogênea, pois clamavam por um otimismo, por um país do futuro, promovendo uma identidade a partir da conciliação, omitindo os conflitos,[32] tensões e violências de cunho racista,[33] por exemplo.

Entretanto, há uma peculiaridade na crônica de Mario Martins,[34] pois ele argumenta que essa identidade conciliatória estava sendo perdida pelos intensos conflitos que se multiplicavam no campo político e cultural, pois o radicalismo caminhava avassaladoramente, indo da militância política para as competições artísticas, como os festivais de música popular,[35] e para os esportes.

Crônicas como essa demonstram que não há aqui a simples dicotomia comunistas e anticomunistas. Mesmo na "grande imprensa" havia diversos discursos em disputa no campo esportivo. Apesar de boa

---

30 Correia, Góis Junior & Soares, 2021.

31 Cf. Freyre, 1959; 1973 [1933].

32 Há, contudo, no pensamento social brasileiro um conjunto diverso de intérpretes da obra de Gilberto Freyre em que se ressalta a crítica à tese sociológica do autor em relação à mestiçagem, pois ela omitia os conflitos e esvaziava a contradição entre os grupos antagônicos, que nunca se chocavam e sempre se conciliavam em uma enganosa democracia racial. Ricupero, 2011; Fernandes, 1972 & Mota, 1994.

33 Bastide & Fernandes, 1971.

34 *Op. cit.*

35 Napolitano, 2022.

parte da imprensa brasileira apoiar o Golpe de 1964, não seria um jogo simplificado de dois grupos antagônicos no caso da imprensa esportiva. Havia, ao contrário, variadas apreensões da realidade por parte do noticiário esportivo e formas diferenciadas de enunciá-las.[36]

Por exemplo, com o *status* de um dos mais talentosos cronistas, o dramaturgo Nelson Rodrigues particularmente se afastava das disputas políticas quando escrevia sobre esportes. Nesse caso, ele preferia a dicotomia brasileiros e estrangeiros, de forma geral, à oposição entre comunistas e anticomunistas no esporte. No artigo "Meu personagem da semana", o cronista carioca criticava o jornalismo estrangeiro por desacreditar das chances de título da equipe nacional de basquetebol que se consagraria bicampeã mundial,[37] pois tratava-se de unir o país em um sentimento nacional de pertencimento por meio dos esportes.

No tema dos esportes, sem antagonismos com o sistema político socialista dos soviéticos, o que mobilizava a crônica de Nelson Rodrigues era a exaltação do triunfo da mocidade brasileira contra os prognósticos dos jornais estrangeiros. Seria como uma vitória também das crônicas literárias e românticas sobre as descrições racionais e objetivas do noticiário esportivo internacional. Um nacionalismo conciliador também era marca da linha editorial do *Jornal dos Sports*, dirigido por seu irmão Mario Rodrigues Filho.

Mario Filho, também distante das posições políticas mais polarizadas, era adepto de uma linha da crônica esportiva mais identificada com uma perspectiva romântica, na qual o que era central era associar uma identidade brasileira homogênea às práticas esportivas.

Desse modo, a linha editorial do *Jornal dos Sports* era centrada em fomentar o esporte para um público amplo, principalmente entre os jovens. Havia ali certo distanciamento dos conflitos políticos internos e da Guerra Fria, ou seja, o objetivo era divulgar o esporte pelo esporte. Nos mundiais de basquetebol, Mario Filho ressaltava a qualidade dos

---

[36] Correia; Góis Junior & Soares, 2021.

[37] Correia, 2017.

atletas brasileiros, norte-americanos e soviéticos sem perspectivas pré-concebidas.[38] Com um estilo jornalístico descritivo, o jornal tentava passar ao leitor uma imagem de neutralidade, adjetivando a equipe soviética como "poderosa" e os norte-americanos como "grandes adversários".[39]

Enfim, compreendemos que havia diversas apreensões da realidade por parte dos jornais, dos cronistas e dos noticiários, vislumbrando disputas simbólicas no campo esportivo que estavam pautadas e/ou reverberavam também em diferentes posturas políticas em um contexto de Guerra Fria, que no caso brasileiro antecedia o Golpe de 1964.

Para parte significativa dos jovens, atletas, torcedores, técnicos, é plausível compreendermos que o esporte fosse somente esporte, apartado de qualquer forma de interferência política. Contudo, na "grande imprensa" muitas formas de compreender o mundo esportivo estavam em disputa simbólica, sendo difícil organizá-las apenas em dois grupos, como conservadores e progressistas, comunistas e anticomunistas, direita e esquerda.

Em nosso entender seria, então, limitada a compreensão na qual a crescente propaganda anticomunista no campo da cultura, como no esporte, tenha produzido sentimentos conservadores no público leitor. No entanto, havia um contexto cultural agressivo que foi base e estímulo para ditaduras militares nos países latino-americanos.[40]

Por exemplo, entre parcelas dos jovens militares e/ou católicos, identificados com o conservadorismo, cresciam os sentimentos de oposição e ressentimento ao que era considerado naquele momento mais representativo da ideia de juventude. Diferentes juventudes daqueles anos – progressistas, comunistas, negras, feministas, *gays*, *hippies*, artistas ou surfistas – concebiam uma revolução no campo cultural, ao mesmo tempo que eram deslegitimadas por discursos conservadores. Desse

---

[38] Correia, Góis Junior & Soares, 2021.

[39] *Jornal dos Sports*, 1 fev. 1959.

[40] Carassai, 2015.

modo, um pensamento conservador também disputava as mentes e os corações da juventude brasileira.

No campo médico, no periódico *Medicina e Cultura*, o professor Dr. Luiz Miller de Paiva, da Escola Paulista de Medicina, lecionava a disciplina de Medicina Psicossomática. Em 1967, publicou o artigo intitulado "O revolucionário extremista e a psicoterapia de grupo". Nesse trabalho, o psicanalista defendia a ideia de que as revoluções violentas são causadas por indivíduos neuróticos que buscam resolver problemas sociais complexos de forma imediata, por meio de uma revolução. Na perspectiva do psicanalista, essa atitude representaria falta de maturidade e experiência. Assim, o pesquisador advogava por uma medicalização do comportamento jovem e revolucionário, atribuindo-o a uma neurose obsessiva.[41] Em suas palavras:

> Os extremistas revolucionários sentem a necessidade de extravasarem certos sentimentos profundos de ódio, agressividade e revolta. Eles acreditam nas doutrinas que pregam e a emoção não permite deixá-los ver com clareza certos inconvenientes das referidas doutrinas, isto é, não querem ver, não poder ser verdade que essas doutrinas não estejam corretas [...] A experiência e a maturidade vão mostrar que nada é infalível: a vida humana é muito complicada... Esta tara agressiva é decorrente da falta de educação e leva à imaturidade emocional.[42]

O pesquisador associava as relações familiares entre o pai e os filhos com as relações sociais entre o Estado e as famílias para explicar o comunismo em termos psicanalíticos. Nesta lógica, um revolucionário comunista seria similarmente como um jovem em conflito com os pais. Em seus termos:

> Fica, então, evidente que o conflito entre a família e o Estado é o mesmo entre filho e pai. Nesta situação o filho precisa de um líder (o pai), porém, na adolescência, quer desligar-se do pai e da família adquirindo a angústia

41 Paiva, 1967.

42 *Idem*, p. 97.

da liberdade (desejo e ao mesmo tempo medo de libertar-se). O mesmo se dá com a família no Estado comunista, isto é, o desejo de libertar-se do pai (destruição da família como grupo social), porém logo depois há a reparação da situação com proteção à família (medo de liberdade) porque a extinção da família é muito difícil.[43]

A mesma lógica de projeção da psicanálise para a compreensão da sociedade brasileira, entendendo um país por meio de uma personalidade coletiva, era utilizada para interpretar que os brasileiros eram um povo ordeiro e pacifista para inconscientemente encobrir sua agressividade, que poderia aflorar em qualquer momento, sendo um perigo latente, pois o povo brasileiro "é ordeiro e conformado, mas não vá impedi-lo em seus escapes agressivos – futebol, carnaval e samba, etc. – pode tornar-se belicoso e perigoso!".[44]

Dessa forma, o engajamento político era traduzido em uma linguagem psicanalítica como uma neurose que afetava os jovens extremistas revolucionários, mas também toda uma população nacional ordeira e pacifista que era um perigo latente, já que inconscientemente era agressiva e violenta. No entanto, suas palavras sobre os "revolucionários extremistas", compreendendo-os como sujeitos imaturos emocionalmente e sem experiência de vida, colocavam os comunistas e os jovens em um mesmo sistema de representações, no qual o engajamento político era fundamentalmente uma "neurose obsessiva".

Na mesma direção, um artigo traduzido, condensado e publicado no periódico *Medicina em Revista*, com o título "Chatos – o ressurgimento do *Phthirus pubis*",[45] censurava a liberdade sexual da juventude *hippie*. O médico norte-americano Bernard Ackerman publicou a comunicação no reconhecido periódico internacional *New England Journal of Medicine*.[46] Na tradução brasileira:

---

43 *Idem*, p. 101.

44 *Idem*, p. 98.

45 Ackerman, 1968a, pp. 15-16.

46 Ackerman, 1968b, pp. 950-951.

> A pediculose do pube tem representado tradicionalmente uma espécie de impressão digital sociológica para caracterizar a escória da sociedade – a gentalha, a imundície, a promiscuidade. Esse conceito deixou de ser válido na América tolerante da presente década. Hoje em dia, a ftiríase pode estar presente, tanto no pária vagabundo e na rameira vulgar, como no homem de empresa e na debutante. A grande fonte contemporânea de difusão de chatos é o "hippie love-in", durante o qual não se permutam simplesmente flores. Isso explica o fato de ter a incidência do *P. pubis*, como a de outras doenças venéreas, aumentando sensivelmente, com a transposição das fronteiras de liberdade sexual.[47]

Naquele período, alguns discursos médicos tornaram-se baluartes de uma moralidade conservadora. Aquele era o tempo particular de marcar as juventudes com um moralismo que as afastasse de qualquer aspecto da vida identificado como risco para a saúde, e acima de tudo que moldasse um comportamento considerado legítimo de viver a juventude. Isso não era uma particularidade de São Paulo e do Rio de Janeiro; pelo contrário, aqueles discursos médicos seguiam pressupostos da Medicina norte-americana que promoviam o *health movement* e estavam presentes em uma escala transnacional em diversos países.

Segundo Michael Goldenstein,[48] o "movimento de saúde" começa a tomar forma na sociedade americana com um processo de medicalização que ganha repercussão no período posterior à Segunda Guerra Mundial, no qual muitos comportamentos são compreendidos como problema médicos, sobretudo se eles não fossem identificados com a normalidade.[49] Desse modo, em uma longa duração, discursos morais se sustentavam primeiramente na religião, na qual o comportamento desviante seria um pecado; depois com o desenvolvimento do campo do Direito, que vislumbrava o desvio da norma como crime; para, depois, o comportamento desviante ser visto como enfermidade.[50]

---

47 Ackerman, 1968a, pp. 15-16.

48 Goldenstein, 1992.

49 Canguilhem, 1995.

50 Goldenstein, 1992.

É evidente que as noções de pecado, crime e enfermidade não atuam isoladamente; durante aquele período histórico, elas se entrelaçam de forma simultânea. Contudo, é importante notar que o processo de medicalização não se limitou apenas aos comportamentos tidos como desviantes pela sociedade, mas também estabeleceu diretrizes para a vida considerada normal.[51]

A medicalização da vida cotidiana e o aumento do consumo têm se tornado traços distintivos das sociedades ocidentais. Consequentemente, o fenômeno da medicalização, inicialmente preocupado com os padrões de normalidade nas vidas das pessoas, passou a enfatizar atitudes e comportamentos que transcendem a mera normalidade.[52] Isso inclui a busca por práticas que previnem doenças e promovem a saúde,[53] ao mesmo tempo que proporcionam prazer aos indivíduos através do lazer, esportes e exercícios.[54]

Devido à amplitude dessa abordagem, é difícil imaginar qualquer aspecto da vida que possa escapar dessas atenções e práticas. Jean-Jacques Courtine[55] explica que esse investimento no corpo migra de uma ética ascética para um hedonismo que privilegia o consumo e o bem-estar individual. Por isso, concomitantemente, libera os corpos para o prazer e os disciplina. O mesmo ocorreria com o comportamento dos jovens, que, paradoxalmente, obteve por meio das pesquisas médicas um elemento novo que poderia reforçar sua revolução cultural e sexual: a pílula anticoncepcional.

No entanto, a *Revista Brasileira de Medicina*, em dezembro de 1968, naquele tenebroso mês do Ato Institucional n. 5 (AI-5), publicou um texto apócrifo na coluna "Críticas e Comentários", intitulado "A pílula vista de outro ângulo". Nele, defende-se a postura da Igreja Católica e do Governo

---

[51] Góis Junior, 2003.

[52] *Idem.*

[53] *Idem.*

[54] Courtine, 1995.

[55] *Idem.*

brasileiro de se colocarem contrários ao que chamavam de um controle de natalidade imposto por interesses comerciais estrangeiros. Nas suas palavras:

> A campanha para divulgação e aplicação dos métodos anticoncepcionais no Brasil liga-se diretamente ao problema da internacionalização da Amazônia, que vem sendo tentada desde 1946 e que vem sendo executada, de maneira sub-reptícia e continuada, como é de conhecimento público e que o atual governo está procurando atalhar. A ocupação da Amazônia, sua integração à comunidade brasileira, é um dos grandes serviços que o Presidente Costa e Silva e o Ministro Albuquerque Lima estão prestando ao Brasil e que está a exigir o mais decidido apoio do povo brasileiro.[56]

Se alguns discursos jornalísticos, médicos e acadêmicos buscavam construir uma representação sobre as juventudes que visava conformar seus comportamentos ou questionava sua atuação política, além de se empenharem em uma campanha de deslegitimação daqueles jovens dos anos de 1960 que estavam engajados nas lutas políticas e culturais, é importante destacar que também existiam produções acadêmicas e médicas que favoreciam a revolução sexual dos jovens naquela época.

Um exemplo disso foi um texto publicado na *Revista Brasileira de Medicina* que, em resposta a uma pergunta de um leitor sobre as "causas" da homossexualidade, em uma época em que essa orientação sexual era vista como doença, com o uso do termo "homossexualismo", tomou uma posição contrária aos auspícios conservadores predominantes na sociedade brasileira, defendidos por alguns religiosos, educadores, militares e também médicos. Na resposta do Dr. José Scherman:

> No entanto, queremos afirmar que, até o momento presente, todos os métodos de exploração hormonal, postos em jogo, não conseguiram demonstrar a evidência incontestável de uma origem endócrina na homossexualidade.

[56] *Revista Brasileira de Medicina*, dez. 1968, p. 851.

> Por outro lado, querer sempre atribuir a atividade homossexual a uma personalidade psicopática ou neurótica é um tanto ousado. [...] E conforme esses pesquisadores argumentam, torna-se extremamente difícil concluir que certos indivíduos são homossexuais porque são neuróticos.[57]

Outrossim, os debates sobre o aborto, tema relevante para os católicos no país naquele período, também apareciam nos periódicos médicos. Dessa forma, é importante salientar que não podemos afirmar que as representações sobre juventudes por parte dos médicos sempre foram repressoras ou moralistas, porque a ciência médica, em algumas oportunidades, favoreceu as pautas das juventudes, opondo-se a concepções tradicionais e religiosas conservadoras. Por exemplo, no caso do aborto, o periódico *Medicina em Revista* publicou, em 1968, a descrição de um método abortivo considerado seguro para as mulheres.[58]

Esses embates no campo médico que revelavam também concepções políticas além de uma pretensa, mas inalcançável, "neutralidade científica", reproduziam-se em outras áreas da saúde, como a Educação Física. Por exemplo, no período estudado, ao acompanharmos nos anos de 1960 e 1970 a publicação da revista *Arquivos da ENEFD* (Escola Nacional de Educação Física e Desportos), encontramos discursos proferidos por professores, militares e médicos no sentido de dar relevância ao papel daqueles educadores na formação dos jovens, e alguns deles eram abertamente favoráveis ao regime militar imposto pelo Golpe de 1964. A Escola Nacional de Educação Física e Desportos, criada em 1939 no seio da Universidade do Brasil, no Rio de Janeiro, tinha muitos vínculos com os militares e com os princípios da Escola de Educação Física do Exército.[59]

Com isso, a ENEFD esteve muito próxima aos militares, sendo dirigida desde sua criação por eles. São os casos de Major Ignácio de

---

57 Scherman, 1960, p. 447.

58 *Medicina em Revista*, 1968, p. 9.

59 Melo, 1996; Ferreira Neto, 1999.

Freitas Rolim, Capitão Médico Hermílio Ferreira, Capitão Roberto Pessoa e Capitão Antonio Pereira Lyra, durante todo o Estado Novo (1937-1945) até agosto de 1946. Depois disso, foi dirigida pelo médico Waldemar Areno, que nos anos de 1940 defendia uma eugenia negativa da população com a regulamentação de casamentos e esterilização dos indivíduos classificados como doentes.[60] Ou seja, o pensamento conservador e autoritário estava presente no campo da Educação Física, o que não impedia focos de oposição ao conservadorismo no cerne da área e da própria Escola Nacional por parte de estudantes e professores, como Alberto Latorre de Faria.[61]

No entanto, alguns professores da ENEFD demonstravam publicamente seu alinhamento com o regime ditatorial de 1964. Tomamos como exemplo o discurso proferido pelo paraninfo da turma de 1965 da ENEFD na celebração de formatura. Assim se dirigia aos formandos de Educação Física o professor Carlos Alberto Nembri de Brito, docente de desportos terrestres individuais:

> Há menos de dois anos as perspectivas que se vislumbravam para o nosso país eram as mais sombrias. A pretexto de uma reforma de certas estruturas consideradas arcaicas em relação à nova realidade social do país, desencadeou-se a mais perigosa agitação, conduzida por uma minoria organizada, cuja base doutrinária se inspirava em modelos totalmente inaceitáveis pela índole democrática de nosso povo. [...] Felizmente, o mal-estar gerado pela instabilidade política despertou a consciência cívica da Nação, e a perigosa deterioração do processo democrático foi contida pela oportuna intervenção das Forças Armadas, de maneira incruenta, segundo a tradição brasileira. Só a perspectiva do futuro poderá mostrar a esta dimensão da luta empreendida pelo novo Governo, para recolocar a Nação no caminho de sua grandeza histórica.[62]

---

60 Areno, 1941.

61 Melo, 1999.

62 Brito, 1966, p. 177.

Nos anos de 1960, os discursos dos professores de Educação Física acompanhavam os objetivos pedagógicos marcados pela década de 1930 no que concerne à centralidade que a área tinha na organização de pedagogias para a educação de crianças e jovens. O próprio discurso do paraninfo da turma de 1965 da ENEFD expressava as responsabilidades dos professores em relação aos jovens:

> O espírito adolescente, buscando expandir as suas ricas potencialidades cede ao impulso da natureza e busca na aventura, nem sempre inconsequente e muitas vezes deletéria, o escoadouro de sua vitalidade reprimida. A educação física e a prática dos desportos é sem dúvida um estuário adequado para esse manancial de energia vital. [...] É pois imperativo inadiável de política social, encaminhar a juventude para os campos de desportos. [...] Estarão a vosso alcance os modernos meios de difusão e propaganda para despertar o interesse da juventude pela sã competição desportiva.[63]

A educação de uma juventude, em seus aspectos morais, buscava nas "práticas de educação física" o estímulo para uma formação educacional baseada no controle desta "energia vital" dos jovens. Nesse sentido, discursos de professores de Educação Física sobre uma juventude sempre homogênea almejavam a canalização de suas forças e iniciativas para uma competição esportiva ponderada. Nada disso é novo para esses educadores, pois essas representações só se fortaleceram desde a "institucionalização da Educação Física" nos anos de 1930 no Brasil. O quadro construía certas continuidades, como nas palavras de um estudante da ENEFD, Fernando Oliveira, no texto "A importância da Educação Física como meio de integração social da juventude":

> As crianças, à medida que crescem, assimilam a sociedade adulta, aprendendo as suas formas de conduta e de pensamento. Os jovens assimilam mais facilmente que os adultos pois não têm arraigados em suas consciências os padrões de valores e condutas que os adultos possuem. Ora, qual é a função

---

[63] *Idem*, p. 176.

precípua da educação física, quando ministrada aos jovens? É a de torná-los aptos e capazes física, psíquica e socialmente.[64]

Além desse aspecto de continuidade em relação aos seus objetivos educacionais desde os anos de 1930 no país, o periódico da então principal escola de Educação Física na década de 1960 divulgava textos e relatórios sobre as políticas públicas da área, no campo delimitado como "História e Organização da Educação Física e Desportos". Um dos relatórios falava sobre os avanços e as dificuldades da Educação Física nos Estados Unidos. O texto do professor equatoriano Vicente Duque, intitulado "Panorama Geral da Educação Física nos Estados Unidos da América do Norte", dizia: "Considera ainda o ex-presidente Kennedy, em artigo publicado no 'Sport Illustred', em dezembro de 1960, 'que a juventude norte-americana está descuidando seu corpo e sua integridade física e que isto é uma ameaça à integridade nacional'".[65]

No entanto, se havia similitudes com outros períodos e outros contextos nacionais, as "práticas de educação física" eram mobilizadas com algumas particularidades nos anos de 1960, por conta da revolução cultural dos jovens em escala transnacional. Isso porque o Brasil observava o início de um governo militar ditatorial que permaneceu até os anos de 1980. O Golpe de 1964 e a propaganda anticomunista sustentada pelos "perigos" da revolução comunista estruturavam os discursos de diversas maneiras, como oposições, adesões, apropriações, silêncios. Uma das formas de os professores de Educação Física aderirem ao governo militar era criticando o projeto esportivo dos países socialistas, sobretudo o de Cuba. O texto de um estudante da ENEFD, Eduardo Silva, é um exemplo dessa perspectiva, intitulado "Bases e organização dos desportos no Brasil". Em suas palavras:

[64] Oliveira, 1965, p. 188.

[65] Duque, 1964, p. 133.

> Atualmente, no regime pós-revolucionário de Cuba, surgiram as "Horas da Revolução", que nada mais afiguram, senão uma aplicação deturpada do método de Sokols, aplicado na Tchecoslováquia, onde os fundamentos biológicos são praticamente desprezados, pois apenas se reconhecem e se lutam pelos fundamentos morais que, no caso cubano, são veículos de difusão e estratificação do socialismo na América. Se a educação é um processo pelo qual se visa elevar o homem, ela não deve, nem pode ser impregnada de qualquer doutrina que implique o aviltamento do valor da pessoa humana, conforme encontramos naquela sociedade, onde desaparecem todos os direitos naturais dos indivíduos, sucumbindo suas potencialidades pessoais, frente à mística do Estado. A educação desportiva, como um dos processos da personalidade humana, só tem sentido autêntico, dentro dos princípios democráticos, que reconhecendo a necessidade do Estado fiscalizar e se indispensável intervir na economia privada, para que esta não se transforme num veículo de exploração social, por outro lado, reconheça também a liberdade da livre iniciativa e da escolha dos processos que se encontram alheios à intervenção estatal.[66]

O discurso do estudante da ENEFD não mencionava uma única palavra sobre o Golpe de 31 de março de 1964 em texto publicado em junho do mesmo ano. No entanto, ele parecia muito mais preocupado com os fins da Educação Física em Cuba e na defesa de uma "democracia" sem cidadania e como fiadora do livre mercado. O depoimento do estudante de Educação Física pode ser indício de muitas posições políticas na área. Não quer dizer que professores de Educação Física e jovens atletas seriam todos agentes de um pensamento conservador, mesmo porque é mais difícil encontrar discursos contrários quando as liberdades democráticas são interrompidas, o que não impediu as manifestações de outras juventudes contrárias ao regime militar.

No Brasil, para Adrianna Setemy e Cláudia Mesquita,[67] experimentavam-se, a despeito da Ditadura, novas tendências vindas do exterior que representavam internacionalmente a contracultura. Parte dos jovens

---

66 Silva, 1964, p. 144.

67 Setemy & Mesquita, 2022.

urbanos de São Paulo e Rio de Janeiro estava atenta aos movimentos de Londres, Paris e Nova York na direção da liberdade sexual, das crises entre gêneros e gerações.[68] Mesmo em um cenário no qual, como lembra Arendt,[69] as juventudes em diferentes locais tinham bandeiras também diferenciadas, pois se os jovens de países desenvolvidos economicamente tinham suas lutas mais centradas no embate aos conservadorismos, nos países periféricos os jovens tinham que, em primeiro lugar, conquistar as liberdades democráticas.

Compreendemos que essas são diferenças importantes entre os jovens das cidades brasileiras de São Paulo e Rio de Janeiro em relação a capitais europeias e norte-americanas, já que as lutas pela democracia se tornaram prioritárias aqui. No entanto, elas não impossibilitavam a presença de outras pautas ligadas ao campo da contracultura. Elas apenas tinham que ser abordadas de forma mais sutil.

Quando a violência é corriqueira e seu uso torna-se um recurso por parte do Estado, da mesma forma ela é mobilizada, em um sentido contrário, por juventudes organizadas. Com isso, os estudos históricos são bastante relevantes para a análise de memórias que opuseram espectros políticos contrários no embate entre guerrilhas e o Estado no período.[70] Mas, ao mesmo tempo, é preciso vislumbrar perspectivas e ações políticas que, no campo cultural, também produziam resistências, mesmo ficando à margem de confrontos bélicos diretos, mas por vezes sofrendo também duras repressões nos exílios e nos porões da repressão e tortura. Para Setemy e Mesquita,[71] nos anos de 1960, mesmo marcados pela repressão política, era possível presenciar a anunciação de revistas e jornais que, apesar das censuras, refletiram sobre a radicalidade e a rebeldia de jovens brasileiros. O próprio mundo da propaganda e do consumo, paradoxalmente, soube utilizar a rebeldia dos jovens com fins

---

68 Cf. Setemy & Mesquista, 2022; Hollanda, 1992.

69 Arendt, 1970.

70 Cf. Fico, 2001; Poerner, 1979.

71 *Op. cit.*

comerciais, como nas vendas de calças *jeans*, roupas mais despojadas e produtos naturais.[72]

2.2 AS "PRÁTICAS DE EDUCAÇÃO FÍSICA" E AS JUVENTUDES EM O *PASQUIM* E NO *MOVIMENTO* (1969-1980)

Nos anos de 1960, emergem novos personagens e protagonistas na cena social, como a juventude que chegaria a confrontar o poder dos homens idosos.[73] O Golpe de 64 representou para o movimento estudantil um retrocesso em relação aos projetos de democratização do ensino superior. Aqueles jovens ainda comemoravam a duplicação do número de vagas na antiga Universidade do Brasil (atual UFRJ), promovida pelo Governo Goulart, quando enfrentaram o golpe. As tensões entre jovens progressistas e conservadores de todas as idades cresciam nos dias antecedentes ao 31 de março de 1964. Segundo Setemy e Mesquita,[74] no campo cultural, os jovens universitários do espectro político de esquerda dominavam as produções artísticas e intelectuais, e um exemplo disso era a organização do Centro Popular de Cultura (CPC), da União Nacional dos Estudantes (UNE). Essa organização promovia um diálogo entre a produção cultural dos jovens e a população mais ampla em um projeto político de formação e conscientização.

As tensões foram traduzidas em um golpe de Estado e, quando da ocasião da destituição do governo legal, os militares invadiram, saquearam e queimaram a sede da UNE. Para Otto Maria Carpeaux,[75] com a organização da Ditadura Civil-Militar, o corpo discente das universidades passou por um crivo. Ele explica que pertencer a certas associações era motivo de suspensão e que quem se pronunciava contra

72 Sant'Anna, 2014.

73 Vaz, 2021.

74 *Op. cit.*

75 Carpeaux, 1965.

o regime era expulso. Era o fim da autonomia das Universidades. Para Artur Poerner,[76] a repressão policial contra os estudantes foi desumana.

Poerner[77] relata que o Governo Castelo Branco não cedia a pressões e foi sufocando o movimento estudantil. Para dar conta desse objetivo, o Ato Institucional de 27 de outubro de 1965 repreendeu estudantes em todo o país. Porém, já em 1964, a Lei Suplicy de Lacerda tentava extinguir a UNE e as UEEs (Uniões Estaduais dos Estudantes), e outras entidades, como o Diretório Nacional de Estudantes, os Diretórios Estaduais, os Centrais e Acadêmicos, todos tiveram suas eleições organizadas pelo governo.

Em 9 de março de 1965, o Presidente Castelo Branco participou da aula inaugural da Universidade do Brasil. Foi a ocasião na qual os estudantes deixaram claro seu descontentamento com o regime militar, proferindo uma sonora vaia ao presidente.

Em São Paulo, realizou-se o 27º Congresso da UNE, no qual se decidiu a não participação nas eleições estudantis organizadas pelo regime militar. Essa tática foi modificada um ano depois, no 28º Congresso em Belo Horizonte, e a UNE voltaria a participar das eleições estudantis. Em um congresso conturbado realizado nos porões de uma igreja, os estudantes esperavam a missa, se misturavam aos fiéis e sorrateiramente iam para o porão. Só voltavam em outra missa com as resoluções do Congresso.[78]

Em 1966, o Governo Castelo Branco implementou mensalidades na Universidade do Brasil, ferindo o princípio da gratuidade nas universidades públicas. Com isso, os jovens estudantes foram às ruas e foram reprimidos brutalmente pela polícia. Uma passeata em Belo Horizonte foi sufocada pela polícia. Com o apoio da Igreja, os estudantes se refugiaram nos templos, que mesmo assim foram invadidos pelos policiais. O dia 22 de setembro foi eleito como Dia Nacional de Luta

---

76 Poerner, 1979.

77 *Idem.*

78 *Idem*, pp. 269-270.

contra a Ditadura e, naquela data, organizaram-se passeatas por todo o país. No Rio de Janeiro, houve uma violenta repressão policial. Depois da passeata, já de madrugada, os estudantes foram cercados na Faculdade de Medicina da Praia Vermelha. Os policiais invadiram o lugar, segundo descrição de uma mãe publicada na *Revista Civilização Brasileira*: "a golpes de aríete, correndo histericamente, chegavam os PMs, quebraram os portões da FNM e, feito uma horda de bárbaros... vi sair um rapaz todo ensanguentado, debaixo de cacetadas, uma moça semidespida e descalça, carregada por policiais do Exército".[79]

Depois dessas violências, a Lei Suplicy de Lacerda foi revogada. Era neste clima que terminaria o governo de Castelo Branco, fim que representou um certo alívio para os estudantes. No entanto, no governo Costa e Silva, os jovens, em uma escala internacional, voltam às manifestações, em 1968. No caso do Rio de Janeiro, o estopim das manifestações dos jovens foi o assassinato do estudante Edson Luís no restaurante Calabouço. Na ocasião, os estudantes carregaram o corpo até a Assembleia Legislativa, onde ele foi velado. Na manhã seguinte, foi organizado um cortejo que era recebido com papel picado em um clima de comoção que tomou a cidade.[80] Edson tornou-se um símbolo do movimento estudantil e as fotos de seu corpo foram exibidas 13 anos depois na revista *Movimento UNE*, e do lado do corpo um cartaz: "Estudante morto por policiais".[81]

Neste mesmo ano, a UNE organizou o Congresso de Ibiúna, no interior de São Paulo. Essa mudança de planejamento foi fatal para o movimento. Todos aqueles jovens chegando a uma cidade pequena, com sua cultura urbana e roupas diferentes. Logicamente, chamaram muito a atenção das autoridades e um contingente de policiais foi mobilizado, proveniente da capital paulista e de cidades vizinhas. O saldo do congresso foi a prisão de todos os participantes. No entanto, o episódio

---

79 *Civilização Brasileira*, 1966, p. 309.

80 Poerner, 1979.

81 *Movimento UNE*, 1981, p. 10.

mais sombrio para os jovens do movimento estudantil foi a repressão do AI-5. A UNE só conseguiu a reconstrução em 1979, em um contexto de uma lenta reabertura política.[82]

Neste interstício, desde a metade dos anos de 1970, o regime militar começou a sofrer com um descontentamento popular nos governos de Geisel e Figueiredo. Depois das desmobilizações, torturas e mortes da luta armada, era o momento das artes, sobretudo do teatro e da música popular, conscientizarem a população sobre a necessidade de derrubada do regime militar por meio de um processo de conscientização, e não mais de luta armada.[83]

Daniel Sevillano[84] explica que depois do AI-5, em 1968, organiza-se uma nova forma de oposição ao regime militar, na qual o movimento estudantil não era mais dominado pelos grupos tradicionais das esquerdas, por conta da violenta repressão à luta armada. Ocorreu, então, uma oposição mais sutil e irônica, mais provocadora. Em suas palavras, por exemplo, na USP havia, por parte dos jovens universitários, uma "busca pela socialização por meio de festas e outras atividades culturais [...] bem como as discussões sobre problemas que atingiam o cotidiano dos universitários".[85]

É nesse contexto do período pós-AI-5, de enfraquecimento do regime militar e de um processo lento de reabertura política, que analisamos como os esportes, a despeito dos interesses governamentais, mas sim como práticas, eram mobilizados e associados às juventudes. Nossa questão aqui é limitada pela explicação da formalidade das "práticas de educação física" segundo diferentes posturas políticas em relação às juventudes e a seus comportamentos.

Com essas características, uma parte da juventude tomou o esporte como lócus de lutas simbólicas que ocorriam na sociedade brasileira

82 Poerner, 1979.

83 Sevillano, 2012

84 *Idem.*

85 *Idem*, p. 107.

naqueles momentos de repressão e posteriormente de uma abertura política lenta. Em um contexto de disputas políticas e nos embates que envolveram a Guerra Fria no cenário internacional, é também importante ressaltar os usos da imprensa em relação aos esportes e aos modelos de comportamento que deveriam prover às juventudes. Por isso, essas representações extrapolaram o campo esportivo e se tornaram, por meio de parte da produção jornalística, metáforas pertinentes de apoio, oposição ou distanciamento em relação aos esportes.

Acessar as representações que emergem dessas fontes é relevante no sentido de compreender que as práticas não podem ser analisadas sem se levar em conta os seus usos. Isso significa explicitar que, embora os Estados nacionais e suas políticas centralizadoras representassem os esportes como estratégias para propaganda de seus êxitos, diferentes atores sociais com diferentes identidades, no caso, aqui, as diferentes juventudes, poderiam representar os esportes de outras maneiras, estabelecendo táticas que se pautavam por outros usos das práticas esportivas.

Por isso, para percebermos como os esportes eram mobilizados pela imprensa no campo cultural, elegemos como fontes os semanários *O Pasquim* e *Movimento*. Eles tinham uma linha editorial de oposição à Ditadura, conhecidos pelo termo "imprensa alternativa", não popular ou nanica, mas sim alternativa, levando em consideração seus redatores e seus públicos. "Assinala-se que a expressão 'imprensa alternativa' se reporta a veículos impressos de abordagem distinta e formato diferenciado dos jornais 'convencionais'; a maioria tinha formato tabloide e, sobretudo, de posicionamento crítico e de oposição".[86]

Essa "imprensa alternativa" pode ser compreendida a partir das sociabilidades de jovens escritores e leitores identificados com uma parcela das esquerdas brasileiras mais engajada na defesa de uma frente ampla a partir da bandeira da redemocratização, e não necessariamente

86 Sousa, 2014, p. 12.

comprometida com as revoluções socialistas, e também como possibilidade de resistência diante dos desgastes da revolução armada.[87]

Para a historiadora Maria Paula Araújo,[88] um dos objetivos da "imprensa alternativa" era "o de ajudar a forjar um público antiditadura militar (especialmente entre jovens estudantes, universitários e pessoas da classe média em geral) criando uma opinião pública cada vez mais favorável ao Estado de Direito e às liberdades democráticas".[89]

As relações entre essa parcela das juventudes, identificadas pelo urbano e progressista, são destacadas na tese de doutorado da historiadora Márcia Buzalaf,[90] a partir do protagonismo na "imprensa alternativa" do tabloide *O Pasquim*. Para Buzalaf,[91] os discursos d'*O Pasquim* não representavam apenas as vozes de seus jovens redatores, mas sim uma voz agregadora para a "Geração de 60". Logicamente, a historiadora não quer dizer com isso que aquele semanário representasse todas as juventudes dos anos 60, ou que ela generalizasse as juventudes pelo comportamento das esquerdas, ao contrário, ela faz essas ressalvas e argumenta no sentido de perceber que a produção d'*O Pasquim* se explica por todo um contexto cultural que marcou as juventudes dos anos 60, sobretudo em um movimento internacional que eclode principalmente em 1968 em diversos países. O ano, que representou um "redemoinho de imagens",[92] vislumbrou juventudes específicas em diversos contextos nacionais que tinham em comum uma pauta de mudanças nos costumes, nos estilos de vida, nas artes e na cultura.

Em particular, *O Pasquim* tinha uma linha editorial humorística, com sede no Rio de Janeiro, mas com sucursais em todas as principais capitais brasileiras. Publicado a partir de 1969, seis meses depois do Ato

---

87 Cf. Sousa, 2014; Araújo, 2004.

88 Araújo, 2004.

89 *Idem*, p. 170.

90 Buzalaf, 2009.

91 *Idem*, p. 34.

92 Reis & Moraes, 1998, p. 11.

Institucional n. 5 de 1968, sofreu com a repressão, tendo em 1970 boa parte de seus redatores presos. Mesmo assim, soube negociar, driblar e resistir aos censores em momentos distintos em uma lenta abertura política que ocorria nos anos de 1970.[93] Mesmo diante das adversidades, o periódico foi um sucesso em termos de vendagem, alcançando uma tiragem de 250 mil exemplares em dezembro de 1969, resultado superior à soma das vendas das revistas *Veja* e *Manchete*.[94]

Já o jornal *Movimento*, também semanal, foi publicado primeiramente em 30 de junho de 1975, e tinha em média uma tiragem de 20 mil exemplares. Tinha a sede em São Paulo, mas era formado por uma gama de jornalistas de várias capitais e com sucursais em Belo Horizonte, Rio de Janeiro, Brasília, Curitiba, Londrina, Recife, Salvador, Campinas, Belém, Porto Alegre e Rio Branco.[95]

Segundo Inara Sousa,[96] era um jornal que se identificava como uma propriedade coletiva dos jornalistas, "jornal sem patrão". Surge em um momento em que a censura prévia tinha sido retirada de alguns jornais, inclusive d'*O Pasquim*, mas nem por isso deixou de sofrer com a repressão, tendo 40% de seus conteúdos censurados, redações invadidas por policiais e recebendo ameaças por meio de bilhetes. "Assim nasceu o semanário *Movimento*, que se destacou por ser o primeiro a expressar, com clareza, seu programa, defendendo as liberdades democráticas, a independência nacional e a elevação do padrão de vida dos trabalhadores".[97]

Com uma linha editorial crítica que congregou intelectuais, não era propriamente vinculado a uma "esquerda festiva", como no caso do *O Pasquim*, mas almejava se tornar um veículo que representasse as esquerdas em um movimento de frente ampla que tentava uma aproximação com o cotidiano das classes populares, com relatos sobre

---

93 Buzalaf, 2009.

94 *Idem*.

95 Sousa, 2014.

96 *Idem*.

97 *Idem*, p. 52.

as dificuldades econômicas que impactavam suas vidas, como na coluna "Gente Brasileira". Foi também um jornal que deu espaço para pautas como o feminismo, o combate à homofobia e ao racismo.

Tanto *O Pasquim* como o jornal *Movimento* trataram os esportes como práticas de maneiras muito diversas. Talvez essa diversidade de representações sobre o esporte tivesse origem nas diferentes posições dos articulistas e redatores sobre o fenômeno que atraía um público bastante diverso, como espectadores de eventos das mais diversas modalidades. Entretanto, o interesse de juventudes diferenciadas em relação aos esportes colocava aquela prática e seus usos em disputa no campo cultural, o que reverberava no campo político.

Em 1976, o jornal *Movimento* divulgou os resultados da pesquisa de doutorado, defendida na Unicamp, do Prof. Osmar Salles de Figueiredo, que concluía que os maiores interesses dos estudantes universitários naquele período eram, pela ordem de preferência, política, esportes e economia.[98] Naquela lenta e gradual abertura política no Brasil, para aquela juventude universitária, o esporte rivalizava com temas relacionados diretamente aos problemas brasileiros.[99] Os esportes promoviam, sem dúvida, uma força catalisadora em relação às juventudes.

No entanto, entre os jovens redatores cariocas d'*O Pasquim*, as "práticas de educação física" poderiam, em um primeiro momento, representar certa aceitação dos valores considerados dominantes nas sociedades ocidentais e na conservadora sociedade brasileira. Elas poderiam representar certa disciplina ou certa violência que contradiziam o espírito jovem de liberdade. Alguns deles, como Roberto Moura, faziam contrastar uma atitude juvenil de rebeldia com os esportes.[100]

Em algumas oportunidades, quando as juventudes estavam ligadas aos sentimentos de uma contracultura, os esportes, sobretudo os de maiores apelos midiáticos, eram criticados. Aquelas práticas poderiam

---

98 Figueiredo, 1976.

99 *Movimento*, 8 nov. 1976, p. 10

100 Moura, 1974, p. 22.

ser percebidas por parte dos jovens como instrumento de desvio do que importava no campo político, ou seja, opor-se à Ditadura brasileira e às manifestações culturais mais relacionadas ao tradicional ou moralmente aceitas como corretas na sociedade de forma mais ampla. Era um movimento que, contudo, não era exclusivamente brasileiro. Para Almada,[101] a década de 1960 e os eventos protagonizados pelas juventudes no maio de 1968 na França e na resistência à Ditadura no Brasil são suscetíveis a uma política de memória que ao longo dos anos vem modificando os olhares sobre o período em um sentido de apagamento. No entanto, quando acessamos as fontes temos que concordar com um sentimento crescente de oposição à vida cotidiana naquelas cidades e com o protagonismo de uma juventude representada não só pelo movimento estudantil, mas também por outras juventudes em projetar mudanças profundas no campo cultural.[102]

Certa descrença já era percebida pelos jovens jornalistas daquele tempo. Por exemplo, Paulo Francis, já como correspondente da "grande imprensa" nos Estados Unidos e colaborador d'*O Pasquim*, via aquela juventude identificada com a contracultura como fruto de uma década de 1960 imbuída por um estado de *frenesi*, e que havia um "bocado de mistificação" no contexto norte-americano, pois, em sua análise, não se tratava ali de um movimento contra a cultura dominante, mas uma manifestação de jovens que ficou na margem, inclusive como uma subcultura que vivia das "migalhas da sociedade de consumo".[103]

Por isso, é possível compreender que as juventudes na década de 1960 e 1970 eram muito atuantes nos temas nacionais e internacionais e que a heterogeneidade de posturas e posições políticas era uma marca tanto dos redatores como dos leitores daquela "imprensa alternativa".

No caso das "práticas de educação física", mesmo constatando a presença de um discurso antiesportivo por parte dos redatores, havia

---

101 Almada, 2021.

102 Góis Junior, 2022.

103 Francis, 1972, p. 9.

também muitas manifestações de prazer, alegria e contentamento em viver o esporte. Em outras palavras, era um tema tratado a partir de diferentes representações. A estrutura binária "juventude progressista" *versus* "juventude esportivizada" não se sustenta nos dados da empiria. Embora houvesse em parte das matérias jornalísticas um viés de crítica ao esporte por sua associação a estruturas de poder, logo eram apresentados argumentos sobre os usos do esporte por parte de praticantes jovens em contradição às intenções dos Estados nacionais, de forma geral, e da Ditadura brasileira, em particular.

O pesquisador Marcus Taborda de Oliveira[104] explica que, em termos de discurso oficial da Ditadura, era importante estabelecer uma versão que explicasse o fracasso do "Brasil Grande" nos Jogos Olímpicos de 1972, e para isso se enaltecia a elaboração de um "Diagnóstico da Educação Física no Brasil", organizado pelo professor DaCosta.[105] O abandono de políticas esportivas que democratizassem a prática para os jovens seria causado por governos civis anteriores, pelo atraso impetrado pelo passado da nação que relegara aos jovens altas taxas de analfabetismo, precária educação sanitária, déficit nutricional e outros problemas sociais. Entretanto, tudo estava na marcha das mudanças, tudo seria superado pelas políticas implantadas pelos militares, pelo menos no discurso.[106] Uma iniciativa do governo ditatorial, por meio do Ministério de Educação e Cultura, foi o lançamento do Plano Nacional de Educação Física e Desportos, em 1976.[107]

No mesmo período, com apoio da mídia e do governo ditatorial, a organização do projeto "Esporte para Todos" (EPT) ganhou destaque nas notícias com seus objetivos de massificação do esporte em uma perspectiva de lazer e participação. Para Kátia Brandão Cavalcanti,[108] tratava-se

[104] Taborda de Oliveira, 2012.

[105] DaCosta, 1971.

[106] Taborda de Oliveira, 2012.

[107] Sant'Anna, 1992.

[108] Cavalcanti, 1984.

de um discurso ideológico com objetivos de dominação sobre os corpos para atender às demandas capitalistas. Já Denise Sant'Anna[109] demonstra que, embora houvesse interesses governamentais e econômicos na organização do projeto, ele passou muito longe dos êxitos esperados, pois sua penetração foi desigual nas cidades brasileiras. Por exemplo, um dos eventos do EPT, em São Paulo, teve apenas 450 participantes contra 6.000 no Rio de Janeiro. A historiadora descreve que muitos eventos e projetos implantados pelo EPT não tiveram continuidade e foram esquecidos em menos de dois anos. Além disso, as duas interpretações, de Cavalcanti[110] e Sant'Anna,[111] por meio de perspectivas teóricas diferentes, referenciais marxistas e foucaultianos, respectivamente, observaram formas distintas de poder nos objetivos propostos pelo EPT. As duas contribuições foram e são relevantes para o estudo dos esportes e da Educação Física nos anos de 1970, contudo, nossa perspectiva tem outro olhar, que se direciona para as práticas e representações que permitem a interpretação sobre a apropriação dessas práticas em um sentido de adesão, mas também de subversão. Concordamos com o professor Marcus Taborda de Oliveira[112] quando ele observa que os usos ideológicos que se podem fazer do esporte podem ser observados em qualquer outra prática cultural e que há diferentes compreensões sobre aqueles usos.

Por exemplo, havia por parte da "imprensa alternativa", por meio de suas representações sobre aquelas práticas, uma maior tendência em apoiar as práticas esportivas se estas não fossem muito disseminadas ou fossem consideradas mais populares e mais afastadas do espetáculo esportivo da TV. Nesse sentido, a crítica não é centrada nas práticas, como se elas fossem a causa da dominação, mas em seus usos. Por isso, modalidades esportivas que não tinham o mesmo apelo comercial e midiático eram incentivadas tanto pelo *Pasquim* como pelo *Movimento*.

---

[109] *Op. cit.*

[110] *Op. cit.*

[111] *Op. cit.*

[112] Taborda de Oliveira, 2002.

O jornalista Plínio Marcos, ao cobrir uma excursão da seleção brasileira de futebol amador, ou seja, uma seleção de jogadores de futebol sem relação com clubes, sem salários, jovens que praticavam futebol em seus bairros e organizações amadoras, teve total apoio.[113]

Figura 5 – Charge de Ivan Lessa ironizando o Esporte para Todos em *O Pasquim*.
Fonte: Ivan Lessa. *O Pasquim*, n. 410, 1977, p. 32.

Mesmo na linha editorial humorística d'*O Pasquim* estavam presentes os incentivos à popularização dos esportes. Havia ali a compreensão de que se aproximar do tema, sempre presente nas edições, era se aproximar de uma prática que tinha o gosto de uma parcela importante de jovens leitores. Por isso a inclinação ao apoio de práticas amadoras e as críticas mais contundentes ao esporte como produto econômico da "grande imprensa". No entanto, até mesmo o esporte profissional, objeto da

[113] Marcos, 1976, p. 10.

televisão, era enaltecido. Foi o caso do terceiro título mundial de futebol masculino em 1970.[114]

Figura 6 – Charge de Ziraldo sobre a publicidade no futebol em *O Pasquim*.
Fonte: Ziraldo. *O Pasquim*, n. 139, 1972, p. 7.

Aquela "imprensa alternativa" soube o momento certo para fazer uma reflexão de que aquela vitória não tinha relação alguma com a Ditadura brasileira. Logicamente, o governo ditatorial teve todo o interesse em relacionar a vitória à sua atuação no campo esportivo, o que gerou uma reação da "imprensa alternativa". Não, aquela vitória não era da Ditadura, era democraticamente dividida pelos brasileiros. Nos termos do artigo de Fernando Pedreira, "Duas lições do México", publicado n'*O Pasquim*:

> Quem é o responsável por esse surpreendente comportamento, tão pouco "brasileiro"? A intervenção do Estado e o governo revolucionário? Não. O futebol, felizmente, é uma das poucas coisas, neste País, que não foram estatizadas e nem sequer dependem do capital estrangeiro, a não ser no capítulo das verbas de publicidade. Pertence todo à iniciativa popular e particular: é o que pode haver de democrático. Quem fez a atual seleção foi a nação propriamente dita. Foram os clubes e entidades esportivas, com todos

[114] Góis Junior, 2022.

> os seus defeitos; foi a crítica vigilante da imprensa; foi a pressão das paixões da opinião pública; foram os próprios jogadores. Com esses elementos, através de um debate mais livre, mais amplo e, talvez tão apaixonado quanto os da política, chegamos ao México. Pode ter sido uma lição. [...] Mas a Copa do Mundo deixou-nos com água na boca. À espera do tempo em que os problemas reais da Nação brasileira, como a seca no Nordeste, por exemplo, ou as grandes questões políticas, possam ser submetidas ao livre debate, à pressão das paixões populares, ao alto grau de participação coletiva que é hoje, entre nós, um privilégio do futebol.[115]

Era o esporte como metáfora de uma participação política ampla nos grandes problemas brasileiros. O tricampeonato do futebol era mérito da participação coletiva, de um amplo debate coletivo, da opinião pública e dos jogadores. Com a democracia, outras dimensões da vida social, além dos esportes, que eram dos poucos temas que podiam ser abordados de forma mais crítica, seriam mobilizadas no palco de disputas da opinião pública, como as questões políticas, econômicas e culturais.

Figura 7 – Charge de Henfil retratando a Copa de 70 em *O Pasquim*.
Fonte: Henfil. *O Pasquim*, n. 47, 1970, p. 19.

---

[115] Pedreira, 1970, p. 11.

Por isso, as práticas esportivas, como aspecto da vida social, eram recorrentes também na "imprensa alternativa" por meio de diversos usos. Quando a questão do esporte era debatida por meio da ideia de massificação, popularização ou do esporte como educação, havia uma tendência da "imprensa alternativa" em percebê-la de forma muito mais positiva em comparação às práticas presentes na mídia. Já os esportes mais presentes na televisão ou mesmo identificados com as elites econômicas, como o tênis e o automobilismo, ou com políticas educacionais mais identificadas com iniciativas governamentais, eram criticados de forma irônica na maioria das vezes.

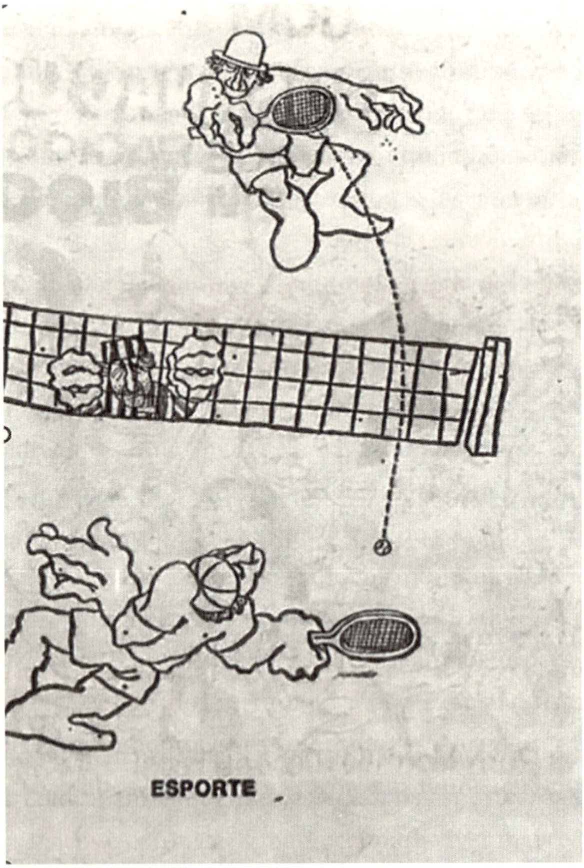

Figura 8 – Charge editada de Juarez retratando o tênis em *O Pasquim*.
Fonte: Juarez. *O Pasquim*, n. 33, 1970, p. 18.

No jornal *Movimento*, na coluna "Gente Brasileira", a intelectual Dulce Caldas argumentava que, em relação às populações negras, essas representações limitavam sua inserção na sociedade brasileira. Segundo ela, não que o esporte e a música devessem ser negados, mas a constante associação de jovens negros e negras a artes e esportes causava restrições à inserção deles em outros campos da vida social.[116]

Sem dúvida, não era o caso de criar obstáculos às artes e aos esportes na vida social dos pretos e pardos, mas, ao contrário, era o caso de ampliar as possibilidades de inserção na sociedade em um combate ostensivo ao racismo. Neste sentido, o esporte como prática podia ser também apropriado por discursos progressistas e antirracistas. Para isso, era preciso ressaltar o exemplo de alguns atletas de alto nível, por conta de sua representatividade na mídia, por seu protagonismo diante dos jovens. Foi o caso de Muhammad Ali no boxe. A "imprensa alternativa" ressaltava o pensamento engajado de Ali nas lutas pelos direitos civis dos negros nos Estados Unidos, por sua prática esportiva e por ter se recusado a lutar na Guerra do Vietnã. Nos termos do jornalista Luiz Carlos Maciel, em *O Pasquim*, no artigo "Muhammad na Boneca":

> Desde que Cassius Marcellus Clay perdeu, oficialmente, o título de campeão mundial de *box* [*sic*], de todos os pesos por ter-se recusado a servir o exército norte-americano, parece estar sofrendo uma verdadeira conspiração que pretende levá-lo ao silêncio e esquecimento. Se há um crioulo que não sabe o seu lugar é Clay, ou Muhammad Ali, o nome que adotou desde que passou a fazer parte dos Black Muslims. O *establishment* respondeu a suas petulâncias. A peça de teatro [de] que participou em Nova Iorque foi boicotada descaradamente pela crítica e público brancos. E até lutas frias, através de computadores, arranjaram para diminuir seu prestígio como esportista. Contudo, Clay ainda é, no esporte mundial, um nome mais importante do que – digamos – Pelé.[117]

---

[116] Caldas, 1977, p. 17.

[117] Maciel, 1970, p. 29.

Da mesma forma, quando *O Pasquim* entrevistou a antropóloga Angela Gillian, em 1973, sobre a questão do racismo no Brasil, a menção ao boxeador norte-americano Muhammad Ali também ocorreu em circunstâncias semelhantes, enaltecendo seu engajamento em comparação ao de Pelé.

> Ele – Pelé – poderia fazer muita coisa positiva, ser um modelo. Mesmo com a fama que tem, ele poderia se ligar com aquela criança pobre que é negra. Poderia ser um modelo mais positivo. Ele se recusa totalmente a falar no assunto [racismo]. Ou [se] recusa a admitir que, se não fosse quem é, com essa cara conhecida, sofreria um bocado. [...] Eu respeito muito Muhammad Ali. Porque ele deixou dinheiro pro lado, por questão de princípios. Ele é um homem simples, que está tentando viver com um princípio com o qual eu concordo.[118]

Em termos gerais, havia naquela "imprensa alternativa" nos anos de 1970, principalmente em *O Pasquim*, por meio da ironia e do chiste, uma representação sobre os esportes – particularmente em relação ao futebol – que os associavam a uma cultura da televisão, de interesse do capital e da Ditadura. Por isso, era preciso criticá-los. Mas isso não era uma via de mão única, havia também de forma recorrente a defesa de posturas progressistas por parte de atletas de alto nível que tinham a atenção da mídia.[119]

Naquela "imprensa alternativa", sabia-se do apelo das práticas esportivas para as juventudes e, sem dúvida, o papel do ídolo esportivo como alguém que se opunha, que se rebelava, era fundamental para uma agenda de contraponto à Ditadura e ao conservadorismo. Por isso, havia, por parte dos articulistas, certa admiração e certo ressentimento em relação à figura mais importante da história do futebol mundial, exatamente o Pelé. Os elogios a Muhammad Ali e a outros jogadores eram consonantes com as críticas a Pelé. Por que ele não se posicionava?

---

[118] Gillian, 1973, p. 12.

[119] Góis Junior, 2022.

O que um posicionamento por parte deste ícone representaria no campo das lutas simbólicas? Logicamente, esse debate trazia à tona o papel do esporte em um projeto de redemocratização, e foi nesse contexto que um artigo no jornal *Movimento*, publicado em 1978, por Roberto Drummond, provocava uma reflexão sobre a forma como os esportes eram tratados pela intelectualidade de esquerda nos anos de 1970, com o provocativo título "Por acaso foi Pelé que derrubou Jango?":

> Isso aqui é uma polêmica, não é uma sentença, e eu digo que a verdade é que as esquerdas brasileiras (eu não diria as neoesquerdas que estão surgindo agora) sempre foram dadas a ver assombrações de dia. Como se não bastassem os fantasmas reais, as nossas esquerdas criaram, principalmente de 64 pra cá, e mais principalmente ainda durante o governo Garrastazu Médici, alguns bois de cara preta e esses bois de cara preta eram quase todos ligados ao futebol. As esquerdas brasileiras sempre reagiram diante de uma paixão popular (sim, porque é uma inegável paixão popular) como o futebol com chavões e lugares-comuns do tipo ópio do povo, pão e circo, etc. A acreditar nas esquerdas brasileiras, nos seus setores mais infantis, parece que foi um exército comandado por Pelé e formado por jogadores de futebol que derrubou o governo João Goulart em 64 e utilizando como armas (em vez de tanques, canhões etc.) chuteiras e gols, acabaram com toda a liberdade que tínhamos. [...] então, nós (e eu me incluo) que estamos à esquerda, devemos rediscutir a realidade brasileira em todos os sentidos. [...] Num país com um povo carente como o nosso, o futebol, como a música caipira do interior de São Paulo, os boleros de Waldick Soriano, etc., é um amparo do brasileiro, que tem, na sua imensa maioria, que ser herói todo o dia. Se amanhã algum decreto acabasse com o futebol no Brasil, o povo não pegaria em armas, nem nada, nem iria para as ruas pedir a volta da democracia. [...] Ao que parece, os tanques, os fuzis e as metralhadoras é que mantêm as ditaduras e, não, uma paixão muito boa de se viver, pelo futebol. Se o futebol acabasse na Argentina, onde também é ele uma paixão, nada aconteceria ao ditador Videla. Agora se os tanques, fuzis e metralhadoras deixassem de existir na Argentina, ah eu não sei o que seria de Videla, não sei.[120]

[120] Drummond, 1978, p. 11.

De fato, por exemplo, *O Pasquim* dava esse tratamento a Pelé, na ocasião dos mil gols oferecidos às crianças pobres do país. As ironias de Jaguar e Millôr Fernandes ao feito de Pelé, veiculadas pelo semanário, são icônicas, pois aquela "imprensa alternativa" sabia dos usos e apropriações do esporte para os interesses do regime militar. Bruno Duarte Rei[121] demonstra, por exemplo, como o governo Médici, em 1972, por ocasião do Sesquicentenário da Independência, organizou eventos esportivos para comemorar e representar uma unidade da pátria. Logicamente, a "imprensa alternativa" compreendia esses usos, mas as formas de oposição eram muito variadas, como neste artigo de Drummond[122] que convidava as esquerdas a abandonar os chavões e fomentar uma apropriação do esporte para uma educação progressista das juventudes. Desse modo, não havia sentido em criticar Pelé por ser garoto propaganda de empresas multinacionais, mas, ao contrário, era preciso perceber como o capital era hábil em se apropriar da imagem de importantes atletas como exemplos de conduta moral para os jovens.

Era preciso virar o jogo no campo simbólico das disputas políticas. No entanto, algo inesperado ocorreu na redação d'*O Pasquim*: Pelé concedeu uma entrevista aos articulistas. A partir daquele momento, o que eram críticas e ironias ácidas se tornaram, em uma boa conversa, uma reconciliação. A linha editorial d'*O Pasquim* ora ironizava, ora criticava abertamente a postura política de Pelé. Causava estranheza aos articulistas a postura de pretensa neutralidade do jogador em relação ao contexto político brasileiro. Pelé poderia ser um grande porta-voz em defesa da democracia, mas ele não se envolvia, ao menos da maneira que a "imprensa alternativa" esperava. No entanto, é preciso afirmar que seria cômodo para Pelé apoiar a Ditadura Civil-Militar, jogando no Santos nos anos de 1960, coisa que nunca fez. Para a antropóloga Ana Paula da Silva,[123] boa parte das acusações que são feitas a Pelé surgiu nos anos

[121] Rei, 2020.

[122] Drummond, 1978.

[123] A. P. Silva, 2008.

1970, pois foi esse o momento em que o atleta não se alinhou às críticas dos movimentos sociais e do próprio movimento negro. Os anos de 1970 marcariam o fortalecimento da identidade negra, e Pelé seria crucial para essa pauta, no entanto, ele permanecia em uma postura de neutralidade. Para Silva:

> Pelé não condizia com o discurso racial dos anos 70, pois para o ex-atleta ser ele quem era e estar na posição que alcançara era prova de que o sucesso e a fama eram possíveis na sociedade brasileira para um pobre ou um negro que tivesse disciplina e profissionalismo. [...] Ele foi muito cobrado a assumir a "identidade" negra, em voga naqueles anos, como a saída possível para a eliminação das desigualdades entre brancos e negros. Ao não fazer isto, Pelé passou a ser visto como problemático por ter incorporado as ideias de uma elite branca, e também responsável pelos aspectos negativos do "tipo nacional" de então por ter se tornado branco. [...] Ele se transformou assim no antimodelo desta nova modernidade que estava surgindo.[124]

Pelé pareceria ter aprendido com parte da imprensa esportiva uma representação muito presente no campo, que o futebol e seus praticantes mais destacados, como figuras públicas, deveriam se conservar "neutras" em relação às disputas políticas. Essa, por exemplo, era a posição de parte da mídia especializada em esportes, distante de posições políticas polarizadas. A crônica esportiva, mais identificada com Mario Filho, fomentava uma identidade brasileira homogênea, em um país unido pelo esporte nacional,[125] e Pelé tentava seguir essa perspectiva.

Estava claro que essa era uma posição política da qual Pelé não queria se desvencilhar. A figura emblemática de Pelé dava ao esporte, principalmente ao futebol, esse lugar contraditório que movia emoções tão associadas aos gostos e prazeres populares ou como mais um produto mercadológico. Por isso, a atenção dada às posições políticas de Pelé eram emblemáticas, bem mais nítidas do que as posturas de importantes

---

[124] *Idem*, p. 203.

[125] Soares, 1999.

intelectuais brasileiros, como Gilberto Freyre, que no campo político foi declaradamente favorável ao Golpe de 1964 e ao colonialismo português salazarista,[126] sem chamar tanta a atenção dos críticos.

No entanto, entre uma posição e outra, as juventudes das mais diversas posições políticas e culturais se apropriavam de diferentes práticas, sem, contudo, obter maior visibilidade em São Paulo e no Rio de Janeiro, quando comparadas com o futebol. Talvez o problema aqui fosse mesmo a magnitude do futebol em relação a outras práticas esportivas. Para Millôr Fernandes[127] esse era um ponto que merecia destaque, pois seria isso que estaria por trás das ironias e críticas ao futebol e a Pelé por tabela. Há, dessa maneira, uma maior aproximação da "imprensa alternativa" em relação às práticas esportivas relegadas à invisibilidade, tão populares quanto o futebol e presentes no cotidiano, porém quase invisíveis em termos comparativos à ideia de "pátria de chuteiras". Portanto, no caso de um esporte se restringir às práticas mais populares oriundas da rua, o tratamento da "imprensa alternativa" era outro. Havia, nesse sentido, prazer e contentamento dos jovens naquelas práticas e todo o apoio para o acesso a elas deveria ser defendido em uma política de urbanização que visse a rua como espaço de educação para a democracia. Para Mollica, no artigo "Só o humor constrói", publicado n'*O Pasquim*, em 1980:

> Quem nunca brincou na rua? Eu já. Passei minha infância e adolescência jogando bola, vôlei, queimado, carniça, pique, bandeira, tiro ao alvo, bola de gude, pingue-pongue, sacanagem, o diabo a quatro descalço de calção naquela rua do Rio Comprido. [...] É a partir do mito e seu culto que o jogo passa a existir, criando uma ponte entre os seres e as coisas, no sentido de torná-las humanas, passíveis de usos e apropriações, capazes de serem imaginadas de diversas maneiras [...]. São certamente formas lúdicas de apropriação do espaço urbano que conduzem a novas situações sociais propostas pela população anônima das cidades, produzindo com isso conhecimento ao nível

[126] Pinto, 2009.

[127] Fernandes, 1971.

> da cultura e do prazer, eu afirmo. Apropriar-se, fazer usos diferentes de coisas e objetos sob o culto do Poder, é crítica social.[128]

Era preciso redimir as "práticas de educação física" e o futebol também por seu enorme apelo popular. Quando tudo vai mal em um país miserável, onde a fome é epidemia, com mortalidade infantil, censura, perseguições políticas, tortura, educação e saúde como privilégios, juventudes sem perspectivas, a festa é uma dimensão importante da vida, não como fuga, mas como resistência. As populações mais pobres do país podiam festejar os feitos daqueles jovens esportistas, tão próximos, tão semelhantes a eles que eram como seus representantes, eram como seus irmãos imaginados.[129]

Aquela "imprensa alternativa" também soube criticar a Ditadura a partir do fracasso no futebol. A equipe técnica, liderada por Claudio Coutinho, era criticada constantemente. A ironia, especialidade d'*O Pasquim*, era evidente e, por meio do esporte, a política autoritária era exposta. Em 1978, o artigo de Ruy Castro intitulado "Em cima do muro" dizia: "O escrete foi conscientizado, de saída, de que era a pátria em chuteiras. [...] Nossos jogadores sabiamente furtaram-se a declarações políticas, certos de que, como em tudo na vida, futebol e política não se misturam. Principalmente quando esta política é da oposição".[130]

Contudo outros esportes, por sua identificação com as elites econômicas, por sua estilização da vida, eram abertamente criticados e questionados, como o tênis, o automobilismo e outras "práticas de educação física" também atreladas aos hábitos das classes média e alta. Em relação ao tênis, Henfil, na nota "Eles querem é Tênis", dizia que:

> Vão tentando nos forçar a gostar de tênis. Aquele joguinho de salão, de rico para rico pelo rico. E aqueles que não gostam de tênis são chamados de selvagens por não entender a sinfonia da bolinha e da raquete. [...] Tenho

---

[128] Mollica, 1980, p. 27.

[129] Góis Junior, 2022.

[130] Castro, 1978, p. 19.

nadinha contra o tênis, o que me dá arrepio é eles quererem provar que o esporte praticado pelos filhos das dondocas vai aumentar o nível esportivo e até cultural do NOSSO povo.[131]

Na mesma linha crítica, a Fórmula 1 e Emerson Fittipaldi suscitavam o desprezo de articulistas da "imprensa alternativa". O jornal *Movimento* criticava veementemente o investimento alto na operacionalização de uma equipe brasileira de Fórmula 1, a Copersucar; em seus termos: "É provável, contudo, que a Copersucar não tenha previsto o volume da contrapropaganda e dessa forma deixe comprometer seu esforço de criar uma imagem de empresa preocupada com o esporte brasileiro".[132]

O PASQUIM NA FÓRMULA-1

Aqui está a foto do nosso piloto que disputará com o carro PASQUIM 3 x 8 o campeonato de Fórmula-1 de 1975! Ele foi escolhido depois de inúmeros testes de talento, capacidade, sensibilidade, agilidade e saúde mental. Coisas exigidas para a prática deste sadio esporte.

Figura 9 – Fotografia de um piloto de Fórmula 1 editada pela redação d'*O Pasquim*.
Fonte: *O Pasquim*, n. 249, 1974, p. 26.

No entanto, é preciso perceber que as críticas a esses esportes eram mais chistes aos estilos de vida das juventudes das classes altas e médias. O próprio Jaguar ressaltava esse aspecto; em suas palavras:

---

[131] Henfil, 1976, p. 31.

[132] Buarque, 1976, p. 10.

> Só porque escrevi algumas gracinhas sobre tênis. "Só o tênis pode redimir o Nordeste", "Uma quadra de tênis em cada favela", etc. recebi telefonemas indignados, uns contra, outros também. Fui procurado por uma revista especializada e como estava em um bom dia cheguei a posar pro fotógrafo com uma bola na boca... De uma vez por todas: não tenho nada contra o esporte. Até tive aulas, quando era guri [...] Com exceção de tiro aos pombos, esporte é sempre uma boa.[133]

Por meio dessas fontes, foi possível perceber que os esportes eram apresentados nessa "imprensa alternativa" de diferentes formas. Além das previsíveis críticas a alguns esportes de alto rendimento, que mesmo sem alcançar a visibilidade comercial do futebol incomodavam os articulistas por sua identificação com as elites econômicas, como o automobilismo e o tênis, outras práticas ganhavam destaque, como os exercícios físicos.

Essas críticas eram mais direcionadas aos praticantes do que às práticas. Por exemplo, na forma como o surfe era retratado n'*O Pasquim* e no jornal *Movimento*, podemos perceber melhor essa interpretação. Em um primeiro momento, o surfe era identificado como uma prática relacionada a uma juventude abastada da zona sul do Rio de Janeiro e do litoral paulista, o que, presumivelmente, na visão daqueles jovens articulistas da "imprensa alternativa", poderia ser visto como "descompromissado" politicamente. Portanto, cabia a eles, por meio do chiste e da crítica, evidenciar certo descontentamento com o descompromisso de parte da juventude associada ao surfe. No entanto, essas representações eram mais complexas, e os surfistas desempenhavam diferentes papéis naquela "imprensa alternativa".

O Pasquim tinha uma linha próxima ao surfe, pois, ao considerarmos a quantidade de anúncios de venda de pranchas em seus classificados, podemos conjecturar que os jovens surfistas eram leitores do semanário. Por isso, naquele periódico, havia muito mais críticas em relação ao futebol, ao tênis e ao automobilismo do que ao surfe. Desse modo, existia

[133] Jaguar, 1979, p 30.

uma identificação dos jornalistas com uma juventude "cuca limpa", nos termos do articulista Athayde.[134]

Havia certa empatia entre os jovens jornalistas d'*O Pasquim* e a juventude surfista, pois, entre os anos de 1960 e 1970, a prática do surfe foi considerada uma filosofia de vida que se aproximava da contracultura e da crítica ao *american way of life*, pelo modo de vida libertário e pelo discurso de negação da sociedade de consumo, o que afetou os jovens surfistas da zona sul carioca.[135] Para Dias, Fortes e Melo, nos anos 60 "o surfe indicava sim uma certa distensão dos costumes, foi um dos símbolos de uma juventude atraída pela extravagância do comportamento e o exotismo da aparência dos surfistas, que adotavam um estilo de vida marcado pelo descompromisso",[136] e a partir dos anos 70, o surfe passou a dialogar mais com a contracultura em uma postura de resistência.

No entanto, não eram somente os jovens cariocas abastados que se apropriavam do surfe, e *O Pasquim* evidenciava isso; era uma prática que podia ser adotada pelas juventudes populares do litoral brasileiro, desmistificando a representação de ser uma prática exclusiva ou distintiva das classes médias e altas do Rio de Janeiro e São Paulo. Por exemplo, Ziraldo já citava na nota "Esporte espetacular" a prática do surfe por crianças potiguares pobres com tábuas em Baía Formosa, no Rio Grande do Norte.[137]

Diferentemente das observações sobre as práticas esportivas, em uma perspectiva mais homogênea e de forma menos recorrente, aquela "imprensa alternativa" retratou outras "práticas de educação física", como os exercícios físicos e ginásticas, principalmente quando as práticas identificadas com os exercícios com objetivos estéticos ou de saúde eram mobilizadas por setores empresariais. Foram os casos da campanha "Mexa-se", da Rede Globo de Televisão, e da prática das corridas, como

[134] Athayde, 1974.

[135] Alves & Melo, 2017.

[136] Dias; Fortes & Melo, 2012, p. 125.

[137] Ziraldo, 1977.

o "*cooper*", identificadas pelo sobrenome do médico norte-americano Kenneth Cooper. Ivan Lessa ironiza a nova mania dos cariocas em correr nas ruas; nas palavras do artigo "Por falar em Cooper...", de 1972:

> O Método de "Fats" Cooper foi empregado na preparação dos jogadores da seleção brasileira, que conquistaram a Copa do Mundo. Voltaram do México bem mais magros. Logo, a coisa funcionava. E deixou de ser privilégio de uma minoria de homens destinados a realizar grandes proezas. Em todo o país, nas praias, nas escolas, nas grandes avenidas, nos corredores das repartições públicas e até mesmo em concursos de habilitação, o método de Cooper está mobilizando gente que nunca pensou em fazer educação física. [...] Mas no fundo, no fundo, o negócio é fazer com que o cidadão se sinta bem. Mas aí é que surgem alguns problemas. Cada um tem seu jeito de se sentir bem. Se o cara quer correr, problema dele. Se o outro quer ver o outro correr, problema dele [...] que cada um fique o melhor possível dentro de suas condições, anseios e possibilidades.[138]

Figura 10 – Charge de Mollica que critica a campanha "Mexa-se", da Rede Globo de Televisão. Fonte: Mollica. *O Pasquim*, n. 311, jun. 1975, p. 8.

[138] Lessa, 1972, p. 3.

É importante ressaltar no período um silêncio da "imprensa alternativa" sobre as práticas esportivas das mulheres jovens. Embora os feminismos fossem tema importante no jornal *Movimento*, era ausente a associação entre pautas feministas e prática esportiva. Já *O Pasquim* tinha uma linha editorial pouco compromissada com as mulheres. Esse dado é relevante para compreendermos que as práticas esportivas ainda eram consideradas no período um tema mais associado às masculinidades. Logicamente, não se trata aqui de pensar que as mulheres não praticavam esportes, mas que mesmo em uma "imprensa alternativa" a visibilidade das mulheres esportistas era muito restrita em comparação com a dos homens jovens.

Enfim, compreendemos que havia diversas apreensões da realidade por parte dos jornais, dos cronistas e dos leitores, vislumbrando-se disputas simbólicas no campo esportivo que estavam pautadas e/ou reverberavam também em diferentes posturas políticas em um contexto de lenta reabertura política, posturas que, no caso brasileiro, eram patentes em um projeto de educação das juventudes por meio dos esportes e, de forma mais ampla, de "práticas de educação física".

No entanto, a partir dos anos de 1960, essas práticas eram disseminadas em um público mais amplo que não mais se restringia aos jovens e seus esportes. Os exercícios físicos, por meio de diferentes ginásticas, corridas e caminhadas, que não tinham origem nos anos de 1960 e 1970, ganhavam novas apropriações no período, já que nos anos de 1930, para Antoine Prost,[139] na França, por exemplo, as ginásticas estavam mais presentes em revistas femininas e na publicidade do que na vida privada das populações francesas. No Brasil, Denise Sant'Anna[140] demonstrou o mesmo fenômeno, por isso os dois autores afirmam que se tratava mais da publicidade de uma vida moderna do que de hábitos populares, porque não havia um impacto substancial daquelas práticas no cotidiano.[141]

---

139 Prost, 1992.

140 Sant'Anna, 2014.

141 Cf. Sant'Anna, 2014; Prost, 1992.

Nesse sentido, ao estudarmos as juventudes e as velhices nos anos de 1930, observamos uma centralidade das "práticas de educação física" em relação aos jovens, já que as velhices eram mais discutidas em jornais de grande circulação que mapeavam as tentativas da ciência de "curar" o envelhecimento e quem sabe promover o rejuvenescimento. Por isso, associar ginásticas às velhices nos anos de 1930 não era comum. No caso das juventudes era justamente o contrário, o projeto nacional de modernização passava por uma "educação do corpo"[142] promovida por meio de esportes, ginásticas e divertimentos planejados para as juventudes.

Diferentemente dos anos de 1930, nos anos 60 e 70, na França, ocorreu uma viragem significativa. Prost[143] explica que nesse período consolidou-se a ideia de um "ser esportivo" que alcançava mais amplamente os adultos daquele país, com os cuidados com o corpo para o verão nos anos 60 e práticas regulares de exercícios na década seguinte. Além disso, Prost[144] destaca a inserção do *jogging* e de esportes individuais, fazendo com que o corpo passasse por uma transformação, unindo higiene ao prazer, um verdadeiro "desabrochar do corpo".[145] Esse processo hedonista e, ao mesmo tempo, ascético atingiu não somente todas as classes sociais de forma diversa, mas também todas as idades. O envelhecimento tornou-se, assim, uma ameaça ao corpo pela qual os indivíduos investiam, com medo da velhice, em tratamentos e práticas respaldadas pela ciência e pela publicidade. Não era mais uma virtude aceitar com resignação o envelhecimento, pois era necessário lutar contra ele.

Nas cidades de São Paulo e Rio de Janeiro, por meio de um conjunto de fontes formado por periódicos da "grande imprensa", por uma "imprensa alternativa" e periódicos médicos e especializados em Educação Física, podemos observar os mesmos discursos e constatar

---

[142] Cf. Taborda de Oliveira & Vaz, 2004; Soares, 2021.

[143] *Op. cit.*

[144] *Idem.*

[145] *Idem*, p. 103.

que, nessa perspectiva, as "práticas de educação física" tiveram também uma inserção mais ampla, tentando ignorar uma realidade social na qual as desigualdades eram a regra. No entanto, aqui, longe das políticas de Estado de bem-estar social, em anos de regime militar, esse projeto individual de administração da velhice esbarrava na realidade das lutas por aposentadorias dignas e, de forma mais ampla, pela democracia.

CAPÍTULO 3
VELHICES, SAÚDE, APOSENTADORIA E CUIDADOS DE SI NAS DÉCADAS DE 1960 E 1970

> Tudo se passa de modo inteiramente diferente nos outros países capitalistas [exceções de Dinamarca, Noruega e Suécia]. Eles levam em consideração quase que exclusivamente o interesse da economia, isto é, do capital, e não o das pessoas. Eliminados cedo do mercado de trabalho, os aposentados constituem uma carga que as sociedades baseadas no lucro assumem mesquinhamente. Permitir aos trabalhadores que permaneçam ativos tanto tempo quanto possam, e garantir-lhes, em seguida, uma vida decente, é uma solução correta. Aposentá-los cedo, assegurando-lhes um nível de vida satisfatório, é também uma opção válida. Mas as democracias burguesas, quando retiram dos indivíduos a possibilidade de trabalhar, condenam a maioria deles à miséria. (Simone de Beauvoir, 1990 [1970], p. 277).

3.1 AS VELHICES ENTRE A LUTA DE DIREITOS E A PRODUTIVIDADE

Ao longo do século XX, observamos que, à medida que as sociedades modernas fomentam seu desenvolvimento social, mais os dados relacionados à expectativa de vida se ampliam. Esses dados estatísticos tornaram-se relevantes para o planejamento de políticas sociais e econômicas de Estado. A crítica de Beauvoir[1] vai na direção de

---

1 Beauvoir, 1990.

organização de *welfare states* e de críticas ao modo de produção capitalista no cotidiano dos trabalhadores.

Nos anos de 1960 e 1970, para uma das principais filósofas do século XX, pautar a questão do envelhecimento no debate público era um importante indício de que o tema tinha ganhado uma relevância também inédita. A explicação dessa tendência das estatísticas populacionais é o crescente envelhecimento das populações, sobretudo em países socialmente desenvolvidos e nos países mais ricos da Europa.

Essas preocupações promoveram paulatinamente políticas públicas e, mais particularmente, uma educação não escolarizada, na qual os indivíduos eram instigados a ter um maior controle sobre os seus corpos. Para isso, os sujeitos necessitavam de autocontrole, disciplina e uma dedicação ascética. Mas também, paradoxalmente, havia uma perspectiva hedonista, centrada no prazer na realização das práticas. Desse modo, seria possível atingir os objetivos de conquista da longevidade com uma juventude duradoura, adiando a própria velhice. O desejo de não envelhecer era bastante motivado pela imprensa desde os anos de 1930[2] e se consolidou ao longo do século XX. Essas representações estavam presentes em jornais e revistas sustentados pela publicidade para motivar um investimento nessa nova educação que ia além das juventudes e dos cuidados com a infância, pois estava agora presente em todas as fases da vida, por meio de massagens, cirurgias e tratamentos variados, além de muitas "práticas de educação física".

Havia uma velhice que podia ser administrada, pois a longevidade como conquista individual movia os desejos das populações urbanas nos campos cultural e econômico, atingindo grupos sociais paulatinamente mais amplos nas sociedades modernas.[3] Nesse sentido, discordamos de Allan Kellehear,[4] pois, para ele, essas mudanças são motivadas pelo predomínio dos valores da classe média nas sociedades industriais,

2 Góis Junior, 2020.

3 Ariès, 2013.

4 Kellehear, 2013.

como ansiedade, competição e individualismo de uma classe social de "hipocondríacos ansiosos que temem o envelhecimento e a morte como ninguém antes deles e se deixam atormentar pelo pensamento mágico e a superstição da salvação médica".[5]

Discordamos de Kellehear,[6] pois ao observarmos as fontes brasileiras, percebemos que não foram exclusivamente as posições de classe que produziram por parte dos indivíduos variadas representações sobre as velhices e a morte. Os cronistas e seus leitores, em sua maioria, podem ser considerados representantes das classes médias em São Paulo e no Rio de Janeiro, e mesmo comungando da mesma posição social produziam representações muito diversas em relação às velhices.[7] Ao ressaltar os valores das classes médias como a categoria explicativa para as mudanças em relação aos modos de envelhecer e morrer, Kellehear[8] deixa de observar e compreender que papéis diferenciados de grupos sociais em particular, mesmo pertencentes às mesmas classes, contribuíram de formas específicas com os modos de envelhecer considerados legítimos e aceitos.

Assim, o que observamos é a consolidação de práticas, em particular, "práticas de educação física", que ia além da escolarização da infância e da juventude, pois essas práticas se organizavam como uma educação não escolarizada centrada no comportamento virtuoso para a administração da futura velhice, com a responsabilização dos indivíduos ainda jovens. Nesse sentido, a conquista da longevidade seria, então, mobilizada como um modo autônomo de viver a própria velhice com saúde, mas também como uma poupança de energias acumulada durante a juventude. Assim, a sociedade e o Estado poderiam ter suas responsabilidades reduzidas em relação ao envelhecimento.

---

5 *Idem*, p. 254.

6 *Idem*.

7 Góis Junior, 2020.

8 *Op. cit.*

Contudo, o aumento da expectativa de vida das populações em alguns países, em um ritmo mais lento no Brasil, inclusive em suas cidades mais desenvolvidas, promoveu o crescimento de demandas sociais em relação a um "regime de cuidados" para os idosos, gerando novos desafios e lutas políticas no âmbito das sociedades modernas.[9]

Em relação às aposentadorias, Júlio Simões[10] explica que a partir de 1966 a Ditadura estabeleceu um sistema de unificação da previdência com a criação do INPS (Instituto Nacional da Previdência Social) e, posteriormente, o Ministério da Previdência e Assistência Social, em 1974. A unificação do sistema fomentou uma centralização administrativa que retirou dos sindicatos dos trabalhadores qualquer influência sobre a pauta das aposentadorias concedidas. Dessa forma, a luta sindical, que, até então, tinha um considerável interesse em uma política de ampliação dos benefícios sociais e serviços previdenciários, deixou essa pauta em segundo plano.[11]

Consequentemente, os aposentados foram preteridos e a luta sindical foi mais direcionada para as reivindicações dos ativos. Por isso, os aposentados viram sua atuação sindical reduzida a seus votos em assembleias, sendo também relegados a papéis sociais mais restritos no âmbito dos próprios sindicatos.[12] A análise de Júlio Simões[13] demonstra que a classe trabalhadora acaba sendo dividida e hierarquizada com a unificação da Previdência Social, já que seu sistema de financiamento foi atrelado diretamente às folhas salariais dos trabalhadores com carteira assinada. Com isso, ocorreu uma crescente informalização de trabalhadores e uma tendência histórica de queda nos valores das aposentadorias.[14]

---

9 Groisman, 2015.

10 Simões, 1999.

11 *Idem.*

12 *Idem.*

13 *Idem.*

14 *Idem.*

Na "grande imprensa" de São Paulo e do Rio de Janeiro, ao folhearmos o *Jornal do Brasil* e a *Folha de S.Paulo*, observamos uma linha editorial que evidenciava os investimentos em previdência social e aposentadorias como um "gasto" que devia ser limitado em uma perspectiva de "Estado Mínimo".[15] Com o processo de lenta reabertura política, principalmente, nos anos de 1970, surgiam as primeiras críticas ao abandono dos idosos sem assistência do Estado. Nesse contexto, os jornais, representantes da "grande imprensa", marcam sua posição liberal na economia. O editorial do *Jornal do Brasil* intitulado "Sinal de falência", em 1979, apresentava o seguinte prognóstico:

> Disparou o dispositivo de alarme do sistema previdenciário brasileiro. Como o automático não funcionou na oportunidade, o Ministro da Previdência recorreu ao mecanismo eventual. Durante um depoimento numa CPI que investiga o empobrecimento dos Estados e Municípios, o Sr. Jair Soares declarou que, a continuar assim, em breve o Sistema não terá liquidez. Enfim, alguém do lado de dentro das responsabilidades tem a coragem de reconhecer a situação pré-falimentar da Previdência Social. Do lado de fora do Governo, há muito esse pressentimento se vem confirmando. [...] O problema é mais amplo e mais profundo. A assistência médica não pode ser caudatária da assistência social. Essa universalidade de atendimento é uma utopia de fundo paternalístico. Nenhum país desenvolvido pretendeu tanto. [...] O paternalismo brasileiro, desatento para os dados reais, acabou generalizando o mau atendimento.[16]

O Estado contribuía com apenas uma parte dos recursos, provenientes dos trabalhadores e das empresas. Mesmo assim, para a "grande imprensa", os direitos à saúde e à previdência social eram considerados paternalistas, e, por isso, a profecia da falência do sistema previdenciário já tinha seus adeptos nos anos de 1970.

---

15 Cf. *Jornal do Brasil*, 17 nov. 1967; 26 nov. 1979; 21 ago. 1974; 24 fev. 1977; Miranda, 1979.

16 *Jornal do Brasil*, 26 nov. 1979, p. 10.

A chamada "previdência deficitária" era um problema já noticiado no período, no entanto, defendia-se o sigilo sobre a lista das empresas devedoras no INPS (Instituto Nacional de Previdência Social). O *Jornal do Brasil* afirmava que "sobre os devedores da Previdência, o Ministro do Trabalho condenou, mais uma vez, a divulgação da relação, dizendo que ela nada contribuiu para solucionar o problema".[17] Na opinião do ministro Jarbas Passarinho: "Ao contrário só agravou. Dezenas de entidades procuram o Ministério, para comunicar que sofreram abalos nos créditos e foram levadas à falência, devido à publicação, em alguns jornais, dos seus nomes. Mas não sei até onde isso é verdade".[18]

Para o colunista Luís Mendonça,[19] da *Folha de S.Paulo*, era o caso de ampliar a participação da iniciativa privada na previdência social por meio de seguros e previdências privadas, pois era preciso seguir o exemplo dos Estados Unidos, país que, segundo ele, não viu seus gastos sociais se ampliarem. O sociólogo Stephen Katz[20] observa a continuidade histórica desse tipo de argumento nos países mais ricos nas últimas décadas, pois, segundo ele, os dados demográficos das populações são sempre "apocalípticos", e, invariavelmente, são usados para culpar as populações mais velhas pela insegurança econômica e pelas disparidades intergeracionais, ao mesmo tempo que justificam programas de austeridade imprudentes que privatizam os cuidados de saúde e esgotam os serviços sociais.[21]

Em São Paulo, nos anos de 1970, o jornalista Luís Mendonça[22] utiliza o mesmo raciocínio econômico, no qual ele conjectura que naquele ano os gastos previdenciários brasileiros equivaliam a 3,5% do produto interno bruto, taxa similar, em seu entendimento, aos 5% dos países ricos. No

---

17 *Jornal do Brasil*, 17 nov. 1967, p. 7.

18 *Idem, ibidem.*

19 Mendonça, 1975.

20 Katz; Sivaramakrishnan & Thane, 2021.

21 *Idem.*

22 *Op. cit.*

entanto, o raciocínio omite o fato de que a população brasileira era maior do que as populações de países europeus que se destacavam pelo investimento em previdência social e que, em valores absolutos, seus PIBs eram substancialmente superiores.[23]

Em 1972, o *Jornal do Brasil* já se posicionava na mesma direção do colunista Luís Mendonca[24] da *Folha de S.Paulo*. Para aquela "grande imprensa", era preciso ampliar a privatização da seguridade social e das aposentadorias. Para isso, o argumento se sustentava na impossibilidade de gestão de um fundo previdenciário público gigantesco que, mesmo consumindo recursos financeiros crescentes, oferecia um atendimento de baixa qualidade. A ideia era informar aos leitores que o investimento público era, naquele momento, suficiente e que a ineficiência se explicava pelo caráter público, que tornava a previdência social muito burocrática.

GRÁFICO 2 – COMPARAÇÃO DA POPULAÇÃO DE BRASIL, FRANÇA, REINO UNIDO E ALEMANHA – 1975

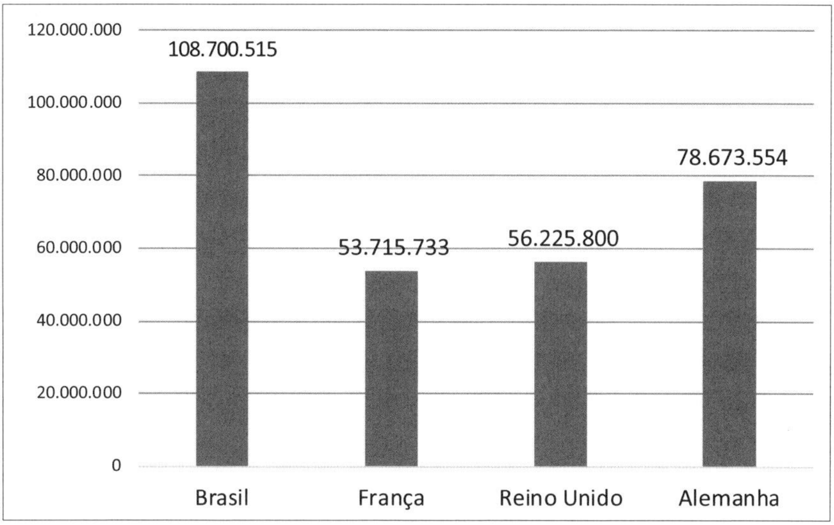

Fonte: Adaptado de dados do Banco Mundial, The World Bank, 2023.

---

23 Cf. gráficos 2, 3 e 4.

24 *Op. cit.*

GRÁFICO 3 – COMPARAÇÃO DO PRODUTO INTERNO BRUTO *PER CAPITA* EM US$ ENTRE BRASIL, FRANÇA, REINO UNIDO E ALEMANHA – 1975

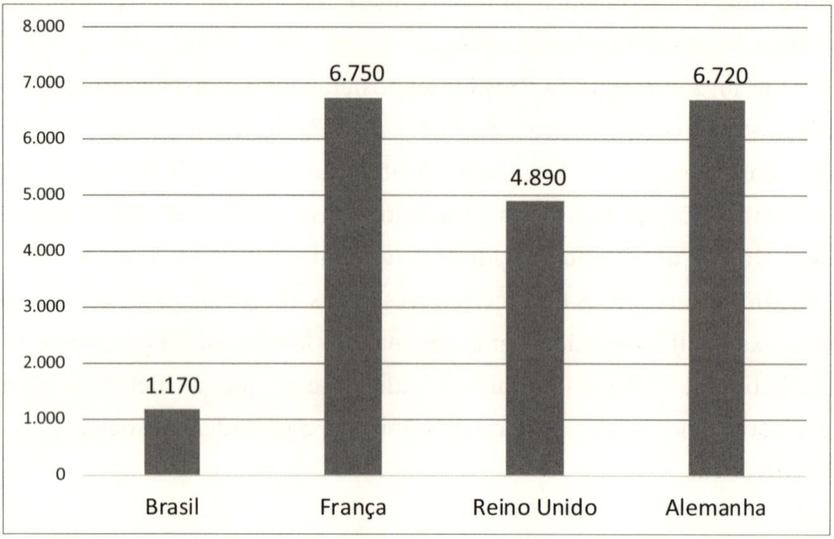

Fonte: Adaptado de dados do Banco Mundial, The World Bank, 2023.

GRÁFICO 4 – COMPARAÇÃO DA EXPECTATIVA DE VIDA EM BRASIL, FRANÇA, REINO UNIDO E ALEMANHA – 1975

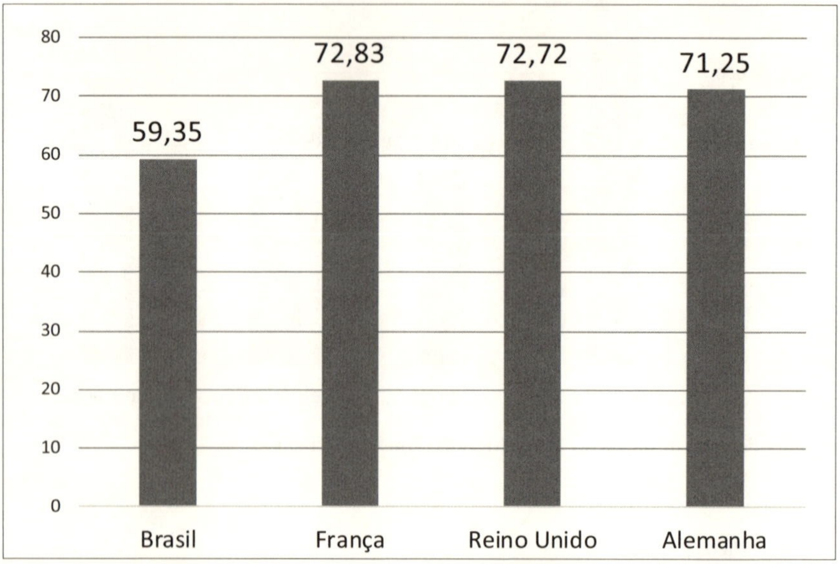

Fonte: Adaptado de dados do Banco Mundial, The World Bank, 2023.

No editorial do *Jornal do Brasil*, nomeado "Amparo a velhice", o diário parabeniza a administração federal por incentivar a solução do problema previdenciário, bastando direcionar os recursos públicos dos trabalhadores para administradores da iniciativa privada de seguros.[25] Por exemplo, expõe o *Jornal do Brasil* no texto "Na previdência, os problemas nascem do gigantismo":

> Uma nação dentro da nação? O INPS, na realidade, não representa um corpo à parte na administração pública, mas os recursos que mobiliza só são comparáveis nos do Orçamento da República. [...] Com tanto dinheiro, haverá paz entre os segurados? [...] A máquina montada para proteger a velhice e socorrer os cidadãos de níveis de renda mais baixa está, entretanto, em movimento. [...] Como administrar a enorme massa de recursos dos grandes fundos sem mergulhar em antigas formulações protecionistas que orientaram a assistência social clássica e transformaram os mecanismos de previdência em enormes emaranhados burocráticos?[26]

O discurso da necessidade de privatização abria o caminho para críticas aos serviços públicos prestados no campo da assistência social e das aposentadorias. Esse era inclusive o desejo de gestores do regime militar, já que as críticas à burocratização da previdência eram acompanhadas por uma entrevista do então Ministro do Trabalho, Júlio Barata, que se posicionava no mesmo interesse, que seria o de abrir caminhos para a previdência privada.[27] Na seção de "Cartas" do *Jornal do Brasil*, coluna destinada à publicação de notas de leitores, podia-se criticar abertamente os serviços do INPS. Nos escritos do leitor Jair de Andrade:

> O INPS jamais esteve voltado para os problemas sociais. A 24 de dezembro de 1971, fui aposentado com um ordenado inferior ao salário-mínimo por erro de cálculo. Apelei na 10ª. Vara, onde consegui o ganho de causa para uma

---

[25] *Jornal do Brasil*, 29 abr. 1973.

[26] *Jornal do Brasil*, 20 abr. 1972, p. 26.

[27] *Idem, ibidem.*

correção equivalente a quatro salários. Meu processo, já com seis anos, está no INPS sem que seja efetuada a correção. O problema maior é que tenho filhas e mulher doente e não posso trabalhar.[28]

Na mesma seção de "Cartas", o leitor Nassim Boukai usa da ironia para fazer uma crítica ao Ministro da Saúde, Paulo de Almeida Machado, em 1976, no Governo Geisel. Ele ironiza: "O Ministro da Saúde afirmou que a velhice não é problema grave para o nosso país, pois a vida média do brasileiro é de 53 anos. Fica difícil avaliarmos se o Ministério da Saúde deveria ou não se empenhar mais para 'agravar' o problema da velhice no Brasil".[29]

A ironia do leitor vislumbrava o atraso do país, mesmo em suas regiões metropolitanas, que também sofriam com problemas de saúde, na comparação com a expectativa de vida em outros países mais desenvolvidos socialmente. Na França, por exemplo, em 1970 a expectativa de vida era de 68 anos para homens e 75 para mulheres.[30] O debate sobre o envelhecimento da população brasileira estava envolto em interesses econômicos, como no caso da gestão dos recursos públicos da Previdência Social.

No entanto, a posição dos jornais da "grande imprensa" podia ainda ser mobilizada por meio dos interesses governamentais, já que ambos os jornais, *Folha de S.Paulo* e *Jornal do Brasil,* divulgavam as medidas dos governos federais do regime militar. A ideia de aposentadorias sustentadas por uma política do Estado-Providência, como ocorria em países da Europa ocidental nas décadas de 1960 a 1980, tornou-se um ponto da crise.[31] Para a historiadora Ana Maria Marques,[32] esse cenário privilegiou discursos promotores da "autonomia", que retiravam a responsabilidade

---

28 Andrade, 1979, p. 10.

29 Boukai, 1976, p. 10.

30 Beauvoir, 1990, p. 272.

31 Marques, 2007.

32 *Idem.*

e os custos do Estado em relação aos cuidados com os idosos no Brasil, um país marcado pela negligência às camadas mais pobres. Segundo ela, essa abordagem poderia "contribuir para a abertura de um fosso ainda maior na perspectiva que separa a vida em fases".[33] Todavia, também havia os interesses de médicos e economistas que abriam espaço para outras representações sobre as velhices, promovendo "novas velhices".

Uma delas era a "velhice produtiva". Essa representação tinha o sentido de superar a ideia de que velhice era sinônimo de doença e aposentadoria. Por meio de argumentos médicos importados dos países desenvolvidos, era preciso deslegitimar a velhice como um marco cronológico que forçava os indivíduos a se aposentarem. A ciência poderia, então, por meio de um amplo atendimento no campo da saúde, garantir uma "velhice produtiva", e a aposentadoria seria exclusiva para os idosos doentes. No *Jornal do Brasil*, em uma entrevista do médico Paulo César Ferreira, secretário-geral da Sociedade Brasileira de Geriatria e Gerontologia, duas medidas eram prioritárias. A primeira era investir em uma poupança individual de hábitos saudáveis antes do início do processo de envelhecimento, ou seja, uma poupança de saúde por uma vida inteira para, assim, garantir uma "velhice produtiva"; e, em segundo lugar, não adotar uma aposentadoria para todos. Em suas palavras: "para muitos a aposentadoria é algo assustador [...] A aposentadoria não pode ser generalizada, pois se muitos necessitam ser afastados do trabalho, muitas vezes até mesmo antes da idade-limite, outros podem ultrapassá-la sem nenhum comprometimento da saúde física ou mental".[34]

Na análise da reportagem do *Jornal do Brasil*, apesar de "a ciência contrariar e provar quanto estamos errados a respeito do conceito que ainda se faz da velhice, o preconceito social teima em condenar à inatividade as pessoas idosas com base apenas num conceito cronológico, há muito superado".[35] Contudo, a realidade brasileira era muito diferente

---

33 *Idem*, p. 174.

34 *Jornal do Brasil*, 21 ago. 1974, p. 9.

35 *Idem, ibidem*.

do quadro idealizado pelos jornais e por geriatras; por exemplo, Simone de Beauvoir aludia ao fato de que:

> Os países subdesenvolvidos são, ao contrário, países jovens. Em muitos deles, a taxa de mortalidade infantil permanece muito elevada; mesmo naqueles em que é reduzida, a subalimentação, a insuficiência de cuidados médicos, as condições materiais, em geral, constituem obstáculos à longevidade. Em certos países, a metade da população tem menos de 18 anos de idade. Nas Índias, há 3,6 % de velhos; mais ou menos 2,45% no Brasil; 1,46% no Togo.[36]

TABELA 2 – POPULAÇÃO POR IDADE NO BRASIL, EM SÃO PAULO E RIO DE JANEIRO – 1978-1980

Anos de idade	0 a 29	30 a 59	60+	Não sabiam	Total
Brasil (1980)	79.992.171	31.666.477	7.216.017	128.041	119.002.706
Região Metropolitana de São Paulo (1978)	7.457.826	3.591.405	644.417	1.839	11.695.487
Região Metropolitana do Rio de Janeiro (1978)	5.647.947	2.958.109	628.720	1.666	9.236.442

Fonte: Adaptado de IBGE, 1978; 1983.

Os dados de Simone de Beauvoir falam de uma estimativa dos anos de 1970, publicada em seu livro, sem definir uma idade biológica de corte. Em 1980, os dados oficiais do IBGE falam de um percentual de 6,06% de pessoas com mais de 60 anos (em 1940, eram 4,06%), aumento de 2 pontos percentuais em 40 anos.[37]

É importante ressaltar que os números omitem o fato de que havia diferenças na expectativa de vida entre as diferentes classes sociais. Os economistas Peter Knight e Ricardo Moran,[38] em um estudo sobre a pobreza no Brasil, ressaltam que a mortalidade infantil no país, em 1978, era de 92 por 1.000 habitantes, um índice quase duas vezes maior que

36 Beauvoir, 1990, p. 273.

37 IBGE, 1946; 1983.

38 Knight & Moran, 1981.

a média dos países com a mesma faixa de renda *per capita*. Outrossim, a diferença de expectativa de vida no Brasil entre os grupos com maior faixa de renda e os de menor era de 12 anos.[39]

GRÁFICO 5 – PORCENTAGEM DA POPULAÇÃO POR IDADE NO BRASIL, EM SÃO PAULO E RIO DE JANEIRO, 1978-1980

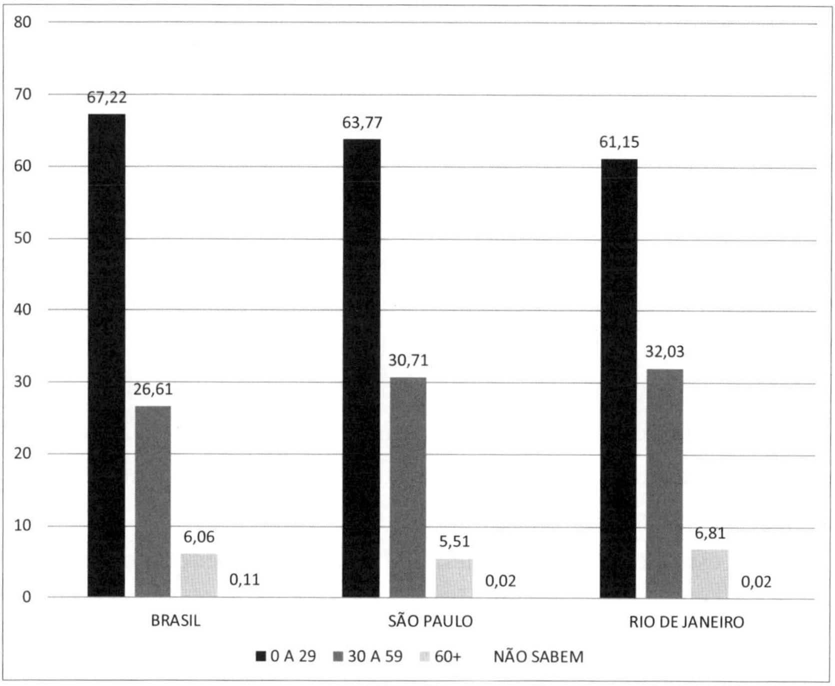

Fonte: Adaptado de IBGE, 1978; 1983.

Em relação à desnutrição, Knight e Moran[40] afirmam que, entre o nascimento e os 17 anos de idade, apenas 48% das crianças e adolescentes atingiam o peso normal na região Sudeste do país. A situação era pior no Nordeste, com taxa de 32% de crianças e adolescentes que atingiam o peso normal. No entanto, os dados evidenciam que a pobreza era também uma questão muito problemática em cidades como São Paulo e Rio de

[39] *Idem.*

[40] *Idem.*

Janeiro, que também não alcançavam altos índices de desenvolvimento humano e tinham contrastes sociais evidentes. Por exemplo, observando o custo de vida nessas duas cidades, um regime alimentar adequado, segundo Knight e Moran,[41] seria de mais de dois salários mínimos, ou seja, as famílias que viviam com um salário mínimo não conseguiam uma alimentação adequada em São Paulo e no Rio de Janeiro.[42]

Era um momento no qual a sociedade brasileira ainda buscava compreender a aposentadoria como direito dos idosos, depois de uma vida inteira dedicada ao trabalho. Não se trata aqui de interditar os desejos individuais de parte da população em continuar a trabalhar. Nesse sentido, Beauvoir denunciava que, nas sociedades capitalistas, quando se aproximava a aposentadoria, as pessoas eram demitidas e, ao mesmo tempo, sem a idade necessária para a aposentadoria não tinham direito a uma pensão, ficando condenadas à miséria.[43] Além disso, os valores das pensões eram completamente insuficientes para uma vida digna, o que em certos casos impunha a necessidade de os idosos continuarem no trabalho em ocupações informais ou mal remuneradas, independentemente de seus desejos pessoais.

Para estudiosos da previdência social mais contemporâneos do período militar, como José Braga e Sergio de Paula,[44] ambas as reformas da previdência lideradas pelo regime militar – a de 1967, que criou o INPS, e a de 1977, que criou o Sinpas (Sistema Nacional de Previdência e Assistência Social) – tinham em comum uma abordagem tecnocrática para estruturar administrativamente as aposentadorias e a seguridade social, além de garantir uma crescente participação da iniciativa privada.

No entanto, também havia diferenças entre elas. No caso do Sinpas de 1977, o objetivo era descentralizar a organização da previdência social, buscando lidar com as críticas à sua administração, amplamente publi-

---

41 *Idem.*

42 *Idem.*

43 Beauvoir, 1990.

44 Braga & Paula, 1981.

cadas nos jornais, possivelmente com a anuência do regime militar. Por conseguinte, o governo dividiu seu controle em entidades específicas, com a justificativa de melhorar o gerenciamento e ampliar a participação de entes privados em sua execução. Assim, o INPS se tornou parte de uma estrutura maior e sistêmica, o Sinpas, juntamente com o Inamps (Instituto Nacional de Assistência Médica da Previdência Social) e o Iapas (Instituto de Administração Financeira). Tratava-se, enfim, de conciliar interesses do Estado e dos capitais nacional e estrangeiro, com o objetivo de estabelecer uma Medicina previdenciária com dinâmica capitalista.[45]

Especificamente, aquelas mudanças administrativas não impactaram o cotidiano de abandono dos idosos pobres. Com isso, uma "velhice abandonada" também repercutia nos jornais de grande circulação, o que não era absolutamente novo no contexto brasileiro, como vimos no capítulo relacionado aos anos de 1930, na dureza da velhice para os trabalhadores idosos, ainda na incipiência da previdência social. Ao contrário, o problema parecia crescer com o envelhecimento gradual da população brasileira. Em 1961, o *Jornal do Brasil* publica uma nota de Roberto Azevedo[46] com o título "Velhice desamparada é o problema que o tempo agrava na Guanabara". Outrossim, a nota "Talvez venha amanhã" narrava a esperança de uma idosa em receber uma visita de um dos filhos no Dia das Mães em um asilo.[47] Na *Folha de S.Paulo,* a reportagem "Entidades assistenciais precisam de recursos" apelava para um sentimento de caridade do leitor em contribuir com instituições dedicadas aos cuidados de idosos desamparados por suas famílias.[48] Essas matérias não chamavam a atenção para as responsabilidades públicas do Estado, apenas apelavam às famílias e à caridade individual de seus leitores.

O problema social da "velhice abandonada" era nítido, inclusive para a "grande imprensa". Como referência nacional de jornalismo naqueles

---

45 *Idem.*

46 Azevedo, 1961.

47 *Jornal do Brasil*, 9 maio. 1964.

48 *Folha de S.Paulo*, 5 nov. 1973.

anos, o *Jornal do Brasil* não apresentava em sua linha editorial críticas abertas ao governo militar, o que é evidente em um período ditatorial ou mesmo em tempos de uma lenta abertura política, a partir de 1979. Ele apenas descrevia sucintamente em reportagens pontuais o abandono de idosos, como na ocasião da organização de um festival, o IV Festival Brasileiro de Cinema Amador, que teve como um dos concorrentes Aurimar de Oliveira, com o filme *Velhice*:

> Aurimar de Oliveira desejava retratar a velhice desamparada das ruas em contraste com a velhice amparada em geral, a fim de mostrar a diferença ao público espectador. Apesar de tudo, ele conseguiu demonstrar a falta de perspectiva e o isolamento dos velhos e das crianças que moram em asilos – os primeiros sem nada para morrer e os segundos sem nada para viver.[49]

O tema também era destacado às vésperas de alguma iniciativa governamental na questão das aposentadorias. Por exemplo, os estudos para a criação do Sinpas, em 1977, já eram anunciados em 1976 pelo Ministro da Previdência Social, Luís Gonzaga Nascimento e Silva. Ele foi um civil que soube atrelar os interesses econômicos liberais às políticas públicas do regime militar, no qual ocupou os cargos de Ministro do Trabalho e Ministro da Previdência Social.[50]

> Nas áreas metropolitanas, são muitas as dificuldades que envolvem o que o Ministro chama de "realidade da velhice": mercado de trabalho restrito, problemas financeiros para enfrentar as despesas de saúde, manutenção em leitos hospitalares, instituições com recursos limitados. E tantas outras que o Governo deve lhes dedicar atenção especial. O Ministro Nascimento e Silva diz que a ideia de a população ser jovem tem desencorajado providências que poderiam contribuir para reduzir a marginalização do idoso, acentuada principalmente nas áreas metropolitanas.[51]

---

[49] *Jornal do Brasil*, 6 ago. 1968, p. 10.

[50] CPDOC, 2023.

[51] *Jornal do Brasil*, 12 jul. 1976, p. 6.

Mas a representação de uma "velhice abandonada" também podia variar para uma perspectiva de que a aposentadoria seria um "problema" para os idosos, e que para viver essa etapa da vida com satisfação seria preciso se manter produtivo. Nesse sentido, primeiramente era necessário destruir os termos "velhos" e "velhas", pois eles passam a ser usados em um sentido pejorativo, já que os idosos podem e devem permanecer produtivos, inclusive trabalhando para a ascensão da representação de uma "velhice produtiva". A reportagem "65 anos ou mais", sobre o II Seminário Regional sobre o Idoso na Sociedade Brasileira, realizado em Belo Horizonte, em 1976, é um exemplo da posição de estudiosos da velhice no período, no sentido de combate à aposentadoria compulsória. Em seus escritos:

> Em geral, o velho é, antes de tudo, um ser abandonado. No Brasil e no mundo. Um participante do II Seminário Regional Sobre o Idoso na Sociedade Brasileira, realizado na semana passada em Belo Horizonte, contou no plenário que, depois de ter conversado alguns minutos com um grupo de velhos do Central Park, de Nova Iorque, todos se mostraram muito agradecidos. "É que há 15 dias não nos dirigem uma só palavra", explicou um deles. [...] A aposentadoria por velhice ou compulsória (aos 65 anos para o homem e a aos 60 para mulher) nem sempre colhe a pessoa quando sua capacidade de trabalho já se encontra esgotada. Em consequência, aquelas "férias para o resto da vida" que a aposentadoria poderia sugerir, no princípio, logo darão lugar a uma grande inquietação. A aposentadoria progressiva constituiria na redução gradativa das atividades profissionais compatibilizando-as sempre com a capacidade momentânea do idoso.[52]

A representação consolidava a ideia de que somente a vida no trabalho tinha sentido e de que sem uma "velhice produtiva" os idosos estariam condenados ao tédio. Há um sentido no argumento para parte da população de idosos, com acesso a muitas possibilidades de lazer e com recursos materiais e financeiros. Mas, de maneira alguma,

---

[52] *Jornal do Brasil*, 23 ago. 1976, p. 10.

seria uma causa política em um país subdesenvolvido como o Brasil, no qual defender o trabalho contínuo dos idosos seria uma forma de desmobilizar a organização de um sistema previdenciário que garantisse cuidados e uma existência digna aos idosos trabalhadores. Apesar dessa perspectiva, os idosos pobres não tinham a escolha de se aposentar ou não, sendo essa uma perspectiva particular das classes médias de trabalhadores. Muitas vezes, sem o trabalho formal que garantisse acesso a uma pensão do INPS, os idosos pobres trabalhavam até o esgotamento físico completo.

A despeito dos idosos pobres, especialistas e jornalistas reforçavam a representação da "velhice produtiva", que tornava a aposentadoria uma condenação ao exílio, e não um direito dos trabalhadores. Essa representação tinha relevância no campo simbólico, pois os idosos trabalhadores vivenciavam uma aposentadoria forçada pelas exigências, por exemplo, das organizações modernas do trabalho. No artigo "Idade não é velhice", o jornalista Maurício Joppert da Silva afirmava: "Ser velho é uma fatalidade fisiológica dos que vivem. Mas conservar por uma vida longa sua qualidade de bem-servir, com eficiência e dedicação, é uma glória que poucos atingem e merece respeito e admiração dos demais concidadãos".[53] Essa representação marcava uma ética de valorização da continuação dos idosos no mundo do trabalho.

Os trabalhadores estavam diante de um dilema, pois, por exemplo, nos trabalhos manuais da indústria, os relatórios que acompanhavam a produção industrial aludiam a uma queda de produtividade dos mais idosos, o que não podia ocorrer nas fábricas modernas. O fato levava os gerentes a aumentar a carga de trabalho pesado para os mais idosos, a despeito do processo crescente de mecanização dos processos fabris.[54] Diante disso, os trabalhadores eram levados à exaustão física e mental, forçando sua aposentadoria. Nesse sentido, em vez de ser a conquista de um direito, a aposentadoria se torna um fantasma, como relata a

53 Silva, 1961, p. 6.

54 *Jornal do Brasil*, 29 mar. 1961.

reportagem "O fantasma da aposentadoria" do *Jornal do Brasil*, em 1961, porque ao se aposentar compulsoriamente por conta de uma demissão o trabalhador enfrentava uma queda vertiginosa de rendimentos.[55]

Esse dilema, que levava os trabalhadores manuais da indústria nas cidades a um declínio social, também foi observado por Beauvoir.[56] A filósofa defendia que a aposentadoria, naquele momento, não apenas criava um preconceito em relação aos idosos, mas também fomentava o sofrimento, principalmente dos trabalhadores braçais, do sexo masculino. Para Beauvoir, a solução era mudar o sentido da vida de forma radical, pois o mundo do trabalho capitalista só dava sentido à vida dos homens e das mulheres pobres no mundo do trabalho, e sem ele toda a existência perdia o sentido.

A partir dos anos de 1960 e 1970, os idosos passam a constituir um grupo social não identificado exclusivamente pelo isolamento e pela doença, mas também por suas possibilidades de resiliência e enfrentamento. Para Arlete Fontes e Anita Neri,[57] a literatura especializada em Gerontologia atualmente ressalta os conceitos de "resiliência" e "enfrentamento" como característicos dessa fase, pois a "resiliência" na velhice propicia a continuidade da vida e o desenvolvimento de processos de resistência aos efeitos deletérios dos riscos e das adversidades típicas da velhice e da história de vida precedente, assim como o "enfrentamento", compreendido como manejo e recuperação dos efeitos negativos do envelhecimento.[58]

O conceito de resiliência também vislumbra experiências particulares que impedem explicações econômicas deterministas. Por exemplo, para as sociólogas Jennifer Karas Montez e Jennifer D. Brooks,[59] embora a associação entre educação (e recursos socioeconômicos de forma geral)

---

55 *Idem.*

56 *Op. cit.*

57 Fontes & Neri, 2015.

58 *Idem.*

59 Montez & Brooks, 2021.

e a saúde na vida adulta seja forte e abrangente, ela não é determinista, pois alguns adultos com baixo nível de educação mantêm uma saúde excepcional até a velhice, enquanto outros com alto nível de educação enfrentam problemas de saúde e morte prematura. Desse modo, mesmo em um cenário de vulnerabilidade, idosos pobres, em casos particulares, podem ser resilientes na velhice.[60]

No campo social, a partir dos anos de 1960, a velhice começava a ser compreendida também como pauta política, e não apenas como uma conquista individual. As lutas coletivas das velhices tinham como pauta uma vida com dignidade, com autonomia e apoio do Estado, das famílias e da sociedade. Para isso, a aposentadoria digna, em termos financeiros, era apenas um primeiro passo, pois ainda era preciso reconhecer o papel dos idosos na participação política, no debate público, no engajamento em atividades que extrapolassem a necessidade contínua da produtividade econômica. Enfim, que permitissem ao idoso uma participação na vida social, no mundo da cultura, das artes, da criatividade, dos lazeres e das "práticas de educação física", conforme seus interesses. Nesse âmbito, outras representações sobre o envelhecimento tinham o sentido de defesa de uma "velhice como direito".

Nos anos de 1970, em parte da "imprensa alternativa", por exemplo em *O Pasquim* e no *Movimento*, ao mesmo tempo que essa perspectiva muito otimista da velhice também era reproduzida, havia espaço no campo da cultura para um debate fundamental sobre a velhice. Foi o que ocorreu por ocasião da publicação do livro *La Vieillesse*, de Simone de Beauvoir, na França. No artigo "A velhice de todos", de Rui Martins, ele aborda a questão fundamental do livro, a tese defendida por Beauvoir de que compreender o significado da vida na velhice só terá sentido se a vida, como um todo, ganhar um sentido para o cidadão, e não para o sistema capitalista. Nessa perspectiva, se a vida não tem sentido para os indivíduos na juventude, por que teria na velhice? Por isso, a conclusão de Beauvoir é clara: é preciso que a vida tenha significado fora da concepção

60 *Idem.*

de trabalho restrita à produção e ao lucro.[61] Rui Martins, em *O Pasquim*, explora a questão central:

> A tragédia da velhice – escreve Simone – é a radical condenação de todo um sistema de vida mutilada: um sistema que não dá à maioria das pessoas que dele fazem parte nenhuma razão de vida. O Trabalho e a fadiga disfarçam essa ausência: ela é descoberta, porém no instante da aposentadoria. Isso é mais grave que o enfado. Tornando-se velho, o trabalhador não tem mais lugar para si porque, na verdade, ele jamais teve: apenas não tivera tempo para disso se aperceber. Então, quando já toma consciência dessa situação, ele cai numa espécie de desespero estúpido.[62]

A preocupação com a velhice dos trabalhadores é silenciada, por exemplo, no *Jornal do Brasil*. Como abordar o badalado lançamento de um livro de Beauvoir em Paris sem tocar no assunto da exploração do trabalho em tempos ditatoriais? A linha editorial da "grande imprensa" não tinha intenções de criar qualquer atrito mais sério com o regime militar. Mesmo em tempos de uma lenta abertura política depois dos desastres do AI-5, o jornal preferiu abordar o livro por questões secundárias, tergiversando sobre a questão central. Em seus termos:

> Simone de Beauvoir considera que os que passaram dos 100 anos são em geral indivíduos excepcionais, o que é confirmado por uma enquete do Dr. Grave E. Bird, apresentada à Sociedade Oriental de Psicologia, feita como 400 pessoas de mais de 100 anos. A conclusão: a maior parte dos indivíduos deste grupo se interessa pelos problemas públicos, manifesta entusiasmos juvenis, tem um senso agudo de humor, apetite sólido e não exprime medo da morte.[63]

A passagem omite o debate sobre os direitos dos trabalhadores idosos, tema que era recorrente em parte da "imprensa alternativa". Havia, naqueles anos, a representação de uma "velhice como direito". Nessa

61 Beauvoir, 1990.

62 Martins, 1970, p. 2.

63 *Jornal do Brasil*, 21 fev. 1970, p. 8.

perspectiva, o artigo do jornalista Tercio Santos,[64] "Velhos", no jornal *Movimento*, alertava para uma preocupação crescente com a questão dos idosos no Brasil, pois, segundo ele, em 1976, havia seis milhões de pessoas com mais de 60 anos (5,5 % da população brasileira), o que demandava a organização de políticas públicas. Santos[65] chamava a atenção para o fato de que são considerados idosos as pessoas com mais de 60 anos, mas que as empresas aposentam os trabalhadores a partir dos 35 anos, tachando-os de velhos, com um índice de desemprego ou subemprego na taxa de 26,6% na faixa etária de 35 a 64 anos. Outrossim, também no jornal *Movimento*, o artigo "A economia da saúde", de Chico de Oliveira,[66] aludia a uma velhice precoce dos brasileiros. O texto defende que as péssimas condições sociais da maioria da população brasileira criavam uma velhice precoce:

> É o déficit acumulado durante toda uma vida, a partir de doenças nutricionais, de um trabalho desgastante, que cedo começam a se refletir nas doenças de massa, na velhice precoce, não pode ser jamais reparado, mesmo com todas as grandes conquistas médicas e farmacológicas dos últimos cinquenta anos. Essas grandes conquistas, patrimônio que deveria ser universal em seu sentido mais amplo, mostra da tenaz construção do Homem a partir do próprio homem, não podem senão evitar a morte: serão incapazes, entretanto, de dar ou restituir a saúde, se as condições estruturais de geração da saúde não forem radicalmente transformadas.[67]

Em uma lenta reabertura política dos anos de 1970, havia a construção dessa representação da "velhice como direito" ao mesmo tempo que a "imprensa alternativa" denunciava as condições de vida dos trabalhadores. A velhice pobre era tema de reflexões no campo das artes; por exemplo, o sociólogo Octavio Ianni[68] fez uma crítica sobre o texto de Oduvaldo

---

64 Santos, 1976.

65 *Idem*.

66 Oliveira, 1975.

67 *Idem*, p. 12.

68 Ianni, 1978.

Vianna Filho para a peça teatral "Nossa vida em família". A crítica de Octavio Ianni abordava os problemas econômicos que afetavam toda uma família por meio dos conflitos entre os filhos jovens e os pais idosos na ocasião do despejo deles. Na peça teatral, a velhice, então, se torna um problema econômico e social em uma família de classe média pobre que escancarava a perda de autonomia dos pais idosos pela dependência econômica. Ianni descreve:

> Assim, o terceiro núcleo da estória é o dinheiro: o que se tem, ou não; o que se pode, ou não, passar aos velhos; o que se quer, ou não, gastar com eles. A rigor, é o dinheiro que, pouco a pouco, ganha figura de personagem principal. O problema de todos é o dinheiro, a carência dele, para alugar uma casa, um quarto; um asilo; [...] Mesmo Neli [uma das filhas], que tem dinheiro, não abre mão dele. [...] Não faria sentido para ela gastar com os velhos. Para ela, estes pouco ou nada mais lhe dizem. Estranharam-se como estranhos, quando ela subiu na vida. Tronaram-se relíquias incômodas, passadas.[69]

As necessidades econômicas e sociais para uma vida digna na velhice passam a ser discutidas. Logicamente, nesse contexto, a luta por melhores pensões, mas também pela aposentadoria em uma idade que possibilite aos indivíduos viverem para além do trabalho assalariado nas fábricas, empresas, fazendas, casas particulares e comércios, tornava-se uma questão de direitos. Nos termos de Enio Bucomar, no jornal *Movimento*, afinal,

> Todo homem tem direito a um padrão de vida capaz de assegurar a si e a sua família, saúde e bem-estar. Inclusive alimentação, vestuário, habitação, cuidados médicos e os serviços sociais indispensáveis e direito à segurança em caso de desemprego, doença, invalidez, viuvez, velhice e outros casos de perda dos meios de subsistência. É o que diz a Declaração Universal dos Direitos do Homem.[70]

---

[69] *Idem*, p. 18.

[70] Bucomar, 1977, p. 10.

O acesso à saúde se configurava como direito, e a velhice digna era representada da mesma forma. Dar outros significados à vida era o desafio de uma ética que se fortalecia com a reabertura política. Portanto, era primordial outras representações sobre a velhice que não fossem apenas a solidão, a doença ou a morte. Desde os anos de 1960 e 1970, os termos "velhos" e "velhas" vão ganhar um sentido pejorativo por serem compreendidos como uma ideia ligada a pessoas objetivadas pela improdutividade, passividade ou como coisas obsoletas.[71] Era preciso gritar contra esse estereótipo, ressignificar e construir novas velhices. Esse movimento pode ser observado tanto na "imprensa alternativa" como na "grande imprensa". Porém, parte da "imprensa alternativa" tentava evitar uma negação da velhice que caminhasse para o consumo do rejuvenescimento, como ocorria na "grande imprensa". Um exemplo é o artigo do escritor Rubem Fonseca n'*O Pasquim*, em 1969:

> O desprezo pela velhice, cuja intensidade cresce à medida que aumenta a veneração pela juventude, reflete o horror à decadência física dos dias atuais e que tende a se exacerbar no futuro. Até quando os que acreditam numa vida extrafísica manterão suas crenças e, portanto, o seu conformismo em aceitar a doença e a velhice.[72]

Negar a velhice podia ser um movimento de resistência; ao negar os rótulos, os idosos podiam pensar em outras velhices. Seria importante para a linha editorial de *O Pasquim*, por exemplo, se diferenciar da forma de negação da velhice da "grande imprensa". Para negar a velhice, não se tratava de cuidar do corpo, porque isso gerava ressentimento naqueles tempos por partes dos cronistas da "imprensa alternativa". O cuidar do corpo para evitar a velhice, em um contexto de fome, mortalidade infantil e subdesenvolvimento, parecia um ato individualista e egoísta, sobretudo pela ideia de exclusividade atrelada à burguesia. O artigo "As delirantes plásticas da burguesia", de Montserrat Filho, é um exemplo:

---

71 Peixoto, 2006.

72 Fonseca, 1969, p. 19.

> Intolerância, ódio e asco diante da velhice. A velhice só compensa quando se acumulam riquezas no lado de dentro da pele, lá no fundo do coração e do crânio. A burguesia pensa apenas no lado de cá, aqui fora, na vitrine. Não tem nada para compensar a velhice, a não ser dinheiro, roupas, joias, maquilagem, ações, fábricas. É o cirurgião plástico, seu criado, seu anjo da guarda mais íntimo, o especialista que junta os cacos e remenda os retalhos até o mês seguinte. A burguesia não deixa por menos: quer a eternidade. Os privilégios não devem ter fim. Só a ralé deve morrer. O dinheiro compra tudo – a folhinha, a juventude extraviada no vazio, no banal, no vulgar e na fartura.[73]

Naqueles anos, a dedicação ao corpo traduzida em cirurgias, ginásticas, tratamentos em busca da jovialidade, do rejuvenescimento, em uma ética de crítica à sociedade era ainda atrelada aos comportamentos das classes média e alta. Periódicos da "imprensa alternativa" que tinham uma linha editorial de embates no campo cultural não deixaram de criticar esses comportamentos centrados nos cuidados corporais que levavam ao consumo de produtos e serviços, inclusive nos campos da Saúde, particularmente da Educação Física. Desse modo, parte dos articulistas adotou um tom moral de repreensão, de interdição aos cuidados do corpo naquele período.

Assim, de forma não muito diversa da moral católica dos anos de 1930, eles adotavam uma representação da velhice relacionada a um estado de espírito. Ser velho, em um sentido pejorativo, era um estado de espírito conservador e antiquado. Ser jovem era um estado não de idade, mas também de espírito. Isso seria uma contradição, pois como negar a velhice e, ao mesmo tempo, criticar os cuidados dos corpos disseminados entre as classes média e alta, traduzidos em um símbolo de estilo de vida?

Tratar a "velhice como estado de espírito" era também um moralismo não tão distante da fé católica: "cultivem os espíritos". Contudo, se aos olhos do historiador do presente isso poderia ser controverso ou contraditório, para os jovens articulistas d'*O Pasquim* era promover uma

---

73 Montserrat Filho, 1975, p. 6.

outra velhice. Por exemplo, Ziraldo tinha 38 anos completos em 1970, quando cria um neologismo, o "sazonar", ou seja, não era envelhecer, era mudar de estação. Seriam os idosos "cucas frescas" reunidos em um clube, o "Clube dos Sazões", que se tornou uma coluna do periódico carioca. Nas palavras de Ziraldo:

> O verbo envelhecer e o substantivo velho, como já dissemos, se transformaram em expressões preconceituosas, pejorativas. Velho fica sendo, portanto, o vovozinho. (Ou todo o cara que ficou gasto por dentro, agarrado a uma passada configuração de seu Tempo, para fingir-se sobreviver, tenha cem ou quarenta e três anos). [...] Vamos em frente: o verbo amadurecer sai fora por uma questão de excesso de compromisso. Vamos inventar um verbo novo para o sentido, um verbo lindo: sazonar.[74]

O articulista se coloca em seus 38 anos como um velho, pois, afinal, em seus dizeres, velho no Brasil é aquele que pode perder o emprego para o mais jovem. Por isso, segue seu argumento sobre a necessidade de cultivar o espírito e observar o envelhecimento como uma injustiça biológica. Para ele:

> Se o que carrega as nossas esperanças, as nossas vontades, nosso gozo e aflição, nossa lágrima e nosso riso, nossa fé e decisão é o corpo da gente, a velhice é uma sujeira. Cansa nossas pernas, bambeia os joelhos, engrossa o sangue, turva a nossa vista, bloqueia juntas e amolece o nosso paupérrimo coração, justo quando o que se está precisando é de um corpo dez vezes mais forte para carregar bem uma alma então cheia de vida, no sentido mais exato do termo. Do ponto de vista biológico não devia ser assim. Ainda bem, que ao homem lhe resta o Espírito e, no frigir dos ovos – nunca tão propriamente dito –, é ele que conta. Bernard Shaw, um velho macondiano [referente à cidade de Macondo, cidade imaginada no romance *Cem anos de Solidão*, de Gabriel García Marquez], achava que a adolescência deveria ser dada aos velhos.[75]

---

[74] Ziraldo, 1970, p. 11.

[75] *Idem*, p. 10.

Para Ziraldo, promover o espírito, no entanto, era negar a "velhice como doença", fardo ou morte. Então, "em outras palavras, ao tomar consciência dessa verdade, o homem deve julgar-se como se julga o vinho bom: quanto mais velho, melhor. É o que eu chamo ter a consistência do vinho".[76] Nesse sentido, é preciso compreender que Ziraldo, além de negar a velhice em termos espirituais, prega paradoxalmente a aceitação da velhice biológica, pois:

> O envelhecimento do corpo é inexorável. O Tempo atrita fisicamente e o desgaste não pode ser evitado. Mas eu já disse que o homem é, acima de tudo, o seu Espírito (!) e este o Tempo não gasta. Isto é: não gasta se o Homem faz com que seu Espírito corra junto com o Tempo. Se ele deixa este passar e para aquele, o óbvio se repete: o Tempo vira rebolo, vira esmeril.[77]

Ser velho em um sentido pejorativo era se deixar isolar ou conservar em tempos passados. Era não se atualizar ou se inteirar sobre os novos tempos. Envelhecer, em um mau sentido, para Ziraldo, era deixar o espírito parar no passado. A saída fornecida pelo articulista era estar do lado dos jovens ou dos velhos jovens, dos "sazões", nunca dos jovens velhos ou dos idosos velhos. Em outras palavras, velhos eram os outros, eram principalmente os adversários políticos e seus espíritos envelhecidos pelo conservadorismo. Esses não podiam frequentar o "Clube dos Sazões". Nesse sentido, *O Pasquim* enaltecia a juventude que se rebelava contra os velhos, que seriam os velhos conservadores ou tecnocratas, como no artigo de Felix de Athayde, "Os velhos e os novos": "as universidades modernas não pertencem mais aos jovens ou às gerações novas; começam a pertencer cada vez mais aos idosos, aos projetos, aos velhos... [...] Pertencem às cabeças escultóricas, aos funcionários da repressão".[78]

Da mesma forma, só que não exclusivamente em relação aos poderes políticos dos velhos em sociedades capitalistas, o stalinismo da União

---

[76] *Idem, ibidem.*

[77] *Idem*, p. 11.

[78] Athayde, 1976, p. 5.

Soviética era também alvo das conhecidas ironias do periódico carioca. Na seção "Dicas" d'*O Pasquim*, na qual breves notas eram publicadas pelos redatores, Flavio Pinto Vieira criticava uma "gerontocracia", na qual os velhos políticos no Brasil e na União Soviética monopolizavam o poder; em sua nota: "Acho a geriatria sensacional – com a preocupação essencial de dar lugar aos velhos marginalizados na sociedade de consumo. Mas a gerontocracia é fogo – na União Soviética o elemento mais jovem, Grigori Romanov, tem 56 anos. Lá como cá".[79]

A bandeira daquela "imprensa alternativa", em particular d'*O Pasquim*, era a participação democrática, o que incluía jovens e idosos. Montserrat Filho[80] cita uma passagem do filme *O Grande Ditador*, no qual Charles Chaplin faz uma crítica ao autoritarismo na década de 1940, na representação de uma paródia de Adolf Hitler. *O Pasquim*, por meio de uma nota de um de seus colaboradores, afirmava: "Lutemos por um mundo novo, um mundo decente que dê aos homens oportunidade de trabalhar, que dê à mocidade um futuro, e à velhice segurança. Prometendo essas coisas, os brutos galgaram o poder. Mas eles mentem. Eles não cumprem essa promessa, jamais a cumprirão. Os ditadores se libertam, mas escravizam o povo".[81]

Nas oposições entre juventude e velhice, entre as democracias e as ditaduras, aquela "imprensa alternativa" dava vazão a novas representações sobre o envelhecimento. Nem todas eram novas, mas era crescente a tematização da velhice em dois aspectos. O primeiro destacava uma "velhice como direito", o que era de esperar em uma linha editorial de oposição. O segundo aspecto era o de uma "velhice negada", no qual se opor ao sentido pejorativo dos termos "velho" ou "velha" era resistir ao conservadorismo. No entanto, era também preciso resistir a uma velhice como conquista individual, como marca dos comportamentos burgueses, como distinção de classe.

---

79 Vieira, 1979, p. 31.

80 Montserrat Filho, 1976.

81 *Idem*, p. 29.

Na "grande imprensa", os dois aspectos também tinham destaque. Primeiramente, com a "velhice como direito", abordando as iniciativas governamentais no controle de gastos da previdência social, como vimos no início deste capítulo. Mas, no que diz respeito à "velhice negada", havia sobretudo um incentivo a um mercado de consumo para evitar o envelhecimento. Nesse último aspecto, as "práticas de educação física" ganham destaque. Aquela "velhice negada" ressaltava o envelhecimento saudável como conquista individual, o que não era uma nova representação, mas sua relevância no campo simbólico era inédita. Isso não se restringia ao público leitor das classes média e alta dos grandes jornais, porque uma série de "práticas de educação física" era inserida no cotidiano da população brasileira de várias formas, assim como produtos e serviços mais acessíveis a muitos estratos e grupos sociais.

3.2 INDIVIDUALIZAÇÃO DA SAÚDE, VELHICES E A DISCIPLINA CORPORAL DAS "PRÁTICAS DE EDUCAÇÃO FÍSICA"

Ao longo do século XX, como explicado pela antropóloga Guita Debert,[82] vislumbrou-se uma "institucionalização do curso da vida", mediante variadas apropriações que tornaram a idade uma dimensão fundamental na organização da vida social. Nesse sentido, uma perspectiva histórica nos levou a observar as representações sobre as velhices, especialmente no contexto das "práticas de educação física", utilizando fontes da "grande imprensa", de uma "imprensa alternativa" e de periódicos médicos das maiores cidades brasileiras, São Paulo e Rio de Janeiro.

De acordo com a literatura internacional sobre as velhices, Pat Thane[83] relata que tanto as pesquisas de história cultural quanto as de história

[82] Debert, 2004.

[83] Thane, 2003.

social concordam que o envelhecimento como objeto da história permite a observação de múltiplas representações, que variam no espaço e no tempo, sendo difícil encontrar uma homogeneidade. Norbert Elias,[84] por sua vez, destaca que nas sociedades modernas há uma experiência cada vez mais solitária e individualizada da velhice. Por outro lado, Stephen Katz[85] ressalta que o advento da velhice como objeto da ciência no início do século XX e a consolidação da Gerontologia ao longo do mesmo século contribuíram para a representação de uma "velhice negada", com suas imagens cada vez mais positivas à medida que chegamos ao fim do século XX.

Desse modo, as práticas relacionadas ao envelhecimento tomaram essa representação como um comportamento adequado e obrigatório para todos os idosos, restringindo suas liberdades e impondo-lhes expectativas irrealistas. No entanto, as representações pejorativas sobre a velhice, preponderantes até os anos de 1960, também geram preconceitos, ao passo que também promoviam uma imagem homogênea da velhice, sempre restrita à solidão e à doença.

Nesse sentido, é fundamental a compreensão de uma multiplicidade de velhices ancoradas também nos indivíduos, nas suas experiências e nas suas subjetividades, o que não impede a construção de uma agenda coletiva de direitos sociais, que aborde as aposentadorias dignas, a saúde e uma educação informal que permita sua produção criativa, conforme seus interesses. Por conseguinte, quando a sociedade garantir esses direitos, não haverá ainda assim uma velhice feliz e romântica, pois em algum momento da vida, não somente na velhice, o corpo sofrerá uma decadência vertiginosa e as doenças virão, assim como a morte. Como defende Philippe Ariès,[86] em *O homem diante da morte*, a morte não deve ser apenas uma saída discreta, mas digna, de um indivíduo imbricado

---

[84] Elias, 2001.

[85] Katz, 1999.

[86] Ariès, 2013.

com sua comunidade solícita, a qual não interdita, não proíbe ou não censura demais a ideia de um fim biológico.

A velhice não poderia ser assim uma culpa. A ideia absoluta de que cuidar do corpo é uma poupança que garante inexoravelmente um envelhecimento ativo e jovial parte da mesma lógica religiosa que exige dos cristãos a obediência em troca da promessa da conquista da vida eterna no paraíso. Seria uma medicalização dos comportamentos aceitos e indicados à vida social. No caso de uma "velhice abandonada", em particular de idosos pobres ou doentes, a culpa recai sobre os idosos, pois não se comportaram conforme as indicações médicas. Se tivessem praticado exercícios físicos, se tivessem se alimentado bem, se não fumassem ou bebessem, se não tivessem tanto estresse durante toda a vida, poderiam assim conquistar o "envelhecimento bem-sucedido".

A medicalização do envelhecimento se torna uma educação não escolarizada, disseminada em "práticas de educação física", assim como em uma educação alimentar e em hábitos saudáveis. Confrontá-la, entretanto, como um mal que deva ser combatido, seria como voltar aos anos de 1930 e ser um católico acusando os "infiéis" de cuidarem dos corpos e se esquecerem das almas, como Tristão de Athayde[87] fazia. Não é essa a perspectiva deste estudo, de construir mais um discurso moral sobre a velhice. O que observamos é que os discursos médicos sobre o envelhecimento pouco perceberam as diferenças e desigualdades sociais, econômicas e culturais entre os indivíduos, criando uma representação homogênea de um corpo saudável que depende do investimento de cada indivíduo, como vivêssemos em uma sociedade igualitária naquelas cidades brasileiras.

A historiadora indiana Kavita Sivaramakrishnan[88] defende que o "significado" da velhice envolve entender como as perspectivas biológicas, epigenéticas ou mesmo sociais e econômicas são concebidas e

---

87 Athayde, 1935.

88 Katz; Sivaramakrishnan & Thane, 2021.

desenvolvidas, e os fins que elas cumprem não apenas para a pesquisa, mas suas implicações para as pessoas mais velhas. Contudo, pesquisas focadas exclusivamente em uma "gerociência" invariavelmente priorizam a ligação entre envelhecimento e doenças crônicas, e isso entrelaça abordagens biológicas e sociais, mas perde as questões contextuais fundamentais que moldam o início e a experiência da velhice nas sociedades, mediante as desigualdades e a marginalização de indivíduos e comunidades.[89]

Em São Paulo e no Rio de Janeiro, a "grande imprensa" também omitia as desigualdades e, por sua vez, colaborou na percepção de que um corpo saudável na velhice era uma mercadoria que poderia ser alcançada pela aquisição de produtos e serviços profissionais particulares. Desse modo, a "velhice negada" tornar-se-ia uma distinção social. Quem pode protelar a juventude ou retardar a velhice? Quais práticas possibilitam essa conquista? Nos anos de 1960 e 1970, em comparação aos anos de 1930, observamos a ascensão de um envelhecimento que não é mais apenas "velhice administrada", ele agora é negado, já que velho ou velha é o outro: "Eu sou jovem".

O principal sentido em negar o envelhecimento era a defesa de uma condenação social do isolamento e do declínio. Era premente, então, pensar que velho ou velha eram os outros, eram os doentes que mereciam cuidados. Enfim, resistir ao envelhecimento, nos anos de 1960 e 1970, era alegar sua juventude e combater a idade cronológica.

Seria uma maneira de viver a experiência do envelhecimento bastante corriqueira na atualidade. Como afirma Sofia Aboim,[90] paradoxalmente, nos dias atuais, esse ideal social do "envelhecimento ativo" ou de um "envelhecer jovem" convive concomitantemente com uma estandardização da velhice tachada impositivamente a partir dos 65 anos. Para Aboim,[91] trata-se de uma oposição apenas aparente entre os ideais de uma juventude prolongada e a codificação das idades da vida, pois observa-

89 *Idem.*

90 Aboim, 2014.

91 *Idem.*

-se uma relativa capacidade de os indivíduos em "recusarem identidades ou estatutos predeterminados e impostos por instâncias exteriores de regulação"[92] e ao mesmo tempo serem tachados e institucionalizados como idosos por conta da idade cronológica. Nesse sentido, para Aboim, apesar de o estatuto de idoso se associar simbolicamente aos 65 anos, os indivíduos podem encarar essa passagem de formas diferenciadas, entre a resistência e a conformidade com o processo de envelhecimento, por isso as múltiplas formas de envelhecer ficam mais evidentes.[93]

Desse modo, a negação da velhice seria uma atitude plausível, sobretudo em relação às mulheres dos anos de 1960, em um contexto no qual eram tachadas como velhas aos 35 anos. Um artigo no *Jornal do Brasil,* assinado pelo Dr. Simão Coslowsky, tinha o seguinte título: "Quando aos 35 anos a mulher é 'idosa'". Em seus termos:

> [...] idade em que muitos homens ainda são férteis, a maioria das mulheres já não é mais. Em linguagem médica, "idosa" é a mulher que aos 28 anos de idade ainda não fez sua estreia funcional como mãe. No entanto, apenas depois dos 35 é que as complicações surgem, devendo então a mulher cercar-se de maiores cuidados e atenções médicas para com sua gravidez.[94]

A "velhice negada" que afirmava as mulheres como jovens era uma representação de que elas deviam se sentir jovens, o que parecia ser pertinente em um cenário no qual sua juventude era pautada pela beleza e pela função biológica da gravidez. Seria como pensar que os papéis sociais das mulheres estivessem restritos à maternidade, o que não era absolutamente novo nos campos da Educação Física e da Saúde.[95] O que era próprio dos anos de 1960 e 1970, entretanto, era uma postura de resistência na representação de uma "velhice negada", pois os estereótipos

---

92 *Idem*, p. 211.

93 *Idem*.

94 Coslowsky, 1969, p. 2.

95 Goellner, 2003.

da "velha", solitária, abandonada ou inútil já recaíam sobre as mulheres em uma faixa etária de 40 anos.

Confrontar a ideia de velhice das mulheres aos 40 anos era, no período, uma postura de resistência. Para Beauvoir, "depois dos 20 anos, e sobretudo, a partir dos 30, esboça-se uma involução dos órgãos. Caberia, desde esse momento, falar em envelhecimento? Não".[96] Só poderíamos falar de velhice, naquela perspectiva feminista do período, exemplificada com a obra de Beauvoir, a partir do declínio irredutível do corpo, marcado por sua fragilidade e impotência. Antes disso, Beauvoir[97] explica que o envelhecimento não é sequer sentido pelo próprio indivíduo, entretanto, os outros podem imputar-lhe a velhice, mesmo que o indivíduo se sinta jovem. Sendo assim, "a velhice é particularmente difícil de assumir, porque sempre a consideramos uma espécie estranha: será que me tornei, então, uma outra, enquanto permaneço eu mesma? 'Falso problema – disseram-me – Enquanto você se sentir jovem, você é jovem.' Isso é desconhecer a complexa verdade da velhice..."[98]

O mercado publicitário soube trabalhar com essa representação naquele período. Se havia uma revolução no campo cultural liderada pelos e pelas jovens, poderia também ocorrer a resistência ao envelhecimento, ancorada em uma segunda juventude por meio de uma "velhice negada", vista paradoxalmente como conquista individual e resistência ao isolamento social determinado aos idosos. A reportagem, por exemplo, "Pequena enciclopédia dos 40 anos", trazia um alfabeto de vocábulos, produtos e serviços que deveriam estar na pauta das mulheres de 40 anos, como "antirrugas", "ginástica", "tratamento da menopausa", "alimentação", "hormônios", "penteado".[99] O texto abordava os métodos para "manter o charme". Em suas palavras:

---

[96] Beauvoir, 1990, p. 19.

[97] *Idem.*

[98] *Idem*, p. 348.

[99] *Jornal do Brasil*, 20 out. 1968.

> Há tempos atrás, quarenta anos era idade em que as mulheres tinham um passado, mas nenhuma perspectiva de futuro, uma alma, mas não um corpo. Hoje, quarenta anos significa uma etapa a vencer com toda experiência e sabedoria. Uma outra chance para quem ainda quer permanecer jovem. Manter o charme é uma questão de cuidado e agora, mais do que nunca, necessário em todos os momentos. Para sua segunda juventude, uma pequena enciclopédia de primeira.[100]

A "velhice negada" tinha diferentes faces, por exemplo, a imposição de modelos comportamentais das juventudes para todas as mulheres. No caso da moda feminina, as roupas, em sintonia com a ideia de mulher moderna, eram mais joviais, mas sempre com limites morais às saias curtas para mulheres mais velhas. Na perspectiva do mercado consumidor, a imagem de jovialidade era mais rentável para qualquer idade, como atesta a reportagem da *Folha de S.Paulo*, intitulada "Moda jovem não tem idade":

> A moda jovem domina realmente o mercado de roupa pronta. Muita gente reclama. Algumas senhoras afirmam que "mulher depois dos quarenta não tem vez". Não seja pessimista. Seja jovem também. Mulher não tem idade quando se conserva jovem de espírito e de corpo. Matronas não existem mais. É claro que uma mulher madura não vai exagerar no micro. Mas pode perfeitamente entrar na moda jovem.[101]

A historiadora Denise Sant'Anna[102] observa no período dos anos de 1960 e 1970 a ascensão de um corpo jovial, magro e bronzeado que se tornou símbolo de beleza, saúde e sensualidade. Ela explica que a propaganda de produtos para emagrecer se tornou mais corriqueira, bem como a disseminação de balanças "Filizola" nas farmácias, para que um público mais amplo pudesse ter acesso ao próprio peso. A moda jovem

[100] *Idem*, p. 8.

[101] *Folha de S.Paulo*, 20 fev. 1972, p. 76.

[102] Sant'Anna, 2014.

valorizava a magreza das mulheres, que ganhavam cada vez mais espaço na publicidade como manequins.[103]

Naquela "grande imprensa" do eixo Rio-São Paulo, surgem algumas críticas a uma classificação rígida que separasse as mulheres jovens das idosas. Era preciso, então, ao contrário dos anos de 1930, nos quais ou se era jovem ou velho, enfatizar um novo ciclo de vida, uma nova etapa, uma idade madura, intermediária. Tratava-se particularmente de uma "velhice negada" a serviço do consumo. Era uma perspectiva moderna de uma "nova mulher", mais ativa, produtiva, independente, sinal dos anos de 1960 e 1970. Contudo, eram parcelas restritas de mulheres de classes média e alta, consumidoras de um mercado crescente da estética associado aos corpos saudáveis e jovens, as mais afetadas por essa representação. Paradoxalmente, a revolução cultural dos jovens tornava-se norte para o incremento de um mercado consumidor de produtos e serviços particulares que mantém a juventude dos corpos. A beleza, a juventude e a saúde são imbricadas em um discurso de consumo e conquista individual que impõe práticas culturais relacionadas com os cuidados de si. Na reportagem do *Jornal do Brasil,* "A idade dos bons cuidados", há um bom exemplo:

> O conceito cinematográfico de juventude faz com que muitas pessoas dividam todas as outras em duas únicas categorias: moças e velhas. Chegando ao limiar dos trinta, tão caros ao bom Honoré de Balzac, algo de amarfanhado começa a aparecer no rosto, e a infeliz em questão começa a se sentir velha. Puro erro. Pois existe um estado intermediário, glorioso ele mesmo, *idade madura.* É a partir dos sessenta anos que começa a chamada velhice. Dizer que uma pessoa de quarenta ou mesmo de cinquenta é velha é demonstrar completo desconhecimento do que seja maturidade. [...] Cuidar com creme nutritivo, usado três vezes por semana, durante meia hora, removendo o excesso com papel absorvente ao deitar. É a região orbicular bem lubrificada, todas as noites, podendo permanecer no local durante o sono. São os cuidados mais que necessários com suas mãos – cremes, clareadores, banhos alternadamente

[103] *Idem.*

quentes e frios. É o colo e o pescoço, com cremes próprios e massagens. É seu corpo, tratando da linha tanto do ponto de vista externo, como do interno – coma menos.[104]

Em outros momentos, os jornais também escapavam da "velhice negada", pois outras reportagens ilustravam a "velhice abandonada" ou partiam das perspectivas das próprias pessoas consideradas idosas. Os relatos não eram tão otimistas e davam uma compreensão diversa do mercado publicitário. Aquelas pessoas comuns, entrevistadas pela reportagem do *Jornal do Brasil*, estavam particularmente cientes sobre aqueles tempos.

Para Adelaide, de 58 anos: "Neguei minha idade por muito tempo, mesmo quando não era preciso, e de repente percebi que não adiantava mais. [...] Fato consumado: não havia saída senão aceitar. Mas não creio que alguém possa se preparar para a velhice: ela chega sempre de surpresa".[105] Para Augusto, de 63 anos: "Eu fui bem até os 40. Daí em diante comecei a me assustar. [...] vagando pela casa, de péssimo humor, implicante e deprimido. Venci a crise encontrando outro trabalho"[106]. A mesma reportagem ressalta a necessidade de manter os idosos ocupados, lançando um alerta:

> Nunca a agressividade social foi tão grande contra a velhice como hoje em dia, quando existe uma verdadeira obsessão pela sexualidade, quando a beleza física e a juventude são supervalorizadas. Os estímulos publicitários são dirigidos principalmente aos muito jovens e então, mesmo sem qualquer critério cronológico, nasce a velhice psicológica, a mais difícil de ser vencida.[107]

A percepção da "velhice negada" tornava-se uma busca, na qual era preciso vencer o envelhecimento por mérito individual. Essa luta

---

[104] *Jornal do Brasil*, 12 maio 1969, p. 6.

[105] *Jornal do Brasil*, 23 jul. 1972, p. 5.

[106] *Idem, ibidem.*

[107] *Idem, ibidem.*

contra a velhice, colocada sobre os ombros dos indivíduos, era uma convenção social coletiva. O comportamento esperado era a busca do rejuvenescimento e os cuidados para manter a juventude. Entretanto, quando ocorria o fracasso ou as condições materiais não permitissem tamanho investimento individual, as pessoas se davam por vencidas, mesmo que ainda jovens, pois já eram velhas em uma perspectiva comportamental aos olhos dos outros e de si mesmas.

Envelhecer bem se tornava uma questão dos indivíduos e dos seus comportamentos ao longo da vida. Se, ao contrário, a vida não se pautasse nos cuidados de si pregados pela Medicina e divulgados pela "grande imprensa", restava os arrependimentos de cada pessoa ou a resistência a tanta disciplina corporal veiculada em tantos escritos. Em uma perspectiva popular, era possível troçar da pauta moral dos comportamentos saudáveis. Se a responsabilidade individual era regra na cidade moderna, havia maneiras de resistir com ironia e humor, pois quem não seguia as recomendações médicas e resistia às doenças, esse sim era um jovem saudável que vivia o presente, sem muita preocupação com a velhice. Por exemplo, a crônica "O rosto no espelho", de José Carlos de Oliveira, de 1961, era irônica e hilária:

> [Vi] meu rosto no espelhinho do lotação. Tirei os óculos por causa do calor, de modo que não posso distinguir minhas feições, mas vejo o contorno magro e a palidez do rosto. Quem manda (penso eu) ficares a dissipar sua saúde a pretexto de ganhar experiência e de esquecer a única mulher que verdadeiramente amaste... Agora pareces uma caveira esverdeada; assim, quem te quererá? A julgar pelo teu aspecto, terás no máximo mais cinco anos de vida. [...] Bem sabes que só se vive uma vez, de modo que, para teu próprio bem, devias mudar de conduta o quanto antes. Dormirias antes da meia-noite. Beberias água somente. Comerias carne grelhada, privar-te-ias de manteiga e das saborosas empadinhas de camarão que desmancham na boca; farias ginástica ao nascer do dia [...]; viverias enfim cautelosamente. Assim, em pouco tempo, serias um cidadão perfeitamente integrado na sociedade em que vives, e poderias aspirar a uma velhice longa e calma; morrerias venerável, merecendo este edifício edificante: "aqui jaz um homem de bem". [...] O

lotação freou no primeiro quarteirão da Barata Ribeiro e o meu inestimável rosto ergueu-se no espelhinho. Verifiquei, então, que não era eu que se refletia nele, mas o do rapaz do banco da frente. [...] Aqui jaz um homem de bem... Qua, qua, qua![108]

Ao mesmo tempo que uma disciplina corporal traduzida em cuidados individuais prometia uma velhice saudável, havia também quem desprezasse o "Conselho Médico JB", nome de uma coluna no *Jornal do Brasil*. Uma ética particularmente popular resistia à ideia de poupança, pois era preciso viver o presente. Assim, para alguns não havia sentido em um cotidiano envolto por práticas saudáveis e disciplina corporal que visassem a uma futura "velhice administrada". Não que houvesse uma negação a essas recomendações, não se dizia que eram falsas, mas que jovens boêmios não precisavam se preocupar demasiadamente com o futuro, já que o importante era viver o presente. Afinal, se preocupar demais com a saúde em plena juventude seria incomum e motivo de chiste, a especialidade do semanário *O Pasquim*. O "A somatização da velhice", de 1976, dizia:

> Ocorre que o envelhecimento precoce do corpo humano é puramente somatizado. Em síntese, esta somatização se processa da seguinte forma: a) o homem tem medo de morrer; b) com medo de morrer, ele fica com medo de ficar velho; c) embora com medo de ficar velho, ele tem ainda mais medo de morrer antes de ficar velho; d) com medo de morrer antes de ficar velho, o homem somatiza e fica velho precocemente.[109]

A ansiedade que envolvia o envelhecimento, para Kellehear,[110] seria um traço das classes médias das sociedades capitalistas. Nossos dados empíricos não permitem tanto, somente nos é possível perceber uma preocupação crescente com orientações profissionais provindas

---

108 Oliveira, 1961, p. 15.

109 *O Pasquim*, n. 353, 1976, p. 9.

110 *Op. cit.*

da Geriatria e da Gerontologia, bem como dos profissionais da saúde, de forma geral. A apropriação desses saberes poderia ocorrer entre as dúvidas, os questionamentos e a aceitação da coluna "Conselho Médico JB", para usarmos o termo do *Jornal do Brasil*, ou ainda se referir com saudades aos saberes populares relacionados à cura que conviviam com a Medicina.

Ainda nos anos de 1970, o *Jornal do Brasil* publicou um conto chamado "Quando tudo na vida tem cura", com a seguinte *postscriptum:* "Estórias do povo brasileiro". Nele, o cronista apresenta Dona Rosemira, uma idosa, mãe de um médico carioca. Ela tinha criado os filhos sem o acesso aos cuidados médicos, mas um deles se tornou um esculápio, gerando assim um conflito em relação aos cuidados com os netos. Dona Rosemira tinha remédio para tudo: uma pomada, uma simpatia, um preparo natural. Seu filho doutor e os netos questionavam, duvidavam: "Qual a cura para a velhice, vovó? [Ela respondia] E quem foi que disse que velhice é doença? Só envelhece quem tem saúde".[111] Era aquela sabedoria popular que tornava a apropriação dos saberes médicos algo difícil de compreender de forma homogênea.

Embora o mundo fosse dos jovens, alguns idosos dos anos de 1960 e 1970 não queriam ficar para trás e queriam reclamar os seus papéis na sociedade.[112] Contudo, ao contrário das ironias em relação à crescente ansiedade que envolvia o envelhecimento, havia também sempre os exemplos da "velhice produtiva" e da "velhice negada". Na reportagem "Um sonho com mais de 50 anos", da *Folha de S.Paulo:*

> Seu sonho: estudar medicina. Mas a mãe não deixa, era uma profissão muito masculina naquele tempo. Já com 4 filhos, o marido muda-se com a família para Buenos Aires, onde ficam 4 anos. É lá que começa a estudar mais profundamente. Frequenta com os filhos a Escola Moderna de Educação Física. Resolve especializar-se em educação física, estudando mais 4 anos e

---

[111] *Jornal do Brasil*, 15 ago. 1976, p. 21.

[112] *Jornal do Brasil*, 25 mar. 1973.

> meio. Volta ao Brasil, apresenta suas ideias na década de 30, para o Secretário da Educação. [...] Ela sabe que na aparência conseguiu vencer o tempo, e também no espírito. No fundo ela é muito mais jovem que muita "jovem" de 20 anos.[113]

A professora de Educação Física da reportagem, Maria Antonieta Silva Medeiros, de 80 anos em 1975, ainda trabalhava no Instituto Sanitas, fundado por ela. Era um modelo de "velhice negada" e "velhice produtiva", que se desejava para as sociedades urbanas de São Paulo e do Rio de Janeiro. Era uma idosa moderna, um exemplo de dedicação e disciplina corporal. Compreendemos aqui que a disciplina corporal mencionada neste estudo não é na direção de um controle social. Seria tão somente a dedicação cotidiana aos cuidados corporais, que não são compreendidos como um mal da sociedade de consumo, mas sim como escolhas éticas de respectivos indivíduos e grupos oriundos paulatinamente de diferentes classes sociais.

Diante dessa perspectiva, em vez de controle social, podemos falar, por exemplo, sobre uma história de emancipação de uma mulher trabalhadora, como a professora Maria Antonieta. Essa análise não impede, por outro lado, a compreensão de que a construção das representações de uma "velhice produtiva" e de uma "velhice negada" atende aos interesses de uma "grande imprensa", financiada pela publicidade de produtos e serviços. Por meio de relações sociais de interdependência, os sujeitos promovem suas práticas e representações em um campo simbólico de disputas e, concomitantemente, estão inseridos em uma sociedade com desigualdades sociais, econômicas e culturais.

No mesmo sentido, diferentes médicos constroem discursos sobre o envelhecimento. Esses discursos não são um bloco homogêneo, pois havia diferentes posturas e concepções. Algumas eram mais interessantes para a "grande imprensa" e seus interesses econômicos e repercutiam nos jornais. Outras ficavam mais restritas aos periódicos médicos e

---

[113] *Folha de S.Paulo*, 17 jun. 1975, p. 33

às condições de um debate acadêmico e científico. No entanto, havia alguns consensos entre os profissionais da saúde, como a relevância de uma disciplina corporal e uma crescente individualização da saúde relacionadas ao envelhecimento. Era comum, tanto na "grande imprensa" como nos periódicos médicos, a indicação de hábitos saudáveis que eram normativos. Havia assim um diálogo entre as duas produções textuais. Os jornais divulgando os debates acadêmicos e científicos e os periódicos médicos respondendo a demandas da sociedade, expressas também nos jornais. Em 1969, o *Jornal do Brasil* publicou um artigo de Konrad Loewenstein, um dos médicos da equipe de especialistas da coluna "Conselho Médico JB", com o título "Envelhecer: arte da renovação". Nos seus conselhos:

> Os grandes inimigos da velhice que conduzem à senilidade, à restrição dos interesses e à solidão devem ser combatidos – e profilaticamente. O adulto na maturidade deve preparar-se para a velhice. Evitar excessos e abusos para não gastar a saúde em vão – cultivar relações sentimentais e sociais, trabalhar não só pelo sucesso material, mas enriquecer a vida pela satisfação na profissão, nos *hobbies*, em seus interesses intelectuais e artísticos; assim, o indivíduo não ficará isolado em suas relações humanas, nem na vida cultural de seu tempo.[114]

A ideia de preparação por toda a vida para usufruir de uma "velhice administrada" era uma promessa que teria seus adeptos por meio de uma ampla publicidade nos jornais. No debate particular dos médicos, em seus periódicos, havia mais dissensos do que na "grande imprensa". São esses debates que permitem a análise de saberes médicos conflituosos que tentavam produzir consensos científicos que ainda seriam traduzidos e disseminados pelos jornais. Nesse sentido, observamos como o tema da velhice era tratado por periódicos médicos do Rio de Janeiro e de São Paulo nas décadas de 1960 e 1970. Os periódicos médicos como fontes

---

[114] Loewenstein, 1969, p. 2.

permitiram uma comparação com notícias de jornais e observar aquelas representações particulares sobre a velhice.

A *Revista Brasileira de Medicina* tinha uma seção dedicada aos estudos sobre o envelhecimento, intitulada "Temas de Gerontologia", na qual artigos de pesquisadores estrangeiros eram traduzidos e publicados no Brasil. Um deles, de autoria do médico francês G. Vignon, da Université de Lyon, alertava sobre a individualidade biológica na questão do envelhecimento. Em seus termos:

> Em igualdade de condições ambientais e sociais, a conservação das faculdades físicas e intelectuais varia muito de um indivíduo para o outro. Se eliminarmos o fator evidentemente importantíssimo das moléstias do sistema nervoso e do aparelho locomotor, fator que entrava a manutenção de suas capacidades, parece que a conservação das faculdades físicas e intelectuais depende do seu uso, e que a sua inatividade acarreta uma degeneração funcional. [...] A conservação de certo grau de atividade física e intelectual desenvolve sistemas de suplência que em grande parte mascaram o encurtamento da margem de adaptação ligada à diminuição das células. A manutenção da memória e a organização das informações compensam a dificuldade de aquisição de novas noções. O exercício físico regular conserva certa musculatura que compensa o desgaste cartilaginoso e a esclerose ligamentar.[115]

Mesmo com todos os esforços de uma disciplina corporal, nem todos os indivíduos gozariam dos mesmos benefícios na questão da senescência. No entanto, os médicos concordavam com o argumento das atividades físicas e intelectuais como um diferencial de idosos saudáveis. Ao contrário das produções médicas, o jornalismo da "grande imprensa" insistia nas relações causais e mecânicas entre uma disciplina corporal e uma "velhice negada" ou "velhice produtiva". Alguns médicos eram seduzidos por essa visibilidade dada pela mídia e produziam textos para colunas jornalísticas com um receituário de hábitos saudáveis para a conquista inexorável de uma "velhice produtiva".

---

[115] Vignon, 1969, p. 310.

No entanto, alguns especialistas renomados formavam pontes de interlocução entre a ciência e o jornalismo. Era o caso de um dos pioneiros da Geriatria e da Gerontologia no Brasil, Dr. Mário Fillizola, autor do livro *A velhice no Brasil*, que tinha uma coluna no jornal *Diário de Notícias*. Em outra linha, mais acadêmica e afastada da "grande imprensa", o professor catedrático na cadeira de Clínica Médica da Faculdade Nacional de Medicina, fundador e editor da *Revista Brasileira de Medicina* e membro da Academia Brasileira de Letras, o Dr. Antônio da Silva Mello, publica um artigo questionando algumas afirmações contundentes de geriatras sobre o tema em resposta a perguntas de Mário Filizola, com o título "O problema da velhice".[116]

Mário Filizola pergunta a Silva Mello o que deveria ser feito para alcançar a idade centenária. A resposta de Silva Mello evidencia as dúvidas que a Medicina ainda tinha, e, além disso, denuncia certo "barulho" daqueles tempos sobre o envelhecimento da população, em seus termos:

> Acho que não existe nenhuma fórmula para alcançar-se o centenário. Aqueles que o conseguem fazem-no espontaneamente, dentro de uma vida normal, por vezes contra todas as regras médicas e do bom senso. Acredito, porém, que a adiposidade é a maior inimiga da vida e da saúde e que, por isso, jamais convém engordar. Além disso, acredito também que a vida humana não se está tornando mais longa, apesar do barulho que se faz em torno dessa falsa conclusão. Tem havido centenários em todas as épocas e hoje há doenças que estão matando cada vez maior número de pessoas, em idade pouco avançada.[117]

O Dr. Mário Filizola ia em outra direção, pois se destacou como defensor de uma "velhice produtiva", usando os jornais para disseminar suas concepções sobre o envelhecimento. Foi, sem dúvida, um importante divulgador da Geriatria e Gerontologia no país. Em artigo no jornal carioca *Correio da Manhã*, em uma longa reportagem de duas páginas inteiras sobre o envelhecimento, com o título "Velhice: aos quarenta anos

---

[116] Mello, 1965.

[117] *Idem*, p. 117.

começa a nascer um marginal", Filizola é entrevistado. Ele defende, ali, a necessidade de uma velhice em que a pessoa "viva ativamente". Filizola afirmava que:

> Os padrões de envelhecimento ainda não foram estudados nem fixados no Brasil. O problema da velhice não é um problema grande no Maranhão nem no Piauí, mas em São Paulo e no Rio toma dimensões gigantescas e não é possível solucioná-lo sem a existência de asilos tecnicamente perfeitos. [...] O fato de envelhecer não significa que a pessoa tenha que passar para o lugar de espectador. Continuar vivendo ativamente é a melhor forma de evitar o envelhecimento.[118]

A representação de uma "velhice produtiva" caminhava paulatinamente para uma outra semelhante que teve maior repercussão a partir dos anos de 1980, ligada à ideia de "Terceira Idade". Por enquanto, nos anos de 1960 e 1970, a ciência médica era mais cautelosa sobre os avanços científicos na conquista da longevidade no Brasil, pois aqui a mortalidade infantil impactava mais os brasileiros e sua expectativa de vida do que os temas do envelhecimento. Contudo, Filizola tinha um argumento relevante: o problema do envelhecimento não podia ser tratado em escala nacional, e sim em contextos urbanos como os das cidades de São Paulo e Rio de Janeiro. Ele tinha razão quando dizia que não havia estudos que pudessem determinar os padrões de envelhecimento no país.

Ao folhearmos os periódicos médicos de São Paulo e do Rio de Janeiro na Biblioteca da Faculdade de Medicina da Universidade de São Paulo, encontramos um estudo sobre a cidade de São Paulo, publicado na revista *Arquivos da Faculdade de Higiene e Saúde Pública*. O inquérito demonstrava que o quadro da Saúde Pública no munícipio tinha características diversas em relação ao interior do país, mas também em relação aos países desenvolvidos. Publicado em 1965, com a autoria de Rodolfo dos Santos Mascarenhas, a pesquisa dava um diagnóstico, desde o século XIX, sobre quatro períodos da Saúde Pública,

---

[118] *Correio da Manhã*, 3 abr. 1971, p. 2.

os quais descrevem: uma primeira fase, na qual as medidas sanitárias privilegiavam o saneamento do meio e a assistência médico-hospitalar (1832-1875); a segunda era a fase bacteriológica (1875-1917), que centrava esforços contra as epidemias; a terceira seria a da Medicina preventiva (1917-1943), destacada pela promoção da saúde, deixando em segundo plano a medicina curativa; e a quarta fase marcada por uma saúde pública social (1943-1965), na qual as doenças crônicas e degenerativas, como câncer, diabetes e doenças cardíacas, deviam ser combatidas tanto pela prevenção como pelos tratamentos, exigindo uma medicina integral e não isolada de fatores econômicos e sociais.[119]

As fases eram fundamentalmente baseadas em estudos estrangeiros oriundos de países desenvolvidos, que não explicavam a saúde brasileira. Com a carência de dados em uma escala nacional, Mascarenhas abordou os dados da cidade de São Paulo e constatou que as fases da saúde pública não se reproduziam aqui em uma sequência linear; ao contrário, todas ocorriam ao mesmo tempo nos anos de 1960: "O município de São Paulo, paradoxalmente, em virtude de seu crescimento urbano vertiginoso, do padrão de vida de sua população, da situação econômica de sua área, da rapidíssima industrialização, apresenta problemas das quatro fases do período científico da saúde pública".[120]

Os dados levantados por Mascarenhas reforçavam as afirmações sobre o cenário da saúde pública na cidade.[121]

TABELA 3 – COMPARATIVO DE DADOS DE MORTALIDADE EM SÃO PAULO E NOS ESTADOS UNIDOS

Anos de idade	Menos de 1	1-4	5-19	20-49	50 e mais
Município de São Paulo 1894	33,7%	20,3%	7,1%	27%	11,4%
Município de São Paulo 1962	28,7%	5,6%	3,5%	20,9%	46,3%
Estados Unidos 1962	6,0%	0,9%	1,7%	10,5%	80,9%

Fonte: Mascarenhas, 1965, p. 11.

119 Mascarenhas, 1965.

120 *Idem*, p. 10.

121 *Idem*.

O impacto da mortalidade infantil sobre a expectativa de vida dos paulistanos era muito relevante em comparação com os Estados Unidos. Os dados evidenciavam que tratar da longevidade ia muito além da saúde dos idosos ou dos hábitos saudáveis dos jovens e adultos. A mortalidade infantil era ainda, mesmo em uma cidade desenvolvida economicamente, o grande problema de saúde pública.

Isso não interditou as representações de "velhice negada" ou "velhice produtiva". O lento envelhecimento da população, em comparação aos países desenvolvidos, nas maiores cidades brasileiras era suficiente para o tema entrar em pauta nos jornais. Nos periódicos médicos, os estudos também ganhavam mais visibilidade com uma coluna especializada na *Revista Brasileira de Medicina* e com a tradução de diversos estudos europeus e norte-americanos sobre a velhice e a necessidade de investimento em uma disciplina corporal por parte dos indivíduos.

Um médico francês, em particular, o Dr. André Ravina, vinculado ao Hospital de Beaujon, na comuna de Clichy, na região de Île-de--France, era um autor recorrente. Ele publicou 234 artigos sobre temas da Clínica Médica, sobretudo no periódico parisiense *La Presse Médicale*. Não foi dos mais renomados médicos franceses e não era um especialista em envelhecimento, no entanto, a repercussão do seu artigo "Quelques considérations sur la pathogénie et le traitement du vieillissement"[122] deu visibilidade ao pesquisador no Brasil. Seu artigo foi traduzido e publicado na *Revista Brasileira de Medicina*; nele o médico afirmava:

> Finalmente, é preciso notar que a quase totalidade dos homens e dos animais, tratados por nós, não nos deixou de satisfazer de modo algum. De outro lado, as experiências realizadas nos animais muito jovens, sensíveis às sulfas que metabolizam, e eliminam mal, mostram que os efeitos tóxicos destas diminuem com a adição de vitaminas do grupo B. A ação dos produtos empregados é, sem dúvida, muito complexa. Um certo número de

[122] Ravina, 1967a.

> fatos verificados nas tentativas de tratamento de envelhecimento, são [*sic*] claramente surpreendentes e outros parecem contraditórios.[123]

Podemos observar no artigo que o pesquisador descrevia alguns casos clínicos nos quais a administração diária de sulfadiazina com vitaminas do complexo B promoveu melhoras na acuidade visual, no funcionamento intestinal e outros, mas, de modo algum, ele afirma que o envelhecimento teria um tratamento conclusivo.[124] Só podemos afirmar que o médico clínico buscava um tratamento para o envelhecimento que, em alguns casos, em sua opinião, poderia ser tratado. Entretanto, ele também admitia ser difícil separar um envelhecimento normal de outro patológico.[125]

De todo modo, a recepção de seu trabalho no Brasil é curiosa, pois antes da publicação da versão completa do artigo em português na *Revista Brasileira de Medicina,* também a *Medicina em Revista* deu notoriedade ao *paper* francês,[126] publicando uma versão condensada. Na versão da *Revista Brasileira de Medicina* havia uma nota do editor com os seguintes dizeres: "No Brasil, essa associação [de sulfadiazina com Vitaminas B] é enriquecida com outras vitaminas, e tomou o nome de Geranabol".[127] O Geranabol era um complexo vitamínico fabricado no país pela Farmitalia, sendo divulgado na tradicional revista médica *Brazil-Medico,* com o seguinte *slogan:* "Geranabol vence o tempo! E gera mais anos de capacidade física, intelectual e sexual".[128]

Não nos cabe neste texto fazer qualquer reflexão sobre as relações dos médicos com a indústria farmacêutica, mas é interessante observar que os escritos de André Ravina já tinham chegado também às páginas do

---

[123] Ravina, 1968, p. 33.

[124] *Idem.*

[125] *Idem.*

[126] Ravina, 1967b.

[127] Ravina, 1968, p. 33.

[128] *Brazil-Medico*, 1968, p. 62.

Jornal do Brasil, na reportagem "Ravinat [*sic*] descobre como o homem pode viver mais", publicada em 1966.

> A sulfa era prescrita como se faz constantemente no tratamento da senescência, em fracas doses e de maneira contínua, ou seja, 0,250g antes das três principais refeições num copo em água bicabornatada. Todos os pacientes foram examinados regularmente durantes meses. Acrescentou que os efeitos secundários devidos a essa terapêutica foram excepcionais. Os dados que mais chamaram a atenção foram a melhoria do estado físico e psíquico dos velhos assim tratados.[129]

A relação dos saberes médicos com um mercado consumidor acontecia de forma sutil nos periódicos médicos ou por vezes de forma mais clara nas revistas especializadas que viviam da publicidade de remédios lançados pela indústria farmacêutica. Mas, além dos fármacos, as cirurgias plásticas, que já eram realizadas no Rio de Janeiro e em São Paulo desde a década de 1930, também tinham espaço nos temas da Geriatria e Gerontologia. *Medicina em Revista*, um veículo de divulgação científica conhecido por traduzir artigos de periódicos estrangeiros prestigiados, noticiava uma nova intervenção cirúrgica que tinha muito interesse junto ao público leigo: tratava-se do silicone para os seios. A nota da revista tinha o título de "Beleza por injeção":

> A declaração de que é possível obter aumento do tecido mole através da injeção de silicone líquido não parece traduzir nenhum avanço médico importante. Mas quando o fato alcança as colunas da imprensa leiga, como se fora um meio de rejuvenescimento físico e restauração da beleza juvenil, surge como um raio de esperança para a legião de mulheres que prefere a morte à velhice e, por isso mesmo, concede máxima importância à eliminação das rugas e ao destaque de certas curvas estratégicas do corpo.[130]

---

[129] *Jornal do Brasil*, 14 ago. 1966, p. 16.

[130] *Medicina em Revista*, 1966, p. 19.

Com repercussões nos periódicos médicos, mas, principalmente, nos jornais que tinham uma linha editorial identificada com a "grande imprensa", um trinômio identificado por representações de saúde/ beleza/"práticas de educação física" é concebido como uma forma de estilo de vida esportivo, um "ser esportivo". Compreendemos que o processo de disseminação das "práticas de educação física", assim como na França dos anos de 1960 e 1970, atingiu as populações urbanas de São Paulo e do Rio de Janeiro. Contudo, se nessas cidades, a exemplo do caso francês, as práticas eram também acessíveis a populações diversas e amplas, os meios para que se pudessem cotidianamente praticar exercícios, ginásticas ou esportes que se traduzissem em um estilo de vida esportivo ocorriam em outra escala, pois as desigualdades econômicas e sociais, bem como a ausência de políticas públicas mais estruturadas, impediam naquele período a representação de um "ser esportivo" nas cidades brasileiras.

Se os esportes e as ginásticas estavam presentes de forma ampla, adaptados para muitas realidades sociais, os meios de usufruir dessas práticas em um estilo de vida esportivo de forma cotidiana, como em clubes esportivos e academias de ginástica, ou mesmo em espaços públicos como parques e praias, eram menos democráticos, pois, no geral, eram ou restritos ao privado ou localizados a distância dos bairros mais populares. De forma mais ampla, a representação dos lazeres ativos e das "práticas de educação física" como direito de jovens e idosos era muito mais restrita do que a representação de uma pauta de comportamentos saudáveis de responsabilidade e disciplina dos indivíduos, ocultando as diferenças sociais.

Em particular, a representação de um "envelhecimento ativo" coloca as "práticas de educação física" em primeiro plano. Se os professores de Educação Física ainda não davam centralidade aos idosos, os cronistas que tratavam dos temas da velhice na "grande imprensa", já nos anos de 1960 e 1970, colocavam em primeira ordem os esportes, as ginásticas e os exercícios físicos. A crônica "Emagrecer para viver mais e melhor", de 1962, anunciava os novos tempos: "A década dos vinte marcou o início de um novo conceito de estética; as atividades sociais se tornaram mais intensas; novos métodos de vida foram surgindo; os desportos ganharam milhões de adeptos em ambos os sexos. Finalmente chegamos no conceito da década dos 60: emagrecer para viver mais e melhor".[131]

Figura 11 – Charge de Duayer sobre a falta de uma política pública de esporte e lazer em *O Pasquim*.
Fonte: Duayer. *O Pasquim*, n. 479, 1978, p. 3.

Os esportes, no início dos anos 60, eram associados a um envelhecimento saudável ainda de uma forma indiscriminada. Não havia naquele momento uma separação entre esporte e exercícios físicos em relação aos seus objetivos de rendimento ou saúde, o que já vai ocorrer na década de 1970 e, principalmente, nos anos de 1980. Nos anos 60, os exercícios físicos eram tratados, de forma generalizada, como esportes, a exemplo do *Jornal do Brasil,* no artigo "Para envelhecer bem, não basta idade: é preciso ter arte", na coluna "De homem pra homem", em 1962:

> A vida ao ar livre, boa para moço, é talvez melhor ainda para os velhos que têm mais tempo e, portanto, podem senti-la com mais vagar. Um pouco de esporte nunca matou ninguém, e, na velhice, uma das regras de bem viver

[131] *Jornal do Brasil*, 19 ago. 1962, p. 9

> pode incluir o esporte como seu aliado certo. A escolha desse esporte pode cair em qualquer movimento de simples ginástica ou mesmo na prática de um jogo mais completo entre as atividades diárias. Na velhice é importante mexer os músculos, e a ginástica é sabidamente uma ajuda, mesmo para os mais novos. Os exercícios físicos, paralelos a uma vida de calma espiritual, ainda são os melhores termos para uma velhice tranquila, já que a fuga da mediocridade de ser velho é coisa rara.[132]

A velhice tranquila devia aliar uma vida espiritual com exercícios físicos, o que evitaria o envelhecimento marcado pela "avareza", nas palavras do jornal no mesmo artigo.[133] Além da "velhice produtiva", como já destacamos, o "envelhecimento ativo" era um pressuposto de "envelhecimento bem-sucedido". Desse modo, a representação do "envelhecimento ativo" começava a mobilizar práticas que deviam atingir muito além dos idosos. Elas deviam atingir todos e todas da juventude à vida adulta com o argumento da necessidade de constituir uma análoga "poupança". Nesse sentido, era preciso praticar exercícios físicos ao longo da vida para uma "velhice administrada" e para o desejado "envelhecimento ativo". As mais diversas "práticas de educação física" eram mobilizadas por meio dessas representações. Nos anos de 1960, a Ioga já era apresentada às leitoras do *Jornal do Brasil,* na coluna "Passarela":

> Já sei que muitas de vocês são, como eu, apaixonadas pela Ioga. Mas, na verdade, existe ainda muita gente que não conhece essa maravilha. Por isto, vamos recordar, e apresentar também, as coisas úteis que apendemos. Para início de conversa comecemos pelos objetivos do Hatha-Ioga: são três os principais. 1. Conservar e restabelecer o equilíbrio físico e moral. 2. Conservar ou restabelecer a saúde e beleza. 3. Prolongar a juventude física e mental. Procurar obter uma vida longa, ou então uma velhice sem decrepitude física e intelectual. Podemos encontrar objetivos mais nobres? Acho meio difícil.[134]

---

[132] *Jornal do Brasil,* 9 fev. 1962, p. 3.

[133] *Idem.*

[134] *Jornal do Brasil,* 31 jan. 1963, p. 3.

Nesse sentido, as representações sobre as velhices impactavam as práticas de jovens e adultos mobilizadas em relação aos objetivos de rejuvenescimento propagandeados pela mídia impressa. Esse destaque dos corpos e suas práticas no que diz respeito à saúde ganhava cada vez mais espaço nos jornais. Nos anos de 1970, observamos a mesma centralidade nas "práticas de educação física", mas havia uma maior preocupação em discriminá-las na perspectiva dos idosos, ou seja, em indicar ou contraindicar. O artigo "Velhice: um processo a ser detido", de 1973, também no *Jornal do Brasil*, abordava uma cobertura jornalística sobre o III Congresso Brasileiro de Geriatria e Gerontologia, realizado no Rio de Janeiro. O texto entrevistava médicos participantes do congresso e colocava como central as "práticas de educação física", mas nem todas de forma indiscriminada, como nos anos de 1960. Nas palavras do Dr. André Amorim, médico da Santa Casa da Guanabara:

> O homem que aos 40 anos vai à praia no fim de semana e joga futebol a manhã inteira sem fazer nenhum exercício durante o resto da semana está se preparando para o enfarte. É necessário, no mínimo, fazer ginástica em casa durante 15 minutos. [...] Explicou também [descreve a reportagem] que além de muito combatidos, os métodos do professor Cooper foram mal interpretados porque, antes de tentarem correr os 2.400 m na praia de Copacabana, as pessoas idosas devem fazer exames cardiológicos e proceder os exercícios progressivos, inclusive andando, em ritmo pouco acelerado, antes de aumentar a intensidade dos exercícios.[135]

No fim dos anos de 1960 e na década de 1970, havia a necessidade de indicar exercícios progressivos e organizados conforme a individualidade biológica dos idosos. Em uma outra direção, a personagem do médico Kenneth Cooper foi primordial no tema dos exercícios físicos, principalmente na defesa das corridas e dos exercícios aeróbicos. No entanto, a popularização de seus métodos preocupava outros médicos. A divulgação desses métodos fez que no Brasil, entre os anos de 1970

[135] *Jornal do Brasil*, 8 nov. 1973, p. 4.

e 1980, seu próprio sobrenome fosse identificado com a prática das corridas, pois pessoas não corriam em praças e parques públicos, elas praticavam "*cooper*". Ele era, sem dúvida, um dos principais divulgadores dos benefícios dos exercícios físicos, em particular, das corridas, que, nos anos de 1970, deveriam durar de 50 a 60 minutos contínuos, três vezes por semana.[136] Naquela década, dois livros de sua autoria foram publicados no Brasil, com os respectivos títulos *Aptidão física em qualquer idade* e *Capacidade aeróbica*.[137]

Nesses dois primeiros livros, Cooper reúne argumentos para sustentar sua tese de necessidade absoluta dos indivíduos adotarem as corridas em seu cotidiano. Ele defende o exercício aeróbico como o mais eficiente no alcance dos objetivos saudáveis. Desse modo, apresenta uma pauta comportamental embasada por uma série de testes e programas, as bases do método, bem como o sistema de desenvolvimento da aptidão física.[138] Os indivíduos deveriam também ter uma boa nutrição e abolir o consumo de fumo e álcool. Inicialmente, em sua obra, Cooper insiste na necessidade de os indivíduos se entregarem com abnegação ao esforço do exercício físico.[139]

A exaltação do esforço e do sofrimento em busca de objetivos passou a ser amplamente difundida. Juntamente com essa ideia, emergiu a imagem do atleta como o modelo de saúde a ser seguido. Dessa forma, o esporte passou a ser associado ao conceito de saúde, pois se o atleta é saudável, todos devemos praticar esportes. Se o atleta treina, todos devemos treinar; se ele corre, devemos correr, e assim por diante. Desse modo, o ato de praticar "*cooper*" contribuiu para reforçar essa analogia do esportista como um exemplo de saúde.[140] Por exemplo, em matéria do *Jornal do Brasil* essa relação entre o treinamento esportivo e a saúde das pessoas comuns é alusiva:

---

[136] Fraga, 2016.

[137] Cooper, 1972a; 1972b.

[138] *Idem.*

[139] Góis Junior, 2003.

[140] *Idem.*

> A doença de José Ricardo [correr cotidianamente], entretanto, já se espalhou pela cidade, e o bacilo responsável é o Dr. Kenneth Cooper, criador dos famosos testes de aptidão física empregados para o treinamento dos jogadores brasileiros na última Copa do Mundo e para a seleção de garis no Estado. O método de Cooper procura levar em consideração as limitações de espaço e tempo das pessoas no ritmo agitado da vida atual, do trabalho para casa, numa rotina diária só interrompida pelos engarrafamentos de trânsito.[141]

No *Jornal do Brasil* eram evidentes o quadro de mudanças comportamentais em curso na questão dos idosos e as "práticas de educação física" que repercutiam em praticantes de todas as idades. Em 1971, o jornalista Silio Boccanera, na reportagem "A luta da vida mais longa", descrevia o cenário das populações das classes médias do Rio de Janeiro. Para ele:

> Diminuir a curva da barriga e aumentar a reta da vida: nas mais diversas faixas de idade, homens e mulheres começam a perceber a importância da aptidão física, não só por questões estéticas, mas também, e principalmente, por motivos de saúde. Nas livrarias, os vendedores confirmam a procura intensa de material sobre exercícios físicos, principalmente o de Kenneth Cooper (*Aptidão física em qualquer idade*) e o manual da Força Aérea. Mas a mania se estende também aos *Rolomags* (os estoques se esgotam nas lojas), às academias de ginástica, massagem, judô, karatê, aikidô e outras práticas japonesas, bem como os inevitáveis madrugadores de praia, cada vez em maior número nos exercícios diários. [...] Na luta contra o envelhecimento e a velhice, o homem volta a se preocupar com o corpo, transformando-o em arma contra a própria decadência.[142]

Também a relação mecânica entre esporte e saúde que circulava no período era, por vezes, confrontada com ironia pelas pessoas comuns. No jornal *Folha de S.Paulo*, um leitor questionava: "que acha o ilustre redator de programas 'esportivos' (esporte é saúde, dizem!) patrocinados

---

[141] Boccanera, 1971, p. 1.

[142] *Idem, ibidem.*

por fábricas de cigarros ou de bebidas alcoólicas?".[143] Havia, da mesma forma, uma relação pendular entre a necessidade de divulgar as "práticas de educação física" e, concomitantemente, defender as orientações médica e profissional dos exercícios por parte dos professores de Educação Física.

Logicamente, estratos sociais mais pobres, sem acesso aos serviços, buscavam suas próprias práticas, o que passou a preocupar médicos e professores, que trouxeram de volta o discurso da parcimônia na defesa da moderação e da regulamentação, exatamente como nos anos de 1930. No periódico da Escola de Educação Física e Esportes da Universidade Federal do Rio de Janeiro (UFRJ), *Arquivos*, o texto de Luiz dos Santos defendia:

> Paralelamente, a evolução cultural, lenta mais perceptível do povo, possibilita um maior interesse pela atividade física como meio de melhoria da saúde, motivada talvez, principalmente, pelos padrões estéticos atuais que enfatizam boa aparência e juventude eterna. Este aumento de interesse necessariamente criará uma demanda de profissionais conhecedores, para que não se repita e se mantenha o domínio do mercado de trabalho pelos leigos, que apenas conhecem algumas técnicas, mas não podem aprofundar nem estender seus conhecimentos tais como avanços técnicos só possíveis em pesquisas e aplicações universitárias.[144]

Desse modo, era preciso afastar a influência de "leigos", afirmando as atribuições e os conhecimentos específicos dos professores de Educação Física. Por exemplo, o campo da fisiologia do exercício rapidamente começou a questionar algumas práticas e a imagem de sofrimento e abnegação nos exercícios, semelhante ao treinamento de atletas, para qualquer idade e para qualquer indivíduo. A *Revista de Educação Física*, do Exército, criada em 1932 e ainda corrente, publicou artigo com essas preocupações, evidenciando a defesa de exames médicos e a moderação dos exercícios progressivos. Em seus termos:

---

[143] *Folha de S.Paulo*, 8 jul. 1970, p. 4.

[144] Santos, 1972, pp. 64-65.

> Não somos – nem o poderíamos a par das irrefutáveis provas que temos, não só pela prática diária, como pela literatura especializada – contrários à prática do exercício físico. Nosso alerta é no sentido de dar ênfase a que todo o indivíduo, de qualquer faixa etária, seja submetido a rigorosos exames médicos especializados, antes de se dedicar a qualquer treinamento ou atividade física. [...] casos hipotéticos que, na realidade, estão ocorrendo em nossa cidade, diante de nossos olhos. Primeiramente um homem com 43 anos que, não se importando com sua obesidade, seus dois maços de cigarro e meia dúzia de cervejas diárias, seu trabalho sedentário sem passado desportivo, acrescido do famoso *stress* das grandes cidades, lança-se num domingo de sol à realização do Teste de Cooper juntamente com um grupo de amigos da mesma faixa etária e condições gerais [...] acarretando uma sobrecarga do coração. Nota-se que ele não teve o cuidado de investigar antecipadamente suas condições de saúde.[145]

A necessidade de controle médico por meio de exames tornava-se, paradoxalmente, um obstáculo para a popularização das mais variadas "práticas de educação física", o que permitia, no cotidiano daquelas cidades, o desenvolvimento de muitas práticas que não estariam *sub judice* de médicos e professores. Por exemplo, a capoeira era uma dessas expressões que, muito presente nos grupos sociais das populações negras, estava pouco presente nos jornais da "grande imprensa". Na "imprensa alternativa", a capoeira era tema da seção "Gente Brasileira", do jornal *Movimento*, justamente por estar presente nas comunidades mais pobres de São Paulo e do Rio de Janeiro. Em reportagem dessa coluna, em 1978, o mestre Pastinha era reverenciado e homenageado por seu aniversário de 89 anos.[146]

No entanto, em uma sociedade de classes na qual o racismo se estabelecia continuadamente na história brasileira, a velhice de Pastinha não foi diferente daquela de grande parte das populações pobres e negras

---

[145] Corrêa & Carvalho, 1975, p. 32.

[146] Simões, 1978.

no país. Relatava a reportagem "O triste aniversário de Pastinha", de Bené Simões no jornal *Movimento*:

> Pastinha começa a desabafar, bate com força no banco de madeira – o único bem que restou da academia – e diz emocionado: "Ah! Se esse banco pudesse falar". Sincero e sensível, Pastinha traz na voz a emoção e a impotência de não poder reagir e lutar, como antes. Sua sobrevivência depende de outras pessoas. [...] Dos olhos que já não enxergam, as lágrimas escorrem. Aos 89 anos de idade, completados no último dia 5, Pastinha conserva uma lucidez impressionante e reafirma sua autoridade para falar de capoeira: "Eu não fui apenas um capoeirista não. Estudei e muito, posso falar muitas horas sobre isso, tudo, é muita coisa mesmo". [...] Pastinha está cansado, uma tosse constante interrompe sua fala e o seu desabafo. É quando fica patente a situação de penúria do velho mestre.[147]

As desigualdades sociais, econômicas e o racismo não são particularidades das cidades brasileiras dos anos de 1970, embora sejam mais nítidas nesses tempos e lugares nas estatísticas sobre desenvolvimento humano[148] e no cotidiano das pessoas. No entanto, mesmo nos países mais ricos as desigualdades estão presentes. Por exemplo, a historiadora britânica Pat Thane também evidencia os impactos das desigualdades no envelhecimento no Reino Unido.[149] Ela afirma que na maioria dos lugares ao longo da história a expectativa de vida e de vida saudável são maiores entre os ricos do que entre os pobres.[150] Thane argumenta também que atualmente no Reino Unido, as populações negras, asiáticas e de minorias étnicas tendem a ser mais pobres em média do que os britânicos brancos e têm expectativas de vida e de vida saudável correspondentemente mais curtas, por isso ela é taxativa em dizer que há dimensões raciais e de classe na experiência do envelhecimento.[151] Na França, Simone de

---

147 *Idem*, p. 6.

148 Knight & Moran, 1981.

149 Katz; Sivaramakrishnan & Thane, 2021.

150 *Idem*.

151 *Idem*.

Beauvoir também denunciava o silenciamento da sociedade francesa sobre as desigualdades que marcavam os idosos trabalhadores nos anos de 1970.[152] No Brasil, também é preciso sublinhar os impactos das condições econômicas sobre as experiências da velhice. Pesquisas mais recentes inclusive demonstram uma associação entre variáveis sociodemográficas e a solidão, com maior prevalência entre mulheres idosas com baixa escolaridade.[153]

Parte da sociedade brasileira, mesmo em um cenário mais desigual, também silenciava sobre a questão da dignidade dos trabalhadores na velhice. A "grande imprensa" apenas descrevia as mudanças de comportamento dos idosos, agora mais produtivos, ativos, saudáveis e autônomos. A "velhice abandonada" tinha perdido espaço para o "envelhecimento ativo". Mesmo sabendo que as duas eram exemplos de realidades sobrepostas no cotidiano das cidades de São Paulo e do Rio de Janeiro, havia um discurso de desprezo pelas diferenças e a realidade brasileira era forjada como um espelho dos países ricos.

Entretanto, não eram apenas os silêncios que se constituíam como dados da exclusão dos mais pobres, invariavelmente marcada pela exclusão das populações negras. De forma mais sutil e com menor frequência do que nos anos de 1930, discursos preconceituosos comparavam a saúde de populações negras e brancas, sem uma contextualização social. Na coluna "Medicina", do *Jornal do Brasil*, a reportagem "Doenças vasculares: um problema atual", de Nelson Senise, relatava que, nos Estados Unidos, a obesidade era mais prevalente entre pobres também por conta do baixo nível intelectual e que os negros e negras eram mais atingidos por doenças cardiovasculares. Sem citar devidamente a fonte, mas apenas indicando que as conclusões seriam de uma revista médica, a reportagem descreve dois artigos médicos:

---

[152] Beauvoir, 1990.

[153] Sandy Jr.; Borim & Neri, 2023.

> *A obesidade é mais frequente nas classes pobres* – Segundo Moore, a obesidade é 7 vezes mais comum nas classes pobres e estaria condicionada não só a fatores socioeconômicos, mas também ao nível intelectual. De acordo com suas observações, o obeso pobre e de baixo índice intelectual e mental não tem capacidade para compreender as consequências da obesidade, tendo como única preocupação, para equilíbrio da saúde, uma alimentação farta e nutritiva. *A raça negra é mais atingida pelas doenças do coração* – Nichaman e colaboradores, analisando as causas de morte devidas a doenças cardiovasculares em Charleston Country, S. Carolina, verificaram que a raça negra apresenta o dobro de incidência em relação à branca. Entre as mulheres, as negras apresentam um índice 6 vezes superior às brancas. A incidência de arteriosclerose e doenças coronárias, como causa de morte, é muito elevada entre homens de raça branca e ligeiramente mais baixa entre os negros. Entretanto, o número de mortes decorrentes de outras causas é tão elevado entre os negros que a percentagem devida às doenças coronárias é mais baixa para os negros que para os brancos. As mortes por hipertensão arterial e acidentes vasculares cerebrais nos negros são em número 5 vezes mais elevado do que entre os brancos. Dentre as mulheres o índice de letalidade é 10 vezes mais elevado para as negras.[154]

Sem haver uma discussão sobre as condições sociais e econômicas que contribuíam para a incidência de diferentes doenças, naquele momento dos anos de 1960 e 1970, a "grande imprensa" escolhia fontes acadêmicas com dados empíricos descritivos e, por vezes, com explicações preconceituosas que naturalizavam a exclusão dos pobres e das populações negras em relação aos direitos a saúde e educação. Em paralelo, os hábitos saudáveis e as "práticas de educação física" formavam um seguro de previdência individual para a velhice. Naquele momento, a velhice era paulatinamente menos tratada como um problema social e mais evidenciada como uma questão de administração individual. Somente no fim dos anos de 1970 e na década de 1980 haveria uma clivagem que colocaria a questão dos direitos à saúde e ao lazer como importantes pautas da redemocratização do país.

---

[154] Senise, 1963, p. 10.

No entanto, isso não impedia a consolidação de representações sobre a velhice que buscavam a individualização das questões de saúde por meio de hábitos saudáveis e "práticas de educação física". Nesse contexto, podemos observar que as iniciativas de promoção dos exercícios físicos na sociedade começavam a ser mobilizadas muito além da infância e da juventude, pois a perspectiva de retardar a velhice podia também ensejar a ideia de um trabalhador produtivo por mais tempo. Professores de Educação Física vislumbravam essas possibilidades, pois a representação do "envelhecimento ativo" trazia consigo a alternativa de um trabalhador produtivo por mais tempo. A revista *Arquivos da ENEFD*, o mesmo periódico especializado da UFRJ, publicou, em 1971, um artigo que defendia claramente essa relação. Intitulado "Desporto – fator de alegria e bem-estar do trabalhador", de Alfredo Colombo:

> No desporto o indivíduo verifica que pode ser jovem mais tempo. Adquire em modo esportivo, um ar alegre, um aspecto saudável. [...] O programa de atividades físicas do trabalhador num Estado democrático somente poderá ser aplicado fora das horas de trabalho, nos instantes de folga, de lazer. Nessas ocasiões o indivíduo que agir livremente, quer dar vazão a seus sentimentos, expansão à sua alegria, quer gritar, cantar, reclamar, protestar, aplaudir sem estar sujeito aos regulamentos do trabalho e do empregador.[155]

É também importante salientar que o Prof. Alfredo Colombo usa o termo "Estado Democrático" em 1966, o que só teria sentido na hipótese de que ele defendesse que se vivia em uma democracia no Brasil, apenas evidenciando um completo desconhecimento do cenário político ou simplesmente má-fé. Todavia, ele tentava mostrar a relevância das "práticas de educação física" em uma sociedade que almejava uma modernização nos moldes capitalistas por meio dos lazeres ativos dos trabalhadores.

[155] Colombo, 1966, p. 69.

Desse modo, ao longo dos anos de 1960 e 1970, dos esportes aos exercícios físicos, do "*cooper*" às atividades físicas, das lutas às ginásticas, todos os vocábulos utilizados para propagandear e promover as "práticas de educação física" já não eram apenas relevantes práticas educativas para os jovens e crianças, como nos anos de 1930. As diferentes representações de velhice fizeram os indivíduos compreenderem as práticas como um recurso, como um seguro contra a "velhice abandonada", que atingia toda a vida adulta. Os anos de 1980 somente consolidaram essas práticas e representações, no entanto, alguns atores desta década souberam mobilizá-las por uma pauta política de direitos. Afinal, eram os tempos de redemocratização e da Constituição de 1988.

CAPÍTULO 4
O ENVELHECIMENTO QUE ENALTECE A JUVENTUDE E A JUVENTUDE QUE ADMINISTRA O ENVELHECIMENTO NOS ANOS DE 1980

> Cada indivíduo torna-se, então, o gestor de seu próprio corpo. O *body-building* e a constelação de práticas que se desenvolveram no mesmo período e que se parecem com ele de perto, ou de longe – *jogging*, aeróbica, regimes de baixas calorias, ou ainda o desenvolvimento sem precedentes de cirurgias plásticas – todas essas técnicas de gerenciamento do corpo que floresceram no decorrer dos anos 80, são sustentadas por uma obsessão dos invólucros corporais: o desejo de obter uma tensão máxima da pele; o amor pelo liso, pelo polido, pelo fresco, pelo esbelto, pelo jovem; ansiedade frente a tudo o que na aparência pareça relaxado, franzino, machucado, enrugado, pesado, amolecido ou distendido; uma contestação ativa das marcas do envelhecimento no organismo. Uma negação laboriosa de sua morte próxima. (Jean-Jacques Courtine, 1995, p. 86)

4.1 UMA VELHICE EM MOVIMENTO E EM DIREÇÃO À JUVENTUDE

O historiador Jean-Jacques Courtine[1] sintetiza uma representação mais ampla e corrente nos meios intelectuais e acadêmicos de crítica em relação a um tempo no qual os cuidados com o corpo ganham

---

[1] Courtine, 1995.

centralidade nas sociedades industriais. É sempre preciso sublinhar que os anos de 1980 marcaram um período de intensas relações entre uma mídia impressa com linhas editoriais liberais, reforçada por todo o aparato da publicidade que atingia milhões de pessoas pela televisão, e essa agenda de cuidados com os corpos. Nesse sentido, os discursos da saúde tinham uma abrangência inusitada, incrementada pela vida urbana. É preciso considerar que o aumento do tempo disponível para o indivíduo ampliou seu interesse por atividades consideradas de lazer, que envolviam as "práticas de educação física" em um contexto de crescente urbanização.[2]

Os discursos de saúde e cuidados com o corpo, que alguns anos antes eram disseminados na Europa e nos Estados Unidos, atingiam progressivamente parcelas mais amplas da população brasileira das metrópoles de São Paulo e Rio de Janeiro. Por aqui, as desigualdades sociais não impediram a circulação de novos discursos higienistas, que não tinham mais o apelo do futuro da nação ou de um projeto nacionalista de educação física dos jovens. Tratava-se então de um apelo que convidava os indivíduos aos cuidados de si e da disseminação de prescrições que objetivavam estabelecer inclusive um padrão de estética corporal. Na maior parte das vezes, essa nova abordagem higienista[3] omitia as diferenças e desigualdades sociais. Desinteressada das condições objetivas que propiciassem o oferecimento de serviços de saúde, parte dos "novos higienistas" não discutia o acesso a direitos para amplas parcelas da população. Pelo contrário, apenas reproduzia discursos norte-americanos sobre os benefícios da "atividade física", para usarmos seus próprios termos.

Esses "novos higienistas"[4] omitiam, talvez deliberadamente, as desigualdades sociais, econômicas e culturais da realidade brasileira em nome da reprodução de discursos importados que faziam sucesso

---

2 Melo & Alves Junior, 2003.

3 Góis Junior, 2003.

4 *Idem*.

naquele momento entre as classes médias de São Paulo e do Rio de Janeiro. Com o tempo, nas décadas seguintes, essas novas abordagens higienistas receberam críticas no campo acadêmico que denunciavam seu deslocamento da realidade brasileira e em relação às condicionantes sociais e multifatoriais que impactam o campo da saúde,[5] ou ainda sobre o aspecto moral e missionário de uma "pastoral da saúde".[6]

É importante compreender que os discursos científicos da "atividade física e saúde" ou do "envelhecimento ativo" não eram neutros, pois a partir do momento que eles apresentam um recorte da realidade, suas explicações ganhavam uma direção demasiadamente parcial. Para Renata Siqueira, Maria Botelho e France Coelho: "os fatos que cercam a velhice, assim como qualquer fenômeno da realidade, são infinitamente mais ricos e mais complexos do que o discurso científico sobre eles, e de que qualquer modelo ou teoria é eficaz à medida que efetua a aproximação entre o fenômeno investigado e a realidade na qual se insere".[7]

Outra perspectiva crítica proferida em relação aos discursos da saúde nos anos de 1980 pode ser exemplificada pelo argumento de Courtine.[8] O autor argumentava sobre uma atenção desmedida dada pela mídia aos cuidados e aos avanços de uma moral da saúde que controlava todos os aspectos da vida. A crítica se voltava mais uma vez às práticas, "todas essas técnicas de gerenciamento do corpo que floresceram no decorrer dos anos 80 são sustentadas por uma obsessão dos invólucros corporais";[9] sem observar as diferentes práticas e representações, as interpretações contemporâneas à década de 1980 consistiam em questionar novos hábitos e seus praticantes, inclusive no campo ético, nos termos de Courtine:

---

5 Carvalho, 2001.

6 Lovisolo, 1995.

7 Siqueira, Botelho & Coelho, 2002, p. 905.

8 *Op. cit.*

9 Courtine, 1995, p. 86.

> Na maioria das vezes, encontramos os *body-builders* perto de prateleiras de complementos nutricionais dos supermercados, na vizinhança de inúmeras academias de ginástica, ou ainda nas livrarias, folheando revistas que lhes são consagradas. Mas o músculo viril não vive no gueto. Na televisão e no cinema, as exibições musculares se generalizam desde os anos de 1980. [...] No entanto, trata-se de um estranho espetáculo: corpos de homens inchados, artificialmente bronzeados, cuidadosamente depilados e oleados, alinhados no palco segundo um ritual que evoca os concursos de beleza feminina; mulheres mutantes cujo sexo se apaga sob o disfarce dos músculos.[10]

A crítica de Courtine observava os novos *bodybuilders* em uma perspectiva de denúncia aos seus aspectos prescritivos que impunham uma unívoca estética corporal, um modelo que devia ser objeto de desejo de todos, inclusive dos idosos. No entanto, em uma análise mais distanciada no tempo, podemos atualmente considerar a perspectiva dos praticantes para que, assim, não discorramos sobre uma interpretação que estabeleça uma interdição moral das práticas, mas que critique seus aspectos prescritivos e homogeneizantes quando uma cultura *fitness* não considera as diferenças entre os indivíduos e culturas, impondo um padrão de beleza marcado por uma determinada juventude.[11]

Isso não quer dizer que as práticas de musculação ou fisiculturismo devam ser "demonizadas", como desvios de um projeto educacional. Pelo contrário, no início do século XXI, por exemplo, professores de Educação Física britânicos, ao entrevistarem 13 *bodybuilders* entre 50 e 73 anos no Reino Unido, consideraram que seria um avanço nas compreensões teóricas do envelhecimento ilustrar como a metanarrativa do declínio podia ser contraposta em um sentido de "resistência" por meio de narrativas que circulavam no fisiculturismo.[12] Ao localizar esse conceito dentro de um quadro narrativo, Cassandra Phoenix e Brett Smith[13]

---

10 Courtine, 2013b, p. 559-560.

11 Alves Junior, 2004.

12 Phoenix & Smith, 2011.

13 *Idem*.

destacam o potencial de contranarrativas como uma via para entender melhor a maneira pela qual os sentidos de declínio no envelhecimento podem ser contrapostos com histórias de resistência, e, com isso, novas identidades de envelhecimento seriam construídas.

O problema analisado em nossa perspectiva, atualmente, não seria a atenção e a dedicação aos cuidados corporais por parte de jovens e idosos, pois, para os praticantes, esses cuidados têm um sentido na saúde, na educação não formal e nos lazeres ativos, e, portanto, não deveriam ser interditados em um aspecto moral. O que enfatizamos é a necessidade de observar os sentidos das práticas por parte dos praticantes, para assim analisarmos as formalidades das práticas, que, por vezes, estão em contradição com as representações.

Por exemplo, o *skate* dos anos de 1980, em São Paulo, era uma prática voltada aos desafios do corpo na cidade. O historiador Leonardo Brandão[14] relata que a prática do *skate* protagonizou um episódio de resistência ao autoritarismo do prefeito Jânio Quadros, que, em 1988, proibiu a permanência de skatistas no espaço público das ruas. Eles reagiram e defenderam sua prática como uma forma de apropriação da cidade de forma imediata em protesto pela repressão.[15] A despeito da proibição e da sua esportivização, o *skate* e o comportamento dos skatistas eram percebidos como libertários e, desse modo, enaltecidos por parte dos jornalistas, como Marilia Pacheco Fiorillo, no artigo "Comportamento: Culto do corpo, reação à caretice?", publicado no jornal *Movimento*. Em seus termos:

> Em 1980, teria havido uma saudável reação dos corpos aos tempos do enfezamento, do protesto: os *shows*, o *skate*, a patinação, o culto do corpo seriam prova disso. [...] A política do corpo faz parte de um movimento que pintou na Europa e que demorou quase uma década para atravessar o Atlântico e explodir aqui. [...] Quando se fala em recuperar o corpo, a descontração no

---

14 Brandão, 2012.

15 *Idem*.

> comportamento, no modo de vestir, quando alguém recupera isso, começa a pensar o autoritarismo, começa a pensar a política, a tática e estratégia, começa a contrapor o particular e o universal num mundo onde a totalidade perdeu o jogo dialético.[16]

Diferentemente dessa perspectiva jovem que ensaiava o corpo como lugar de liberdade em suas práticas, alguns críticos dos anos de 1980, na Educação Física e nas ciências humanas, denunciavam no campo moral as condutas de muitos indivíduos que se entregavam aos cuidados com seu próprio corpo e buscavam atender a um padrão estético imposto. Em tempos de uma agenda progressista e coletiva de defesa de um Estado de bem-estar social, pareciam querer combater uma forma, para eles, narcisística de se portar no mundo social. No entanto, eles perdiam de vista as possibilidades de subversão das práticas para objetivos diversos e que o tema da saúde e dos corpos de jovens e idosos também poderiam dar luz às desigualdades sociais.

A despeito dessas críticas, uma perspectiva crescente de professores ligados a uma linha mais biológica da Educação Física pregava, de forma imediata, a existência de uma relação causal e mecanicista entre a prática da atividade física e a saúde.[17] Esse movimento de protagonismo dos corpos e de uma maior visibilidade das "práticas de educação física", descritos na epígrafe de Courtine,[18] vai se consolidando naquele momento nos Estados Unidos e em um país de terceiro mundo, como o Brasil, vislumbrando uma demanda cada vez maior por serviços privados direcionados à saúde.

Em anos de hiperinflação, de fome, de analfabetismo, mortalidade infantil e de pessimismo engendrado por anos de Ditadura Civil-Militar que sufocou os críticos, mas não impediu sua organização nos anos de 1960 e 1970, o país deparava com um tempo em que uma democracia

---

[16] Fiorillo, 1980, p. 22.

[17] Carvalho, 2001.

[18] *Op. cit.*

fragilizada tentava olhar para a construção de cidadania por meio de avanços na pauta de direitos.

Os contextos europeu e norte-americano eram muito diversos em relação ao brasileiro. Seria pertinente compreendermos que discursos europeus, como o de Courtine,[19] ressaltavam um mal-estar perene com o desenvolvimento econômico capitalista que se opunha a uma pauta de direitos dos trabalhadores e da consolidação do Estado de bem-estar social. O descompromisso em relação a um Estado de bem-estar social em países da Europa ocidental, para Evelyne Huber e Sara Niedzwiecki,[20] era fruto de pressões econômicas e demográficas, iniciadas na década de 1970 e intensificadas na década de 1980, que promoveram políticas de contenção de custos e ataque aos princípios governamentais da política dos *welfare states* no período. No início dos anos 1980, os países europeus mais ricos recorreram a aposentadorias e programas de invalidez para lidar com os crescentes níveis de desemprego, mas no final da década os governos e economistas insistiam que essas políticas não eram fiscalmente sustentáveis.[21]

A crescente decepção daqueles anos, das últimas décadas do século XX, era reproduzida no Brasil. No momento que as crenças na ciência e nos pressupostos modernos de sociedade passaram por esse pessimismo em relação às promessas de desenvolvimento social, a historiadora Maria Stella Bresciani, em texto originalmente publicado em 1985, explica que aqueles anos representavam um mal-estar diante da modernização das cidades. Em seus termos:

> Assim, a primitiva intenção de criar um mundo menos transitório do que a curta existência física do homem, portanto um mundo objetivo exterior a ele, consuma-se agora na situação limite de um mundo objetivo que, ao invés de acolher o homem, o expulsa como ser inútil, como único fator instável,

19 Courtine, 1995.

20 Huber & Niedzwiecki, 2018.

21 *Idem.*

> daí complicador, dentre os fatores ponderáveis e totalmente previsíveis desse artefato que se tornou o mundo dos homens.[22]

A perspectiva acadêmica da historiadora confrontava a objetividade do discurso científico considerado "neutro", mas que era permeado de valores condizentes com o mercado de consumo nas cidades. Em São Paulo e no Rio de Janeiro, a partir da redemocratização na década de 1980, os "novos discursos higienistas" sobre juventude e envelhecimento evocavam as mesmas múltiplas representações dos anos de 1960 e 1970. No entanto, de forma diferenciada, pois os cuidados corporais ganhavam em especificidade na medida em que eram demandados por desejos de prazer, de saúde e protelamento do envelhecimento dos sujeitos nos mais diversos grupos e classes sociais.

Nesse sentido, cresce um movimento ancorado em "práticas de educação física" e em discursos de "novos higienistas da saúde física" que pregavam um maior controle sobre o próprio envelhecimento, desde que os indivíduos estivessem comprometidos com uma educação marcada pela disciplina, por uma dedicação ascética e perseverante para, assim, atingir os objetivos de fazer perdurar a juventude. A subversão dessas representações reside justamente na ampliação de uma consciência coletiva sobre a relevância do corpo saudável, que também foi fundamental para a defesa de uma pauta de direitos no campo da saúde pública. Claramente, não era esse o objetivo da "grande imprensa", ampliar os serviços públicos no campo da saúde, mas a circulação corriqueira das "práticas de educação física" e dos hábitos saudáveis que se inseriam em uma perspectiva individual teria colaborado para o debate sobre o financiamento público da saúde, que não poderia mais ser centrado apenas no atendimento e na doença, mas seria impreterível uma perspectiva de prevenção, de promoção e de educação em saúde.

Esse desejo de não envelhecer, bastante motivado pela imprensa, fez com que parcelas mais amplas das juventudes e velhices nas cidades

---

[22] Bresciani, 2018 [1985], p. 136.

buscassem os benefícios das práticas, gerando uma maior demanda por saúde. Particularmente, jornais e revistas sustentados pela publicidade incentivavam, motivavam e justificavam o investimento nesta nova educação que ia além das juventudes e dos cuidados com a infância, pois estava agora presente em todas as fases da vida, por meio de massagens, ginásticas, cirurgias e tratamentos variados com suas promessas de rejuvenescimento. Para Ana Marques,[23] a velhice, "essa derradeira etapa da vida foi transformada em *grand finale*, pois se constituiu como momento de retomar os sonhos de juventude e/ou fazer da juventude o próprio devir do envelhecimento".[24]

A velhice não era somente protelada, ela devia ser negada, pois a longevidade era uma conquista individual que obrigatoriamente movia os desejos das populações urbanas de diversas classes e grupos sociais nos campos cultural e econômico de forma crescente. No entanto, havia muitas desigualdades que afetavam as novas formas de cuidar do corpo nas cidades.

Mesmo diante das mesmas classes médias de São Paulo e do Rio de Janeiro, havia diferenciadas perspectivas entre médicos, religiosos, professores, comerciantes que, apesar de oriundos da mesma classe social, tiveram diversos e, por vezes, antagônicos interesses no que diz respeito à velhice, ao envelhecimento e à juventude.

Nosso argumento central reside na crescente consolidação e variedade de "práticas de educação física" que orbitaram as representações de juventude e velhice, para compreendermos como diferentes grupos sociais em um processo de individualização construíram suas maneiras incentivadas, aceitas, censuradas ou interditadas de viver o envelhecimento, mas também de viver a juventude para a administração da velhice. Corroborando a análise de Norbert Elias,[25] sem dúvida o controle dos comportamentos é uma característica estrutural das

---

23 Marques, 2007.

24 *Idem*, p. 165.

25 Elias, 1994.

sociedades humanas; o que havia de novo nas sociedades industriais, no entanto, era a ênfase desse controle em uma perspectiva individual, ou seja, no autocontrole.

Desse modo, se pensarmos no contexto urbano brasileiro, os investimentos da sociedade nos corpos são apropriados no campo dinâmico da cultura pelos indivíduos. Isso não significa uma oposição entre os valores da sociedade e dos indivíduos; para Elias,[26] é justamente o contrário, seria a "estrutura social da personalidade" que conforma um *habitus* na longa duração, não tendo mais sentido, portanto, uma explicação sociológica ou histórica que separe a sociedade e os indivíduos.

Por isso, em relação à particularidade deste livro, o que podemos compreender é que as práticas foram parcialmente deslocadas nos discursos sobre a educação física da "juventude saudável" para outro lugar, no qual o corpo dos indivíduos é produto de sua própria responsabilidade em administrar e, em alguns casos, até mesmo negar a velhice por meio de exemplos de boa conduta, virtude e cuidados que devem perpassar toda a vida, para um "envelhecimento bem-sucedido". Ao mesmo tempo, esse processo de individualização da saúde que se ampliava omitia as barreiras econômicas que ancoravam a "exclusão social" dos idosos, sobretudo os mais pobres.

Pesquisas recentes sobre a sociologia do envelhecimento têm destacado esse aspecto, que, se não é determinista,[27] é um marcador importante na experiência dos idosos, conforme argumentam os sociólogos holandeses Martijn Huisman e Theo G. van Tilburg.[28] Para eles, o conceito de "exclusão social" para a pesquisa empírica sobre o envelhecimento se tornou mais relevante no século XXI, na medida em que trouxe novas perspectivas sobre como e onde exposições a múltiplas desvantagens se agrupam e como elas limitam as oportunidades de participação social, resultando em empecilhos para o acesso à saúde.

---

26 *Idem*.

27 Montez & Brooks, 2021.

28 Huisman & Tilburg, 2021.

Uma compreensão sobre a "exclusão social" dos idosos requer a consideração de múltiplas dimensões, porque elas interagem e se reforçam mutuamente. Nesse sentido, estudos sobre "exclusão social" na velhice utilizam critérios como acesso a serviços de saúde locais, instalações esportivas, participação cívica, relações sociais e recursos financeiros para pautar as desigualdades e compará-las em perspectivas locais, nacionais e transnacionais.[29]

Outro exemplo é a pesquisa de Mauricio Roberto da Silva[30] que evidencia e denuncia o envelhecimento precoce dos corpos de jovens de 14 anos de idade submetidos ao trabalho rural nos canaviais da Zona da Mata pernambucana. Em uma das entrevistas de campo, destaca-se o relato do jovem de 14 anos, Jorge Luís da Silva, sobre o trabalho nos canaviais, no qual afirma: "Essa rotina cansa demais, a gente se sente velho antes do tempo, mas tem que trabalhar para ajudar a família. [...] a gente se sente velho olhando no espelho, se sente cansado por dentro, uma coisa que não dá pra esquecer e, por fora as ruga [*sic*] no rosto [...] a pele dos rico [*sic*] é pele nova de quem nunca levou um corte na palha de cana".[31]

Por aqui, nas cidades de São Paulo e do Rio de Janeiro, na década de 1980, as páginas dos jornais da "grande imprensa" (tendo como fontes principalmente o *Jornal do Brasil* e a *Folha de S.Paulo*) vislumbravam outras representações sobre um "envelhecimento ativo", muito distante do cotidiano da maioria de paulistanos e cariocas pobres. A reportagem "A saúde dos atletas matinais", do *Jornal do Brasil*, defendia:

> Quem não se imaginou, pelo menos uma vez na vida, acordando cedo para andar na praia, correr ou nadar? A vida agitada, o cansaço e o desgaste emocional, no entanto, fazem com que as pessoas acabem adiando esse projeto para segunda-feira seguinte. O dia chega, mas o ânimo continua o mesmo e novamente o conforto da cama vence, e a ideia de tornar a vida mais saudável

---

29 *Idem*.

30 Silva, 2003.

31 Jorge Silva *apud* Silva, 2003, p. 88.

> é adiada para a próxima semana. Alguns dos corredores matinais passaram por situações parecidas e somente depois de muita persistência venceram o desânimo, passando a praticar esporte. [...] Mas se engana quem imagina encontrar somente idosos no calçadão de manhã. Pelo contrário. A idade parece ser o menos importante. Tanto se pode encontrar um adolescente como grupos de pessoas mais velhas andando.[32]

Os exercícios físicos se estabeleciam como práticas para todas as idades, da juventude à velhice, para preencher as manhãs com uma rotina saudável. Os exercícios ocupavam o tempo livre e não havia uma discussão sobre os porquês de uma vida cansada, de uma rotina desgastante, de tanto tempo dedicado ao trabalho ou, por outro lado, do abandono das pessoas consideradas não mais produtivas e da "velhice abandonada". Afinal, ironicamente, parecia que a sociedade brasileira representada por todos os seus estratos podia frequentar a praia. Nesse sentido, a crítica não deveria ser moralista e pautar o tempo dedicado aos cuidados com o corpo em um culto narcísico; em nossa perspectiva, ela deveria observar os silêncios sobre as desigualdades sociais, reivindicando o acesso a uma vida para além do trabalho, como fez Beauvoir já nos anos de 1970.[33]

No artigo "Na ginástica, o cálice da juventude", publicado no *Jornal dos Sports*, a jornalista Lucelena Lemos abordava a vida da atriz Tonia Carrero, que, aos 65 anos de idade, esbanjava beleza, produtividade profissional e alegria, que eram evidenciadas por imagens da atriz realizando exercícios físicos. A "boa forma" não era resultado de um programa específico de ginástica, mas sim produto de uma vida toda dedicada à disciplina corporal desde a juventude, quando se formou na Escola Normal e ingressou na Escola de Educação Física, atuando como técnica de atletismo no Vasco da Gama nos anos de 1940.[34] Aos 65 anos, era um exemplo de juventude, pois lhe fora possível retardar a velhice.

---

32 *Jornal do Brasil*, 6 jun. 1988. p. 4.

33 Beauvoir, 1990.

34 Lemos, 1988.

> Aos 65 anos, com o charme de sempre. Tonia já fez duas cirurgias plásticas – "minha higiene pessoal" – e segue uma dieta naturalista. Desde a adolescência, a ginástica – "cálice da juventude" – a acompanha. Assumiu um compromisso com a beleza. Não só do corpo. Beleza iluminada pelas ideias, atividades e um interior extremamente humano. [...] Ela não considera velhice antibeleza, mas acha que existem maneiras de retardá-la. "A cirurgia plástica é uma delas. É uma questão de higiene pessoal". Já fez duas cirurgias com o amigo Ivo Pitanguy. Muito bem feitas, por sinal. Tonia continua belíssima.[35]

A associação entre beleza e juventude das mulheres, no entanto, era a imagem de que ser bela era se manter jovem, fomentando os desejos de protelar a velhice. As cirurgias plásticas eram colocadas em analogia com a higiene pessoal para dar a impressão da rotina, de algo cotidiano, quando, ao contrário, era símbolo de distinção de classes sociais abastadas na década de 1980. A intimidade com o médico enaltecia sua condição de eleita socialmente. Desse modo, a "velhice negada" era pauta de pessoas que tinham acesso a determinados produtos e serviços que eram vendidos pela mídia como "cálice da juventude". A ampliação e a especialização desses produtos e serviços era um contínuo desde os anos de 1930,[36] quando as cirurgias plásticas já eram mencionadas, mas em um país de terceiro mundo eram mais um código de distinção social.

A década de 1980 representou, evidentemente, uma ampliação desse comércio ligado a determinada beleza corporal, identificada com a juventude. Esse crescimento não era, naquele momento, representado pelas custosas cirurgias plásticas. Outras práticas mais acessíveis economicamente eram propagandeadas, como cremes, massagens, dietas, ginásticas e esportes, práticas que cresciam vertiginosamente e continuaram com essa tendência na passagem entre os séculos XX e XXI.

Por isso, se a representação de uma "velhice administrada" não era nova, ao se inter-relacionar com outras, como o "envelhecimento ativo", dava maior visibilidade a determinadas práticas, incrementando seu

---

35 *Idem*, p. 1.

36 Góis Junior, 2020.

comércio, mas também silenciava sobre outras. O que era próprio dos anos de 1980 era, como ressalta a socióloga Eloísa Barroso,[37] o fato de os idosos consumirem esse estilo de vida saudável e se movimentarem incessantemente, encorajados por discursos especializados no assunto, como os dos profissionais da saúde e dos professores de Educação Física. Com isso, impunha-se uma forma de envelhecer única, que não reconhecia as experiências singulares dos indivíduos, estabelecendo uma espécie de padrão prévio de condutas esperadas para envelhecer corretamente.[38]

Em 1987, na revista *Science*, John W. Rowe e Robert L. Kahn[39] publicaram um artigo no qual o argumento central era o de que as pesquisas sobre envelhecimento até aquele momento enfatizavam as perdas médias relacionadas à idade e negligenciavam os consideráveis efeitos da dieta, exercício, hábitos pessoais e fatores psicossociais sobre o processo de envelhecimento. Para eles, o envelhecimento podia ser dividido entre o envelhecimento usual e o "envelhecimento bem-sucedido", que seria o principal objetivo da Gerontologia.[40] A ideia de um "envelhecimento bem-sucedido", com plenas capacidades funcionais, laborais e psicossociais, vem sendo criticada nas últimas décadas, inclusive por estudos atuais, como o de Ilke Teixeira e Anita Neri,[41] por depender da apreciação individual de um bem-estar subjetivo, e são "infinitas as formas de sentir e avaliar a própria vida, de maneira que a interpretação literal da expressão 'bem-sucedido' sugere uma noção simplista de sucesso ou fracasso".[42]

Essa representação homogênea da velhice também omitia as desigualdades sociais entre os idosos, sobretudo os mais pobres, pois estes não tinham a mesma atenção da mídia especializada em esportes ou da "grande imprensa". Por exemplo, ao pesquisar no acervo da

[37] Barroso, 2021.

[38] *Idem*.

[39] Rowe & Kahn, 1987.

[40] *Idem*.

[41] Teixeira & Neri, 2008.

[42] *Idem*, p. 91.

Folha de S.Paulo o termo "assistência aos idosos", temos 9 resultados, e, comparando, do termo "terceira idade" são 33.415 ocorrências.[43] Da mesma forma, no *Jornal do Brasil*, ao pesquisarmos a Hemeroteca Digital da Biblioteca Nacional, usando os mesmos termos de busca, o contraste é de 12 resultados para 170.[44] A acentuada diferença é um dado importante para reafirmarmos a tese de enaltecimento de determinadas representações de velhice (administrada, negada e outras) em detrimento da velhice e suas necessidades de assistência social. No *Jornal do Brasil*, na reportagem "Aulas especiais para crianças e idosos", a colunista Celia Abend destacava um novo serviço disponível nas academias de ginástica: o que "tem obtido muito sucesso é a ginástica para idosos. Prova disso é a ginástica da vovó, criada pela professora Ligia de Azevedo há alguns anos e, hoje, seguida por outras academias".[45] Da mesma forma, em São Paulo, na *Folha*, o artigo "Exercícios e dieta são receita para velhice saudável", de Carlos Antonio Rahal, dizia:

> A forma ideal de se preparar para a velhice é tomar alguns cuidados antes que ela chegue. [...] A ideia de preparação para enfrentar a passagem do tempo ainda parece incomum. Para muita gente ficar velho significa se retirar do mundo e apenas enfrentar problemas de saúde. [...] Um estilo saudável de vida pode ser resumido nos aspectos alimentar e físico. [...] No aspecto físico, deve-se evitar o chamado "conforto perverso"; de casa para o carro, do carro para o escritório, do escritório para a casa. O costume de não praticar exercícios, por não queimar as reservas de energia do organismo (gorduras e açúcares), provoca sua acumulação no organismo. No ano de 2025, o Brasil será o sexto país mais velho do mundo, com cerca de 32 milhões de pessoas com mais de 60 anos.[46]

A "velhice administrada" é uma representação que continua em voga, contudo, os meios para sua regulação são paulatinamente mais

---

[43] *Folha de S.Paulo*, 2023.

[44] Biblioteca Nacional, 2023.

[45] Abend, 1989, p. 4.

[46] Rahal, 1988, p. 8.

racionalizados na organização de "práticas de educação física" que deviam estar presentes no cotidiano das pessoas de diversas idades. É a preparação para a velhice desde a juventude por meio de um estilo de vida saudável. A centralidade do tema da velhice era importante para os interesses de médicos e profissionais da saúde, como os professores de Educação Física. A estimativa de que o Brasil seria o sexto país mais idoso do mundo em 2025 não se confirmará, e nem poderia sem antes avançarmos em uma perspectiva de uma sociedade mais igualitária. Contudo, houve um envelhecimento considerável da população brasileira de 1980 a 2010, pois em trinta anos a porcentagem de pessoas com mais de 60 anos foi de 6,06% (1980) para 10,79% (2010), o que atesta os avanços da sociedade brasileira desde a redemocratização no campo da saúde.

TABELA 4 – POPULAÇÃO POR IDADE NO BRASIL – 2010

Anos de idade	0 a 29	30 a 59	60+	Total
Brasil	97.272.772	72.892.430	20.590.597	190.755.799
Porcentagem da população	50,99 %	38,21 %	10,79 %	100 %

Fonte: Adaptado de IBGE, 2010.

GRÁFICO 6 – MORTALIDADE INFANTIL (0 A 1 ANO) POR 1.000 NASCIMENTOS EM BRASIL, FRANÇA E EUA – 1980-2010

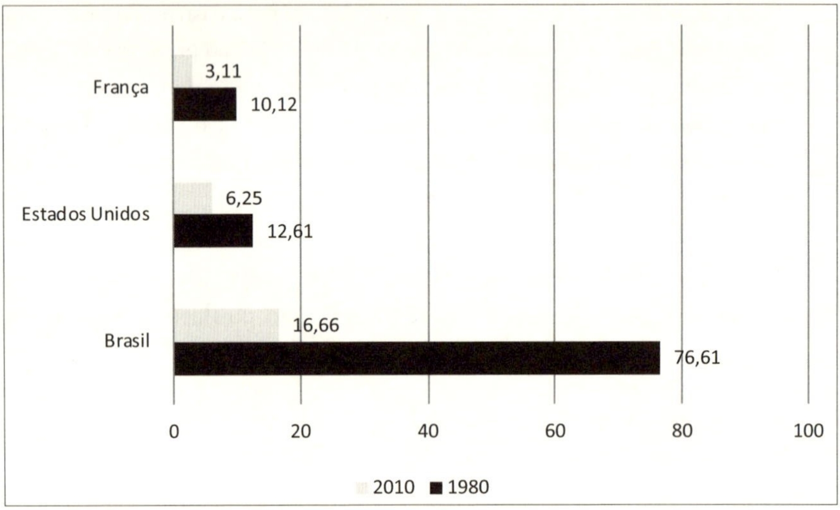

Fonte: Adaptado de WHO – World Health Organization, 2023.

Para ter uma ideia dos avanços em relação ao ano de 1980, se tomarmos como dado a mortalidade infantil, um critério muito relevante para observar as desigualdades sociais relacionadas à saúde, a taxa de mortes por mil nascimentos de crianças de 0 a 1 ano na França era de 10,2; nos Estados Unidos era de 12,61; e no Brasil era de 76,61 naquele ano.[47]

No entanto, já nos anos de 1980, a "grande imprensa" estava mais preocupada com o envelhecimento da população, mesmo com os dados que afirmavam a ideia do Brasil como um país jovem. Entretanto, também havia espaço para críticas nos jornais. Por exemplo, em uma reportagem de três páginas do *Jornal do Brasil*, intitulada "Fim de linha?", ao entrevistar idosos e especialistas, como geriatras e psicólogos, a matéria aproximava-se de uma realidade urbana menos glamorosa e mais palpável sobre os idosos nas cidades brasileiras. Nela, o preconceito contra a velhice era exposto:

> O preconceito já parte da base – explica o psicólogo [Luis Afonso Passarela]. Os mais jovens dificilmente usam a palavra velho, preferindo camuflar a realidade com nomes como idosos para se referir aos inativos. Cobram deles papéis preestabelecidos como fazer pequenos favores à família, no caso dos homens, ou se transformar na babá ou tricoteira da família, se for mulher. Na opinião do psicólogo, para quem trabalhou anos a fio e não se preparou para a velhice, a aposentadoria é a gota d'água para a depressão e o aparecimento de doenças.[48]

O texto já observava uma tendência que se aprofundaria nos anos de 1980: a negação dos adjetivos "velho" ou "velha". O que já era considerado pejorativo se tornou uma interdição na linguagem. Era preciso silenciar sobre o envelhecimento, pois a velhice era tema para pessoas pobres, abandonadas ou doentes. Tratava-se de negar a velhice, em outras

---

47 WHO, 2023.

48 *Jornal do Brasil*, 26 ago. 1984, p. 25.

palavras, fomentar uma representação de "velhice negada" em uma perspectiva que, ao tentar valorizar essa etapa da vida como algo positivo, fechava os olhos para a realidade dos idosos no Brasil.

As imagens de idosos saudáveis e ativos nas praias e nos clubes das grandes cidades brasileiras omitiam que aqueles indivíduos faziam parte de um grupo privilegiado economicamente. Nesse sentido, alguns críticos preferiram atacar as práticas como uma espécie de "desvio", como *laissez-faire* narcisístico e egocêntrico das elites e das classes médias.[49]

Na perspectiva de Beauvoir,[50] mas também de alguns gerontólogos, geriatras e professores, os idosos deveriam ter acesso às atividades sociais e intelectuais que estariam aquém do mundo do trabalho, inclusive praticando exercícios físicos. Contudo, a representação da "velhice negada" partia, por vezes, de um pressuposto normativo, já que não se podia envelhecer. Envelhecer seria uma imoralidade dos indivíduos que não se cuidaram ou não tiveram um estilo de vida saudável. De forma geral, essa representação expõe um argumento mecanicista de que basta o indivíduo cuidar de seu corpo por meio de serviços e produtos e, de forma mecânica, ele será um idoso saudável.

Até mesmo falar em "velhice" se torna um tabu. Velhice não, "terceira idade" sim! Para a psicóloga Luna Rodrigues Freitas Silva,[51] o surgimento do termo "terceira idade" se pauta em uma profunda inversão dos valores atribuídos à velhice: antes entendida como decadência física, invalidez, descanso, quietude, solidão e isolamento, passa a significar o momento do lazer, de realização de desejos não conquistados na juventude, de novos hábitos, *hobbies* e de laços afetivos e amorosos alternativos à família. Luna Silva[52] ressalta ainda que o termo tem uma história recente, que remete aos anos de 1950 na França e na Inglaterra, mas só é legitimado na década de 1980.

---

[49] Lovisolo, 1995.

[50] *Op. cit.*

[51] L. Silva, 2008.

[52] *Idem.*

Na "terceira idade" os idosos são felizes, produtivos, ativos sexualmente, inclusive são belos e belas como os jovens. O próprio padrão de beleza é o da juventude, conquistado pelo esforço individual de pessoas que chegaram à "terceira idade", pois não são velhos e velhas. Velho é o outro, é o doente e pobre.

Em 1991, a professora e psicóloga Anita Neri publicou o livro *Envelhecer num país de jovens*. No estudo, Neri[53] demonstra, por meio de uma pesquisa que envolveu 4.300 sujeitos entre 13 e 45 anos de idade nas cinco regiões geográficas do Brasil, quais eram os significados de *velho* e *velhice* para os sujeitos não idosos. Em relação aos principais resultados, a pesquisa questionou os sujeitos sobre em qual idade cronológica as pessoas tornavam-se idosas e constatou que 31,7% consideravam o início da velhice aos 60 anos; 27,8%, a partir dos 70; 10% variaram entre os 30, 40 e 50 anos; e 30,3% responderam que a velhice era um "estado de espírito".[54]

Com isso, os resultados coletados ainda na década de 1980 evidenciam a fluidez e o caráter social da velhice. Sobre como os informantes idealizam a velhice, Neri[55] argumenta que é recorrente o desejo de se tornarem idosos com autonomia e integração social. Outras duas categorias observadas nos resultados consistem, primeiramente, na percepção de que o idoso desejável e aceito é aquele que não parece velho, sendo necessária uma postura atualizada e progressista depois de uma vida adulta bem-sucedida; a outra categoria está relacionada a uma postura desejável dos idosos ligada ao contentamento, à passividade: "condescendente, oportuno, discreto, ele conhece o seu lugar".[56] Por último, a pesquisa conclui o que não seria desejável por parte dos idosos na perspectiva dos informantes, que seria "o velho a ser evitado: exigente, crítico, indiscreto, queixoso, chato e amargo".[57]

---

53 Neri, 1991.

54 *Idem*.

55 *Idem*.

56 *Idem*, p. 92.

57 *Idem*, *ibidem*.

Fundamentalmente, podemos perceber que a velhice era algo atribuído socialmente ao outro e que a "velhice negada" poderia, então, se constituir naquele quadro de fluidez em relação às subjetividades dos sujeitos, uma forma de negar os preconceitos e se afirmar socialmente, ou seja, também em uma perspectiva de resistência aos preconceitos que pesavam sobre os idosos. Todavia, ainda havia a possibilidade de afirmar a própria velhice de maneira positiva. Por exemplo, em *O Pasquim*, em 1982, Ziraldo foi entrevistado por ocasião de seus 50 anos de idade. Os articulistas perguntavam a Ziraldo sobre como se sentia. Ele respondia: "Eu faço parte de uma raça de homem que fica melhor depois de velho. Hoje sou muito mais bonito do que os bonitos do meu tempo. [...] Não tenho culpa: era feio, fiquei bonito (mais assovios). Sou um cinquentão bonito, ué".[58]

Com apenas 50 anos, Ziraldo já era interpelado pelos colegas sobre a velhice. "E agora, você está velho?". Um dos grandes cartunistas brasileiros, ele contornou a situação com bom-humor, tentando afirmar sua beleza e sua virilidade. Enfim, ele não se sentia velho e mesmo assim afirmava ser velho. A entrevista continua:

> Ricky – E a velhice? Ziraldo – Bem, eu não vou ficar brocha! Nem eu, nem Sergio Cabral, nem Jaguar. Carneiro – Quantas vezes você brochou na vida? Ziraldo – Nunca! Jaguar – Você não sabe o que é bom. Ziraldo (preocupado) – Não consigo brochar. Que coisa ridícula! Ricky – Mas eu perguntei sobre a velhice como estado de espírito. Ziraldo – Não me preocupa. [...] Ricky – Alceu Amoroso Lima, na sua entrevista ao Pasquim, disse que velhice é uma boa. Os orientais a consideram como um alto estágio de sabedoria. E você? Ziraldo – Bom, aí vou ficar mais uma vez com o Drummond. Eu caminhava com ele pela avenida Atlântica, e ele me disse: "Eu achava que a velhice seria a placidez. Não é. A angústia é a mesma".[59]

As respostas de Ziraldo, com base na experiência do poeta e amigo Carlos Drummond de Andrade, vão no sentido de uma descrença sobre

---

[58] Ziraldo, 1982, p. 15.

[59] *Idem, ibidem.*

a sabedoria da velhice, como um desenvolvimento natural que ocorria por conta da idade da mesma forma para todos os indivíduos. A angústia era a mesma de outras fases da vida, nada de muito diferente da vida. Mas o medo da perda da virilidade com a impotência sexual era uma constante para aqueles homens que foram jovens nos anos de 1960. Para Courtine,[60] a virilidade estava em crise com o despertar das pautas feministas de igualdade a partir dos anos 60 e 70, fomentando angústias entre os homens, o que se estendia para o domínio da potência sexual. Para Claudine Haroche,[61] reconhecer a impotência seria como reconhecer os seus limites para o outro, o que iria contrariar a ideia de dominação. Nesse sentido, envelhecer trazia consigo a ideia de impotência sexual, que significaria uma perda de poder. Em uma linha editorial ligada ao humor, como n'*O Pasquim*, a velhice era um tema das anedotas, por exemplo: "Como é triste a velhice masculina com a inflação! Enquanto todos os outros gêneros alimentícios sobem, [...] descem...".[62]

Quando a velhice se torna algo vexatório para os homens, o tema da potência sexual masculina era exposto, já no caso das mulheres era a questão da beleza. A representação da "velhice negada" para as mulheres era muito pautada na perspectiva de se manter bela. Ser bonita no sentido de preservação de uma beleza típica da juventude, o que impedia o estabelecimento de uma beleza própria da velhice, com suas próprias características.[63]

Por exemplo, para Radha Abramo, uma importante crítica de arte paulistana que morreu aos 85 anos, em 2013:

> À medida que os anos passam a beleza se transforma. E a velhice não é feia, é igual para todos, tanto para os que foram belos como para os que não o foram nunca, a velhice iguala todo mundo. [...] porém a velhice das mulheres é a

---

60 Courtine, 2013a.

61 Haroche, 2013.

62 Nascimento, 1987, p. 15.

63 Debert, 2014.

> maior vingança para os homens: eles jamais se perdoam de ter um dia amado alguém que ficou velho.[64]

Observamos que a construção social da representação da "velhice negada" com o advento da "terceira idade", embora, como já discutimos, fosse propagandeada pela mídia, como um estilo de vida saudável que omitia seus interesses de promoção do consumo de produtos e serviços, tinha um papel no sentido de fomentar uma reação às perspectivas pejorativas e preconceituosas que se colocavam contra os idosos. Se a "velhice negada" fosse apenas uma estratégia de publicidade, ela não teria a adesão de muitos idosos que faziam questão de ressaltar sua satisfação em se manter jovens em uma idade mais avançada. Era o caso da atriz de teatro Dercy Gonçalves:

> Eu tenho 82 anos. Tem gente que diz que sou mais velha que a mãe do Ulysses Guimarães (risos). Não dou importância nenhuma ao que falam de mim. A vida inteira fui falada. Tenho um orgulho tremendo dos meus 82 anos. É uma idade maravilhosa, me sinto totalmente independente, faço o que bem entendo. [...] É ótimo, eu vivo feliz, estou encantada com minha idade, tenho vontade de viver, de amar, de rir, de brincar, de trabalhar. E muito pouca gente consegue fazer isso. [...] Eu não me sinto velha, tem gente com 20, 30 anos que é velha, achando que a vida não tem mais encanto, sem vontade de viver, não tem mais fantasia, esperanças, alegria [...]. Acho a velhice uma [...], então não me preocupo com o calendário, tenho que ser aquilo que sinto, que sou. A velhice é quase morte, pior, morrer é melhor do que ficar velho, se sentir velho. [...] É HORROROSO O VELHO. Me sinto ofendida se me chamam de velha. Podem me chamar do que quiserem que não me ofendem [...]. Agora me chamarem de velha me ofende profundamente.[65]

O excerto da entrevista de Dercy Gonçalves é uma importante passagem para a compreensão de como o vocábulo "velho" passou a ser identificado com doença, tristeza e solidão. Nesse sentido, a "velhice

---

64 Abramo, 1984, p. 2.

65 *O Pasquim*, n. 1040, 1990, pp. 4-5.

negada" podia também ser um ato de resistência a um etarismo que se estabelecia como resposta aos desejos dos idosos de ocupar socialmente papéis desnaturalizados, como atuar, dançar, criar, escrever, praticar exercícios físicos. Por isso, a "terceira idade" era uma reação à exclusão dos idosos da vida social. Por outro lado, a "velhice negada" era também uma forma de enaltecer a juventude nas afirmações de que "eu não sou velho", "eu não envelheci", "eu estou muito bem e bela ou belo", como no caso de artistas que mantinham a juventude.

Naquele momento, não havia uma percepção sobre como a interdição da velhice promovia uma "terceira idade" na qual os padrões das juventudes se impunham culturalmente sobre os idosos. A beleza podia variar nos tempos, mas permanecia jovem, como dizia o artigo "A beleza através dos tempos", publicado na *Folha de S.Paulo*, pela jornalista Katia Canton: "Hoje não é mais a roupa que determina o padrão do corpo, pois estamos na época pós-qualquer coisa, onde impera o vale-tudo nos trajes. São as indústrias das roupas de lycra, as academias de ginástica e musculação que ditam as regras ao físico da mulher moderna".[66]

As roupas esportivas tornaram-se comuns, assim como o uso de tênis. Uma estética esportiva tomava conta do cotidiano e a nova moda desfilava pelos clubes, academias de ginástica, parques e praias.[67] A prática mais representativa entre os idosos era a caminhada. Mesmo depois da ampla circulação dos benefícios da corrida por parte de médicos e professores nos anos de 1970, a década de 1980 trouxe um maior destaque para as caminhadas, consideradas mais seguras para públicos diferenciados e de diversas faixas etárias. Na reportagem "Correr ou caminhar?", de Paulo Pegado, de 1986, a caminhada tinha certas vantagens em relação à corrida quando o público de praticantes era formado por idosos, obesos e cardiopatas. Nas suas palavras:

> O ato de caminhar expõe seus praticantes a um risco significativamente menor de competições de todas as espécies, quando comparado com os riscos a

[66] Canton, 1986, p. 12.

[67] Sant'Anna, 2014.

que estão expostos os que correm sem orientação adequada, principalmente os que correm mais de 30km semanais [...] Por esta razão, quando se fala na promoção de uma atividade física capaz de preservar a saúde de seus praticantes e que possa ser absorvida por um maior número possível de pessoas que nem sempre dispõem de recursos para manter um controle adequado das variáveis de risco, defende-se a prática da caminhada. [...] Atividade ideal para os obesos, idosos, diabéticos e cardiopatas – Em função de ser uma atividade capaz de produzir efeitos sobre o condicionamento aeróbico com menor sobrecarga articular e cardíaca e consequente menor risco de exposição a complicações, a caminhada deve ser considerada a atividade física ideal para estes casos".[68]

Até mesmo o maior divulgador das corridas para todas as idades, o médico Kenneth Cooper, por meio de novos dados de pesquisa produzidos pelo seu próprio instituto, passava a defender as caminhadas. A publicação de um artigo[69] no *JAMA – Journal of the American Medical Association,* com a autoria de Cooper e de um grupo de pesquisadores vinculado ao Instituto de Pesquisa Aeróbica de Dallas, Texas, teve repercussão na "grande imprensa" no Rio de Janeiro. A matéria da jornalista Rosental Calmon Alves, no *Jornal do Brasil,* trazia em sua manchete: "Cooper comprova que exercício, mesmo moderado, prolonga a vida". Nas suas palavras:

Uma pesquisa científica, baseada no monitoramento das condições físicas de mais de 13 mil pessoas nos últimos 15 anos, conseguiu pela primeira vez provas substanciais de que a prática regular de ginástica – mesmo as mais leves – evita doenças, como ataques cardíacos e até mesmo o câncer. A revelação mais interessante, contudo, é quanto à enorme diferença que faz, em termos de longevidade, se a pessoa leva uma vida sedentária ou se pratica regularmente um simples exercício leve, como uma caminhada diária de meia hora. [...] O principal editorial do JAMA – "Journal of the American Medical Association" destaca que as descobertas feitas pela equipe da clínica do Dr. Kenneth Cooper

[68] Pegado, 1986, p. 5.

[69] Blair *et al.*, 1989.

tornam bem mais fácil o trabalho dos médicos, que precisam argumentos para convencer seus pacientes a evitar uma vida muito sedentária.[70]

Ficava cada vez mais evidente que o argumento científico direcionava as representações sobre as "práticas de educação física" para a ideia de moderação, como nos anos de 1930. A imagem mecânica do atleta de qualquer idade, do esportista de qualquer ocasião preocupa os profissionais especializados. Eles sabiam que, nos anos de 1960 e 1970, as imagens dos corpos de atletas podiam ser eficientes na disseminação dos benefícios dos exercícios físicos, contudo, elas não eram suficientes para uma adesão duradoura aos programas por parte dos praticantes.

As práticas precisariam ser traduzidas em hábitos que perdurassem por toda a vida. Se aquela velhice exaltava a juventude, era também importante perceber que o "envelhecimento ativo" era um exemplo mobilizado para criticar os mais jovens que não buscavam hábitos saudáveis. Particularmente, eram mais criticados aqueles que eram percebidos como "velhos" e "velhas" pela sociedade, mas ainda estavam com 40 ou 50 anos de idade e não se enxergavam como tal. A nota "Idosos", publicado na *Folha de S.Paulo*, afirmava que: "Caminhando ou dançando ao som de uma banda de música, cerca de mil idosos participaram ontem em Porto Alegre (RS) da 3ª Caminhada do Idoso. A única pessoa atendida pela unidade coronária que acompanhava a caminhada tinha 43 anos, uma das mais jovens do grupo".[71]

Embora não fosse admitido o envelhecimento de si próprio na representação da "velhice negada", podia-se imputar o envelhecimento aos outros, especialmente àqueles que não tivessem hábitos saudáveis, que podiam ser socialmente tachados como "velhos" e "velhas". A velhice chegava mais cedo para quem não cuidasse do corpo nos anos de 1980. Pessoas de 40 anos já eram consideradas velhas, com a exceção de si mesmas, ou ainda, em alguns casos, mulheres já se viam como velhas

70 Alves, 1989, p. 7.

71 *Folha de S.Paulo*, 28 set. 1987, p. 12.

desde os 30 anos. A juventude tornava-se um imperativo, e ao menor sinal de declínio, algumas pessoas se viam ou, mais frequentemente, viam as outras como "velhos" e "velhas".

Pat Thane argumenta que a experiência do envelhecimento na história pesava de forma diferenciada sobre as mulheres.[72] Ela relata que nos Estados Unidos, em 1968, as aeromoças conquistaram uma decisão judicial com base no Civil Rights Act contra as companhias aéreas que estabeleciam a aposentadoria obrigatória para mulheres entre 32 e 35 anos. As companhias aéreas tinham regras rigorosas sobre a aparência das mulheres no trabalho, e nessas idades, consideradas "avançadas", elas eram tachadas como incapazes de cumprir os padrões da juventude.[73]

Essas representações, que ora negavam a velhice, ora acentuavam a velhice ao menor sinal ou traço de envelhecimento, não eram contraditórias, como pode parecer em um primeiro momento. Ao contrário, elas se articulavam em um discurso midiático que incentivava o consumo por um lado e ampliavam a atuação de profissionais da saúde de outro.

Nas cidades de São Paulo e do Rio de Janeiro, a beleza traduzida em juventude incrementou o estabelecimento do mercado das academias de ginástica já nos anos de 1980. Reportagem de Luiz Maciel Filho, na coluna "Corpo" do *Jornal do Brasil*, noticiava sobre os diferenciais de uma academia de ginástica em São Paulo, que prometia oferecer serviços exclusivos para os paulistanos que quisessem suar a camisa, mas que não renunciavam aos prazeres e ao conforto de um convívio social em uma sala de estar, em uma *boutique*, lanchonete com produtos naturais e até um videoclube. Na matéria intitulada "Onde suar com requinte em S. Paulo", frequentadores eram entrevistados por Maciel Filho. Por exemplo, para Nancy Izzo, empresária do ramo de educação e frequentadora da academia, a "ginástica reparadora" era uma rotina:

---

72 Katz; Sivaramakrishnan & Thane, 2021.

73 *Idem.*

> Não consigo imaginar o meu dia sem a ginástica. A minha disposição para o trabalho e para a vida social aumentou muito depois que comecei a praticá-la com regularidade, cinco anos atrás. Hoje a minha hora de exercícios na Academia é tão sagrada quanto as três bananas-prata que como por dia, a conselho de um cancerologista amigo meu. Quero viver 100 anos.[74]

As diferenças sociais eram enormes, pois no mesmo período no qual as classes altas conservavam seus corpos e almejavam uma longevidade saudável, os trabalhadores já eram considerados velhos e velhas aos 45 anos de idade. Sem acesso às "práticas de educação física", entregues a uma rotina de trabalho repetitivo, a ideia de envelhecimento precoce atingia os jornais ligados a uma "imprensa alternativa", como no caso deste excerto do jornal *Movimento*:

> "O maior problema do idoso no Brasil é a desnutrição e a mais completa ausência de assistência médica e social. Aqui, ao contrário do que ocorre na Europa, a velhice começa aos 45 anos, 25 anos antes que em outros países". Essa denúncia foi feita pelo médico geriatra Tuffik Mattar, ex-diretor do ministério de Saúde no governo Juscelino Kubitschek. [...] Mattar se diz revoltado com o descaso das autoridades brasileiras diante do problema dos idosos e pretende relacionar estes problemas com o problema geral da saúde do brasileiro: 25 milhões de pessoas com malária, 60% da população com verminose etc.[75]

Tuffik Mattar era um médico sanitarista particularmente atuante no debate sobre os mais idosos e foi presidente da Associação Paulista de Geriatria e Gerontologia. Era um crítico da Ditadura Civil-Militar no campo da saúde e, como podemos observar no excerto, tinha uma perspectiva de saúde em um quadro amplo permeado pelas desigualdades sociais. Em uma postura muito diversa da de Tuffik Mattar, ao observar a realidade brasileira, alguns professores de Educação Física tiveram certa notoriedade ao seguir perspectivas norte-americanas relacionadas às "práticas de educação física". A despeito do debate dos anos de 1980 em relação à saúde

---

74 Izzo *apud* Maciel Filho, 1986, p. 8.

75 *Movimento*, 24 nov. 1980, p. 19.

coletiva, alguns professores apenas reproduziam receitas e protocolos de "atividade física" importados. Era como se as populações do Brasil e dos Estados Unidos da América gozassem das mesmas condições sociais.

Em São Paulo, um dos professores que exemplificava essa perspectiva na década de 1980 era o professor Valdir Barbanti, um dos primeiros a representar esse "novo higienismo", que se baseava em um estilo de vida ativo no campo da Educação Física.[76] Barbanti era professor da Escola de Educação Física e Esporte da Universidade de São Paulo (USP) e publicou, no fim da década de 80, o livro *Aptidão física: um convite à saúde.*[77] Em relação aos idosos, reconhecia que o prolongamento da vida pela atividade física ainda era uma questão em debate, mas afirmava que ela melhorava a qualidade de vida das pessoas. Para ele, bastava aos indivíduos caminhar, correr, andar de bicicleta, nadar, fazer exercícios de musculação de forma adequada para se beneficiar em todas as idades. Em seus termos: "O exercício é a verdadeira fonte de juventude. É uma grande mentira que a vida começa aos 40, como é uma grande mentira que ela deveria terminar por aí em termos de atividade física. A imagem do vovô e vovó sentados na cadeira de balanço, está sendo substituída pelo vovô e vovó jogando tênis ou correndo maratonas".[78]

É preciso compreender que esse trabalho de divulgação em torno dos benefícios da vida ativa não é algo que deva ser criticado no campo moral em relação aos seus objetivos. As práticas não deveriam ser condenadas como "alienadas" ou "narcisísticas"; pelo contrário, deveriam ser pensadas no campo do direito a serviços especializados. Por isso, o que problematizamos é a restrição dos condicionantes de promoção à saúde centrada na mera aplicação de programas de exercícios, sem se preocupar com o acesso a eles e com as diversas condições sociais que impactavam a saúde dos brasileiros daquelas grandes cidades. Para envelhecer com saúde, bastaria a prática regular de atividades físicas, que seria capaz

---

76 Góis Junior, 2003.

77 Barbanti, 1990.

78 *Idem*, p. 115.

de retardar o declínio fisiológico que acompanha o envelhecimento em até cerca de 50%.[79] A relação causal entre atividade física e saúde era mecanicista.[80]

Apesar das críticas, nas décadas de 1980, em São Paulo e no Rio de Janeiro, o número de academias de ginástica cresceu significativamente, e suas práticas tiveram maior adesão, especialmente por parte da população jovem. Os aparelhos de ginástica, antes exclusivos de clubes, passaram a ser produzidos em larga escala, possibilitando que as pessoas os comprassem e os tivessem em suas casas. O uso de agasalhos de ginástica e tênis, antes reservado aos atletas, tornou-se uma tendência da moda. As "práticas de educação física" se transformaram em serviços muito procurados. Personalidades como estrelas de cinema, atores de novelas, políticos e líderes de diversos setores passaram a mostrar com orgulho suas rotinas de exercícios nos meios de comunicação. Vários produtos, desde carros até roupas e bebidas, foram comercializados utilizando a imagem do exercício físico como atrativo.[81]

Contraditoriamente, essa oferta de serviços e produtos colocou a saúde de jovens e idosos em primeiro plano. Com isso, de forma paralela, a maior divulgação sobre os benefícios de uma agenda de saúde, não apenas restrita a determinadas práticas e hábitos, tornava-se paulatinamente uma pauta de direitos ao acesso a serviços de saúde e lazer mediante o financiamento público.

4.2 VELHICES E JUVENTUDES QUE FOMENTAM O DIREITO À SAÚDE

As desigualdades que afetavam a "velhice abandonada", como já demonstramos, eram periféricas como tema na "grande imprensa", que

---

79 *Idem.*

80 Carvalho, 2001.

81 Góis Junior, 2003.

fazia silêncio a esse respeito. Além disso, quando ocorria manifestação sobre o tema, era no sentido do problema econômico, sobretudo em relação aos custos da previdência social. Nesse sentido, grandes jornais continuavam alertando seus leitores sobre o problema de um envelhecimento crescente da população. Em 1982, o *Jornal do Brasil* descrevia uma realidade de superioridade dos estados do Rio de Janeiro e de São Paulo em relação à expectativa de vida. O artigo de Luis Morier, intitulado "Censo revela que no Rio se vive mais do que no resto do país", de 1982, alertava:

> No Rio vive-se mais do que no resto do país, segundo conclusão do último Censo, revelada ontem pelo presidente da Sociedade de Geriatria e Gerontologia, Dr. Flavio Cançado. Segundo ele, o morador do Rio atinge, em média, 65 anos, com vantagem para as mulheres, que têm uma expectativa média de vida de 68 anos e sete meses, contra 61 anos e oito meses dos homens. Os moradores do Rio levam uma ligeira vantagem sobre os de São Paulo, onde as mulheres vivem em média 68 anos e os homens 61 anos e um mês. Esses índices ainda estão longe dos registrados em países desenvolvidos, como os Estados Unidos, onde os homens vivem 71 anos e as mulheres 75 anos. Apesar disso são superiores aos indivíduos encontrados no Nordeste, cujo habitante médio não consegue comemorar o 50º aniversário. [...] "O fato é que a população idosa está crescendo, e no final do século estaremos, no Brasil, numa posição semelhante à vivida por países desenvolvidos como a França e a Alemanha nos anos 70, com uma expectativa média de 71 anos para os homens e 75 para as mulheres", disse o geriatra. Como essa situação tende a causar crises, principalmente no setor previdenciário, é preciso desde já ir criando uma consciência sobre o problema da velhice.[82]

As estatísticas do IBGE expostas de forma breve construíam a imagem de desenvolvimento daquelas cidades em relação ao Nordeste do país, mas quando falavam da distância em relação aos países desenvolvidos, havia as projeções futuras de que aquela parte do país se igualaria com a Europa. Observa-se que o geriatra acerta na projeção de 71 anos na expectativa de

---

[82] Morier, 1982, p. 5.

vida do brasileiro. No entanto, entre os anos de 2000 e 2019, a distância dos dados do Brasil em relação a outros países, como França, Japão e Alemanha se mantém. Ademais, havia um silêncio sobre os porquês da distância, como se a pobreza residisse apenas nas cidades nordestinas. As desigualdades e a pobreza de São Paulo e do Rio de Janeiro passavam despercebidas e a discussão caminhava para o problema da sustentação financeira da previdência social.

GRÁFICO 7 – EXPECTATIVA DE VIDA NO NASCIMENTO POR PAÍS – 2000-2019

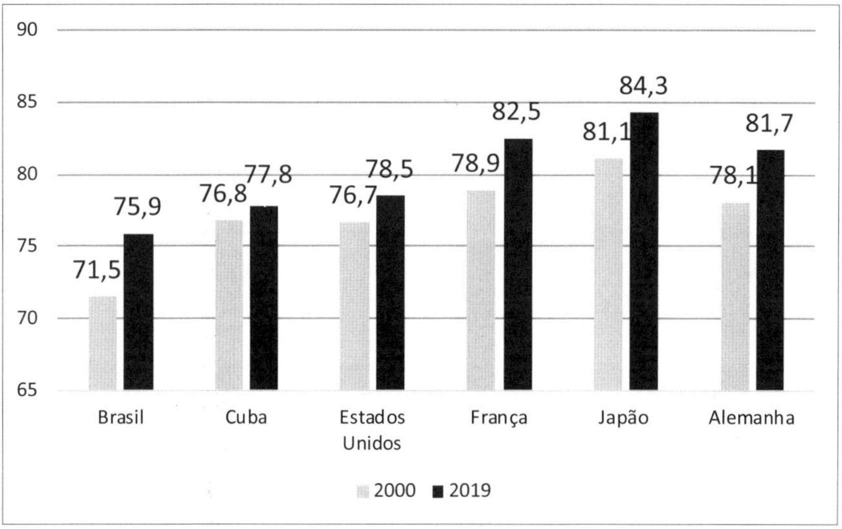

Fonte: Adaptado de WHO – World Health Organization, 2023.

A expectativa de vida do brasileiro observou uma melhora nas primeiras décadas do século XXI, segundo dados da Organização Mundial da Saúde. Foi um crescimento inédito, já que até os anos de 1980 a população envelhecia em ritmo mais lento, o que refletia o subdesenvolvimento social do país, inclusive em São Paulo e no Rio de Janeiro. Se observarmos os dados do IBGE de 1991, publicados em 1992, encontraremos diferenças entre as grandes regiões geográficas do país na distribuição da população por idade. No entanto, não são diferenças percentuais acentuadas, o que demonstra que a região Sudeste não estava em uma posição tão avançada em termos de expectativa de vida por também enfrentar importantes problemas sociais, como a mortalidade infantil.[83]

TABELA 5 – POPULAÇÃO POR IDADE NO BRASIL, SUDESTE E NORDESTE – 1991

Anos de idade	0 a 29	30 a 59	60+	Não sabiam	Total
Brasil	92.241.395	43.847.830	10.675.442	289.273	147.053.940
Região Sudeste	28.664.050	11.077.799	3.352.188	671	43.094.708
Região Nordeste	38.125.528	22.367.459	5.389.977	239	65.883.203

Fonte: Adaptado de IBGE, 1992.

GRÁFICO 8 – PORCENTAGEM DA POPULAÇÃO POR IDADE NO BRASIL E REGIÕES SUDESTE E NORDESTE – 1991

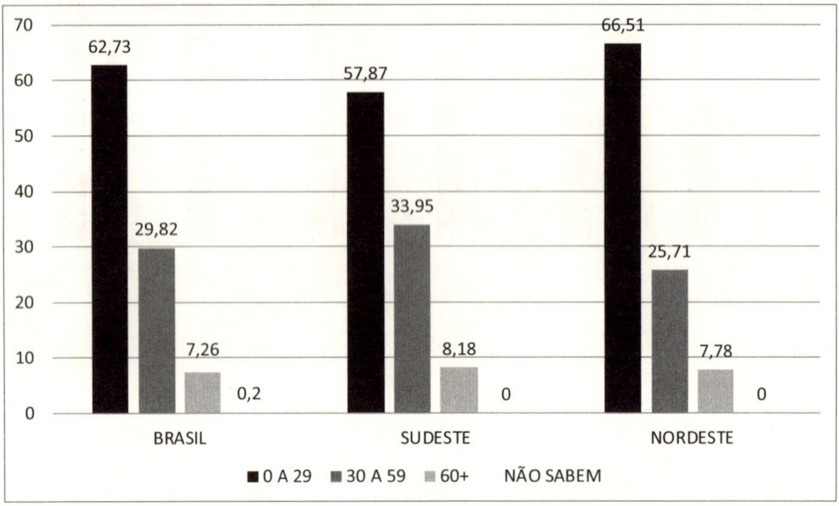

Fonte: Adaptado de IBGE, 1992.

Diferentemente da "grande imprensa" e das previsões catastróficas que previam a falência da Previdência Social com suas estimativas de envelhecimento, a "imprensa alternativa" tinha um papel diverso. *O Pasquim,* por exemplo, de forma anedótica, usava os estereótipos

83 WHO, 2023.

de uma velhice em um sentido pejorativo, para atacar os adversários políticos e do campo cultural. Já o *Movimento* ressaltava a velhice dos trabalhadores, relatando o cotidiano dos idosos na aposentadoria, bem como denunciando a precariedade das pensões e benefícios. Em 1984, o jornalista Fernando Gabeira comemorava o aniversário de 15 anos d'*O Pasquim*. O jornalista questionava os 15 anos do jovem *O Pasquim*, que era um moço na personificação de Gabeira, para ele, um jornal que estava envelhecendo cedo demais. No caso, a velhice representava o atraso. Nas suas palavras:

> Como todo o rapaz, o *Pasquim* teve seus erros. O de não gostar de meninas, numa certa época; o de não perceber que a linguagem das ruas está sempre mudando; o de supor, jovem romântico, que as questões práticas ligadas a uma administração moderna poderiam ser subestimadas. Tudo isso foi negativo para quem estava exatamente combatendo a repressão e o comodismo na sociedade brasileira, como se os cientistas em busca de uma vacina contra a doença fossem picados, involuntariamente, pelo bacilo que queriam isolar. A conjugação desses erros acumulados quase levou o *Pasquim* a um ponto onde um rapaz de 15 anos absolutamente não pode chegar: ao de parecer e se comportar como um homem de 70.[84]

A velhice ainda era tratada de forma pejorativa no periódico e a juventude era uma virtude em si. No sentido dessas representações, os opositores eram os velhos. O velho era o adversário político. Por exemplo, João Batista Figueiredo, o último presidente da Ditadura Civil-Militar, era o velho de primeira ordem. Questionado por seu autoritarismo, por suas posturas e hábitos, desde a prática de equitação até as corridas de rua ainda chamadas de "*cooper*". O jornalista Paulo Rangel pedia a aposentadoria de João:

> Quanto ao João, podemos apontá-lo na rua e dizer: "Está vendo aquele cidadão? Ele gosta de hipismo, do Fluminense e de eleição indireta!" Não é formidável que exista um brasileiro tao original? Dizem os jornais que ele está bem de

---

84 Gabeira, 1984, p. 9.

> vida. Se parar de trabalhar agora, curtirá uma velhice tranquila. Recebe muitas aposentadorias. Não sei como isso é possível, mas me informaram que no, alto escalão, tudo é válido. [...] O clima serrano é ameno. Apesar de rodeada de montanhas, Nogueira tem uma área plana, apropriada para se praticar hipismo; excelente também às pessoas que carregam no peito uma ponte de safena. Para quem aprecia Cooper, não há lugar melhor. [...] Muitos são os orquidófilos da cidade dispostos a ensinar João e cultivar esse ingênuo e agradável passatempo. A missão é difícil, pois existem flores vermelhas, e João sofre crises de eripsela [*sic*] ao ver essa cor. Dizem até que se houvesse cavalos vermelhos ele abandonaria o esporte.[85]

A aposentadoria de Figueiredo na serra de Petrópolis era ironicamente criticada como uma "velhice tranquila" para poucos e, ao mesmo tempo, comemorada no sentido do recolhimento do idoso conservador no isolamento da montanha. Os esportes como metáfora da vida social eram mobilizados para marcar as diferenças entre uma juventude progressista e uma velhice conservadora. O hipismo, o "*cooper*", o Fluminense, como clube de futebol das elites na perspectiva de outras identidades clubísticas, produziam as imagens que eram mobilizadas como distanciamento das elites economicamente privilegiadas e que, n'*O Pasquim*, eram subvertidas em caricaturas.

Mais uma vez ressaltamos que a crítica dos jovens jornalistas não era direcionada às práticas, mas a determinados praticantes, quais sejam os idosos conservadores dos campos político e cultural. Por exemplo, em 1977, Gilberto Freyre, em uma postura de apoio à Ditadura, publica o artigo "O Idoso válido como uma pessoa descoberta da nossa época". Nele, Freyre faz uma análise apontando as imprecisões das generalizações sobre as atitudes políticas de jovens e idosos. Nas suas palavras:

> Serei, por esses conceitos, "contra o culto da Juventude" de que me acusou, levianamente, um manchetista do aliás respeitável *O Estado de São Paulo*? De modo algum. Sou, sim, dos que entendem andar certo o atual governo brasileiro, pelo seu Presidente e pelo seu Ministro da Previdência Social, ao

[85] Rangel, 1984, p. 5.

> cuidar, como está cuidando, com a melhor das atenções e a mais idônea das orientações, de assunto tão importante para o Brasil. O Brasil deve proteger a saúde, o bem-estar, o prolongamento de vida dos seus idosos, como de um valor nacional vivo; e não como um objeto de sua caridade ou de sua piedade.[86]

No artigo de Freyre[87] há a intenção de se opor à representação de uma juventude revolucionária e de uma velhice retrógrada como generalização, já que há "generalizações que valem, decerto, como generalizações, mas que, vistas de perto, precisam de ser atenuadas pelo número considerável de negações à sua generalidade".[88] Seus argumentos esclarecem que:

> [...] teríamos, nas sociedades modernas do tipo geralmente considerado mais desenvolvido, expressões de espontaneidade, de autenticidade, de independência, de revolta, de crítica, da parte dos muito jovens e dos muito idosos que estariam concorrendo para corrigir excessos de conformidade e de adesão a ordens sociais estabilizadas, ou tidas por inevitavelmente triunfantes, em futuro próximo: futuro que seria assegurado por grupos de idade socialmente dominante.[89]

Ao mesmo tempo, Freyre, ao se opor às generalizações "juventude revolucionária" e "velhice reacionária", constrói outras generalizações também imprecisas que residem no argumento de que jovens muito jovens, adolescentes, e idosos depois dos 70 anos ou mais teriam maior liberdade para se posicionar politicamente de maneira progressista em contraste com jovens com seus 20 anos e idosos próximos aos 60 anos. Segundo ele, idosos próximos aos 60 e jovens com mais de 20 anos teriam dificuldades para se posicionar politicamente por serem mais dependentes dos homens de meia-idade com cargos de liderança.[90] Basicamente, ele

86 Freyre, 1977, p. 75.

87 *Idem.*

88 *Idem*, p. 68.

89 *Idem*, p. 71.

90 *Idem.*

desconstrói uma generalização imprecisa adotando outras. No entanto, o que é importante analisarmos no artigo é a defesa da criatividade, do trabalho, da inteligência dos idosos, em um sentido de valorização das velhices, o que era identificado por ele mesmo como uma valorização inédita e própria daquele tempo. Afirma Gilberto Freyre:

> O que indica considerável aumento de sua presença no mundo desenvolvido, podendo concluir-se que a presença avassaladora de jovens numa população nacional é sinal de subdesenvolvimento. Vários deles – indivíduos de idade superior a 65 anos – estão agindo dentro ou à margem de sindicatos e dentro de partidos políticos e de associações cívicas de vários tipos, com uma independência de ideias e de atitudes que fazem deles, em vários casos, um elemento mais de vanguarda do que de moderação nesses setores; e os põem, por um lado, em conflito com elementos jovens e, sobretudo, de meia-idade, comprometidos com interesses estabelecidos ou com ideologias fechadas e, por outro lado, em harmonia com elementos extremamente jovens, ainda sem tais compromissos.[91]

A mesma posição de antagonismo entre jovens e idosos por meio de generalizações imprecisas ocorria entre Nelson Rodrigues e o corpo editorial d'*O Pasquim*. Em 1979, os poetas Abel Ferreira da Silva e José Carlos Capinan, quando editavam a revista cultural *Anima*, fizeram uma das últimas entrevistas do dramaturgo antes de sua morte, em 1980. A entrevista, um documento relevante para a análise de determinado choque de gerações, no qual os jovens eram os progressistas e Nelson Rodrigues se autoproclamava reacionário, mobilizava representações de juventude e velhice. O conteúdo da entrevista foi cedido a *O Pasquim* e publicado em 1985. Em seus termos:

> Nelson: Na França houve aquelas lutas tremendas, então era o Poder Jovem! Muito bem. Todo mundo aderiu, até a polícia aderiu à juventude!
> Abel: Aderiu baixando o cacete, invadindo universidades.

---

91 *Idem*, p. 73.

Nelson: Baixou nada! Basta dizer o seguinte, o exército, que podia intervir porque a polícia não tinha força nenhuma, o exército parou. A França toda parou e a juventude que podia tomar o poder não tomou porque não tinha nada a dizer, não disse nada.
Abel: O que ocorreu na França foi um movimento de origem universitária que queria checar as estruturas universitárias e que, a partir disso, provocou solidariedade em algumas áreas. Eu penso que ele não foi radicalmente revolucionário porque não conseguiu mobilizar os setores realmente revolucionários. Juventude, por si, não muda sociedade nenhuma.
Nelson: Ah, eis o desprezo pela juventude!
Abel: Juventude é uma questão cronológica, juventude não é ideologia.
Nelson: Mas meu bem, a juventude tem sua ideologia. Lá tinha cartazes de Marx, Fidel e o "é proibido proibir". Isso com os autores das maiores proibições. Na China ninguém pia.
Abel: Quando você fala em marxismo e cita Rússia, China, você acha que essas formas de governo são realmente marxistas?
Nelson: Eu escrevi uma vez que a revolução comunista não tinha sentido histórico porque se traiu a si mesma, se negou e fez tudo o que devia ser sagrado pra ela [*sic*]. Assim essa revolução. Matou 12 milhões de camponeses de fome punitiva. Isso é história. Stalin fez coisas inacreditáveis. Falo da Rússia e China porque são significativos de nossa época.
Capinan: Quando você coloca essas coisas sobre a Rússia você fala como nós estivéssemos desconhecendo ou de acordo. Na verdade, não existe isso. [...]
Nelson: 62 anos. Sou a maior velhice que vocês conhecem.
Abel: Você quer dizer mais alguma coisa?
Nelson: (Com a boca colada ao microfone): Sou reacionário assim na terra como nos céus![92]

Além dessas marcantes diferenças entre as representações de uma "juventude revolucionária" e uma "velhice reacionária", que não eram reflexos falsos ou verdadeiros da realidade por serem simbólicas, havia outras possibilidades de tratamento em relação à velhice na "imprensa alternativa". A velhice também era respeitada no sentido de promover um movimento social por aposentadorias justas para a classe trabalhadora.

92 *O Pasquim*, n. 814, [1979], pp. 9-10.

Por exemplo, uma história em quadrinhos chamada "O caminho do Calvário", de Claudio Sendin, foi publicada a partir de 1987. Os quadrinhos vislumbravam o calvário que Calvário, o protagonista, enfrentava para conseguir uma aposentadoria.[93] No mesmo tema, o jornal *Movimento* também denunciava as dificuldades dos trabalhadores em fazer valer seu direito à aposentadoria. Sem praia, montanha ou qualquer paisagem bucólica, a maioria dos brasileiros enfrentava a burocracia do Estado na conquista da aposentadoria. Cresce, nesse sentido, uma representação da "velhice como direito", como pauta dos trabalhadores, na "imprensa alternativa".

O jornal *Movimento*, em reportagem de Murilo Carvalho, de 1980, destaca a fala de uma religiosa católica, a Irmã Maria Luiza, da Congregação de Luiza de Marillac, que desenvolvia um trabalho de assistência social aos idosos por mais de duas décadas na periferia de São Paulo. Nos termos da reportagem:

> O velho não precisa de muletas, mas sim de direitos, afirmou Irmã Maria Luiza, para escândalo das senhoras da LBA [Legião Brasileira de Assistência]. O velho não tem vez porque a política social é feita de cima para baixo e não planejada pela base. [...]
> Na verdade não é com esses encontros que se vai resolver o problema do velho no país, porque o abandono, a solidão, a inadaptação do idoso têm causas muito mais profundas, e só mudando essa sociedade que só pensa no lucro, no materialismo, é que se vai resolver o problema do idoso, afirma Irmã Maria Luiza. A maneira com que a sociedade atual encara o velho chega a ser assustadora. Tudo é voltado ao jovem. Os novos produtos lançados no mercado, as campanhas publicitárias, os empregos, os clubes, os apelos do próprio governo: este é um país, uma sociedade para os jovens.[94]

Da mesma forma, as denúncias sobre a realidade dos idosos em diferentes classes e grupos sociais falavam sobre as desigualdades de uma

---

[93] Sendin, 1987.

[94] Carvalho, 1980, p. 18.

sociedade que não cuidava das pessoas mais vulneráveis socialmente. As representações do "envelhecimento ativo" estavam presentes em jornais que, em suas linhas editoriais, ignoravam as diferenças. Assim, o problema central não era promover os exercícios físicos como uma prática saudável em todas as idades, mas ignorar o fato de as desigualdades sociais interditarem o acesso às práticas.

Na linha editorial da "imprensa alternativa", diferentemente, havia espaço para as distantes realidades das populações das cidades de São Paulo e Rio de Janeiro, já que o abismo social que separava pobres e ricos não era uma particularidade das regiões mais pobres do país. Além disso, é interessante na reportagem avaliarmos um momento no qual uma parcela do catolicismo brasileiro, envolvido nas comunidades eclesiásticas de base e nos princípios da "Teologia da Libertação", incentivavam religiosos como personagens relevantes em um processo de conscientização. A Irmã Maria Luiza era a representante do movimento dos idosos que, em Itaquera, organizava uma iniciativa social que chamava a atenção do jornal *Movimento*:

> Nós estamos tentando uma experiencia nova na cidade dos velhos, diz Irmã Maria Luiza, cujo desejo é formar uma Pastoral do Velho, dentro da Igreja, para criar uma nova mentalidade cristã no tratamento dos idosos. A Cidade dos Velhos é aberta, eles entram e saem a hora que querem, e as decisões principais a respeito do que desejam fazer são tomadas por eles mesmos, que têm liberdade para discutir e interferir de verdade na condução da casa.[95]

A representação da "velhice como direito" era propagada com a crescente perspectiva de um pensamento progressista que ampliava sua influência em uma sociedade que se encontrava em um lento processo de abertura política. Desde os anos de 1970, houve a constituição de um projeto de saúde coletiva que tentava se estruturar no campo legal, com a pauta de organização de um sistema de saúde universal e gratuito.

---

95 *Idem*, p. 19.

Tratava-se de um movimento social no campo da saúde que tinha como meta essa pauta, mas também buscava a redemocratização. Para esse grupo, o que era prioritário era garantir direitos à população no campo da saúde, mas tendo também como finalidades a oposição à Ditadura e a luta pela democracia. O "Movimento pela Reforma Sanitária no Brasil" foi um movimento social que teve uma expressão singular na organização de "um projeto político-pedagógico de formação de trabalhadores da saúde, em consonância com o pensamento do direito à saúde".[96]

Desse modo, o final da década de 1970 e a primeira metade da década de 1980 foram um período em que nos campos cultural e político houve um enfrentamento mais visível na imprensa em relação à Ditadura e maior defesa da democracia com a campanha por eleições diretas para Presidência da República. A pauta das eleições diretas foi catalisadora de uma frente ampla no espectro político, tornando as cidades um palco de contestação em suas ruas, avenidas e praças. Por isso, surgiu a ideia de uma passeata dos idosos: "O que o velho precisa mesmo é ter consciência de seus direitos, consciência da importância que tem para a humanidade, com sua experiência, sua vida. E isso é o que de melhor se pode fazer pelos idosos. Por isso não estranhem se um dia sair pelas ruas da cidade uma passeata de velhos, exigindo seus direitos. Essa é a única saída: a conscientização".[97]

Não se tratava de um professor ou intelectual; era uma mulher religiosa que vivenciava as dificuldades dos idosos das classes trabalhadoras no extremo leste da cidade de São Paulo. A velhice das periferias das cidades também tinha suas histórias de orgulho e alegria. No Rio de Janeiro, como exemplo de uma poética dos morros, Cartola, em Mangueira, era uma figura exemplar. O jornal *Movimento*, que buscava em sua linha editorial se aproximar da realidade dos trabalhadores, não publicou um simples obituário na ocasião da morte do pedreiro, camelô, estivador, gráfico, contínuo e sambista. Homenageou a velhice de Angenor de Oliveira,

---

[96] Mota; Marques & Brasileiro, 2021, p. 2.

[97] Carvalho, 1980, p. 19.

o Cartola, em reportagem de Tárik de Souza, intitulada "Silêncio nos tamborins. Morreu o pedreiro Cartola". Em suas palavras:

> Cartola me disse essas coisas de um arranco, com a habitual franqueza, recostado na poltrona de sua modesta casa em Jacarepaguá comprada em 77 com 500 mil cruzeiros acumulados em direitos autoriais. [...] Impressionava a serenidade deste homem de 70 anos, recém-aposentado com um salário mínimo, na função de contínuo do Ministério da Indústria e Comércio, saído de várias operações, ameaçado pelo câncer. Um proletário que derrotara a miséria na última volta do ponteiro.[98]

A produção cultural do samba era uma das poucas manifestações artísticas que produzia uma estética própria das populações mais pobres do país, retratando suas alegrias e tristezas nos anos de 1980.

Em relação às juventudes, mesmo a "grande imprensa", ao sentir a direção dos novos ventos de redemocratização, ampliou o espaço editorial para a contestação de jovens, marcadamente representada pela juventude do *rock* nacional. A *Folha de S.Paulo* e o *Jornal do Brasil*, também como veículos publicitários, entrevistavam as novas bandas de *rock*, como Legião Urbana, Titãs, Barão Vermelho, Paralamas do Sucesso, Engenheiros do Hawaii e depois o RPM. Letras de jovens roqueiros criticavam a sociedade brasileira no Rio de Janeiro, em São Paulo, Porto Alegre e Brasília. Nelas, os jovens podiam até contestar o futuro dos trabalhadores sem aposentadoria, que só descansavam na morte, como nos versos de "Que país é este":

> Na morte eu descanso
> Mas o sangue anda solto
> Manchando os papéis
> Documentos fiéis
> Ao descanso do patrão
> Que país é esse?[99]

---

[98] Souza, 1980, p. 24.

[99] "Que país é este", 1987.

Porém a crítica da "imprensa alternativa" não se empolgava com essas iniciativas e escolhia um caminho contrário à "grande imprensa", contestando o "*rock* nacional" dos anos de 1980. Para os críticos d'*O Pasquim*, o novo *rock* era visto como produto da indústria cultural e obedecia aos interesses das grandes gravadoras. O "*rock* nacional" era visto como uma produção cultural que traía os princípios do *rock* dos anos de 1960 e 1970. Por exemplo, em artigo do músico Paulo Malária, "*Rock* em castas", em 1988:

> Falta a Renato Russo legitimidade para comparar a qualidade de bandas de *rock*, já que não toca nenhum instrumento – como a maioria dos astros, apenas canta (é mais fácil e fica na frente dos outros). No entanto, fala sobre tudo, e ao fazê-lo demonstra estar possuído por completa confusão mental. [...] A imprensa também tem sua parcela de culpa, por promover descaradamente esse e outros *dandies* de ego hipertrofiado, tão logo eles são ungidos para o sucesso por uma engrenagem da qual, ao contrário, pouco se diz. As gravadoras e os independentes lançam no mercado dezenas de discos novos por mês, mas as atenções em todos os jornais, rádios e TVs são sempre para os mesmos: "por coincidência", aqueles que têm maior tiragem e mais verba promocional.[100]

A crítica do articulista d'*O Pasquim* questionava uma produção musical oriunda das classes médias e altas urbanas, patrocinadas pelas gravadoras e os interesses do mercado. Esse tom de denúncia observava o futebol como um exemplo. Na comparação, o futebol popular das "peladas" era enaltecido em relação ao futebol das mídias e grandes clubes. Da mesma forma, Pedro Ferreti Junior criticava Luiz Carlos Mansur em relação aos elogios à banda Titãs. No artigo "*Rock* Exaltação", de 1987, Ferreti Junior afirmava que o prognóstico do *rock* nacional para os três ou dez anos seguintes seria determinado pela indústria fonográfica e as bandas seriam sempre provenientes de famílias privilegiadas. Em suas

[100] Malária, 1988, p. 10.

palavras: "vários filhos de industriais, políticos, oficiais, magnatas e, é claro, músicos surgirão como os novos ídolos do *Rock* Brasil".[101]

No futebol dos anos de 1980, a chamada "democracia corinthiana" não chamava muito a atenção do *Movimento* e d'*O Pasquim*. O jornal paulistano ignorava a movimentação de jogadores como Sócrates e Casagrande em sua postura crítica e participativa nas decisões de gestão no Corinthians. Já o carioca *O Pasquim* fazia poucas menções, sempre no tom de apoio, como no caso de uma crítica ao jornalismo esportivo paulista que dava pouca sustentação política para aquele movimento inédito no futebol profissional. No texto do jornalista Sérgio Cabral, intitulado "Coleguinhas paulistas: cá entre nós":

> Os cronistas de São Paulo que tratem de melhorar o seu humor e saiam em campo para criticar e estimular o futebol do seu estado que anda muito ruim. [...] Imagine o leitor que estão espinafrando a chamada democracia corintiana, uma coisa revolucionária no futebol e extremamente estimuladora. Não é assim, coleguinhas. Futebol não é um troço para ser puxado pra baixo.[102]

Os silêncios dessa "imprensa alternativa" em relação à "democracia corinthiana" não podem ser confundidos com a visibilidade do movimento "Diretas Já". As "Diretas Já" eram o principal mote dos movimentos sociais, por isso mais abordado. No entanto, o engajamento significativo por parte de atletas identificados com a "democracia corinthiana", como Sócrates e Casagrande, no movimento das "Diretas Já" foi uma das marcas da mobilização daqueles jogadores de futebol.[103] Aqueles jovens esportistas dos anos de 1980 representaram também, por meio de sua rebeldia, a premência da participação coletiva dos jogadores profissionais como trabalhadores em contradição com a gestão esportiva dos clubes, historicamente identificada como lócus de centralização e autoritarismo.

---

[101] Ferreti Junior, 1987, p. 19.

[102] Cabral, 1984, p. 8.

[103] Reis & Martins, 2014.

Em outro campo cultural de identificação dos jovens, mas sem nenhuma visibilidade na imprensa, o *rap* de São Paulo, no fim da década de 1980 e nos anos de 1990, principalmente com os Racionais MC's, teria também um caráter reivindicatório, contudo, mais ligado às vozes dos jovens das periferias das grandes cidades. Nele, o tema das juventudes pobres era corriqueiro, inclusive em relação ao desejo de acesso às "práticas de educação física", por exemplo jogos e esportes em um parque, como na letra de "Fim de semana no parque":

> A toda comunidade pobre da zona sul
> Chegou fim de semana todos querem diversão
> Só alegria nós estamos no verão, mês de janeiro
> São Paulo zona sul
> Todo mundo à vontade, calor, céu azul
> Eu quero aproveitar o sol
> Encontrar os camaradas prum basquetebol
> Não pega nada
> [...]
> A molecada lá da área como é que tá
> Provavelmente correndo pra lá e pra cá
> Jogando bola descalços nas ruas de terra
> É, brincam do jeito que dá
> [...]
> Eles também gostariam de ter bicicleta
> De ver seu pai fazendo *cooper* tipo atleta
> Gostam de ir ao parque e se divertir
> E que alguém os ensinasse a dirigir
> Mas eles só querem paz e mesmo assim é um sonho
> Fim de semana do parque Santo Antônio
> Vamos passear no parque
> Deixa o menino brincar
> Fim de semana no parque
> Vou rezar pra esse domingo não chover.[104]

[104] "Fim de semana no parque", 1993.

Nos versos, não há questionamentos contra o esporte. Definitivamente, na perspectiva das juventudes das periferias, ele não aliena, não é produto da indústria cultural, nem uma estratégia das classes dominantes. Ao contrário, é apropriado e ressignificado pelas táticas dos praticantes. O basquetebol, o futebol, o brincar na rua e o desejo de frequentar os clubes, de passear no parque, não são instantes de alienação, desconectados da realidade, mas práticas relacionadas ao prazer dos jovens das periferias das grandes cidades.[105] Até mesmo o "*cooper*" é mobilizado como hábito de classe média que não é questionado, já que o jovem pobre também queria uma bicicleta e ver o pai fazendo "*cooper*". Distantes dessa realidade, as "práticas de educação física" e as roupas esportivas, como o tênis e os bonés, são subvertidas como símbolos de identidade da juventude da periferia. Além dos Racionais MC's, Thaíde & DJ Hum formavam uma dupla de *hip-hop* que tocava nas periferias de São Paulo. Em sua estética, o boné, o tênis, as calças e as jaquetas esportivas.

Em 1989, a dupla Thaíde & DJ Hum gravou o álbum *Pergunte a quem conhece* e, em 1996, gravou o álbum *Preste atenção*, que trazia a música "Sr. Tempo Bom", uma canção que retratava as memórias dos jovens sobre os anos de 1970 e 1980 no cenário da cultura jovem ligada à *black music*. Na letra, o tricampeonato mundial de futebol do Brasil era um dos elementos que despertava a nostalgia de infância e juventude da dupla de *rappers*, como expresso nos versos:

> 10 anos de *swing* e magia
> Que começou com o Brasil sendo Tricampeão
> O tempo foi passando, eu me adaptando
> Aprendendo novas gírias, me malandreando
> Observando a evolução radical de meus irmãos
> Percebi o direito que temos como cidadãos
> Mudaram as músicas, mudaram as roupas

---

[105] Melo & Alves Junior, 2003.

Mas a juventude afro continua muito louca
Falei do passado e é como se não fosse
O que eu vejo a mesma determinação no *hip-hop*
Black Power de hoje.[106]

Sem nenhum tipo de contradição entre gostar de futebol e lutar por sua cidadania, aquela juventude negra teve no *hip-hop* uma de suas mais autênticas manifestações culturais, principalmente a partir do fim daquela década. Se no fim dos anos de 1980 a produção cultural começava a construir representações menos estereotipadas sobre os anseios e a vida das juventudes da periferia, no campo acadêmico a situação era mais difícil.

No entanto, é preciso reconhecer o caráter reivindicatório e, por vezes, politicamente revolucionário de parte da produção acadêmica da área de Educação Física, que envolvia os temas das juventudes e velhices e também promovia suas críticas à sociedade brasileira. Por isso, os anos de 1980 foram muito importantes no sentido de divulgação de livros, artigos e ensaios que colocavam em debate as desigualdades sociais na sociedade brasileira.

Em relação aos jovens, o debate sobre a sociedade brasileira afetou as pautas da saúde e as "práticas de educação física". Os primeiros textos da década de 1980 de teor crítico na área de Educação Física foram marcados por uma leitura de educadores marxistas e eram mais direcionados à educação formal de crianças e jovens no âmbito escolar. Constituiu-se, naquele momento, um importante movimento na área da Educação no Brasil, gestado no final da década de 1970 e início dos anos de 1980, o chamado "pensamento progressista" na Educação brasileira. Desse modo, no debate educacional, as análises sociológicas de orientação marxista ou por ela influenciadas, bem como a filosofia marxista, ganharam destaque.[107]

---

[106] "Sr. Tempo Bom", 1996.

[107] Caparroz & Bracht, 2007.

Para Caparroz e Bracht,[108] na Educação Física essa relação resultou em teorias pedagógicas próprias inspiradas em tendências educacionais, mas também em diálogo com uma sociologia europeia marxista crítica ao esporte. Isso "provocou uma inflexão no sentido de que o premente era entender a inserção macrossocial da Educação Física em detrimento das preocupações com a prática imediata dos professores de Educação Física nas escolas".[109] Assim, as "práticas de educação física" eram compreendidas como consequência de uma lógica estrutural que se descrevia por meio de uma análise macrossocial. Como uma "pedagogia sociologizada e politizada",[110] elas perdiam sua historicidade, pois não havia subversão, resistência ou mesmo adesão por parte dos praticantes e educadores. Sem a observação das microrrelações sociais e históricas, as práticas eram entendidas como uma mera derivação das estratégias governamentais ou das elites econômicas, desconsiderando possíveis táticas dos indivíduos em se apropriar de seus sentidos e ressignificá-los.

A lógica edificante da crítica levava o campo acadêmico da Educação Física a considerar a possibilidade de escrutínio das práticas, como produtos de uma ideologia dominante, ao contrário do que ocorria na concepção dos jovens, que desejavam o acesso às práticas. O esporte é um exemplo empírico adequado para a observação dessas diferenças entre os sentidos de parte dos acadêmicos e dos jovens praticantes em relação às práticas. Em 1986, Valter Bracht publicou o artigo "A criança que pratica esporte respeita as regras do jogo... capitalista", na *Revista Brasileira de Ciências do Esporte*. Em seus termos:

> Uma afirmação que tem o respaldo desta teoria é a de que a nova geração é educada em e para uma sociedade competitiva na qual o princípio de rendimento se impôs. O jovem desportista é confrontado muito cedo com princípios de rendimento e dele é esperado não só suportar diferenças de rendimento como também respeitá-las [...] Assim, podemos dizer que a

---

108 *Idem.*

109 *Idem*, p. 25.

110 *Idem.*

> socialização através do esporte escolar pode ser considerada uma forma de controle social, pela adaptação do praticante aos valores e normas dominantes, como condição alegada para a funcionalidade e desenvolvimento da sociedade. Um dos papéis que cumpre o esporte escolar em nosso País, então, é o de reproduzir e reforçar a ideologia capitalista.[111]

Observa-se que não é mobilizada, no caso do esporte, uma agenda de direitos, pois ele é visto como instrumento ideológico em um projeto de dominação capitalista. Essa prerrogativa afastou uma parte dos professores de Educação Física de uma pauta mais concreta de luta por direitos dos jovens, inclusive em uma perspectiva de acesso às "práticas de educação física". Como se a educação formal pudesse formatar as personalidades dos jovens, havia naquele momento uma crítica pertinente sobre os usos ideológicos do esporte no país, mas que tinha como alvo as próprias práticas no sentido de afastar as juventudes de sua "ideologia" competitiva. Logicamente, havia uma proposta pedagógica que era progressista e pertinente em vários aspectos, ampliando o currículo da disciplina, mas que incidia em uma perspectiva negativa sobre as práticas, interditando por meio da crítica, por exemplo, a competição no esporte como um mal a ser combatido, enquanto os jovens queriam apenas se encontrar informalmente para um basquetebol.

Esse afastamento de parte dos acadêmicos da Educação Física, naquele momento, dos anseios e objetivos próprios dos jovens, particularmente dos jovens das periferias das grandes cidades, produzia representações sobre as "práticas de educação física" que ressaltavam sempre seus aspectos disciplinadores e autoritários, definidos de cima para baixo. A circulação do texto de Valter Bracht[112] foi relevante na crítica ao esporte e nas possibilidades de sua transformação didática na década de 1990. Contudo, a agenda de direitos também esteve presente no campo, embora muito menos conhecida, colocando o esporte como um direito social. Por exemplo, um editorial da *Revista Brasileira de Ciências do Esporte*,

---

[111] Bracht, 1986, pp. 63-64.

[112] *Idem*.

vinculada ao Colégio Brasileiro de Ciências do Esporte, que, naquele momento do final da década de 1980, representava uma entidade que congregava os setores mais progressistas no campo da Educação Física, ressaltava este aspecto:

> Reafirmar nossos compromissos é, ao mesmo tempo, de um lado, produzirmos, trabalharmos, sermos competentes e de outro, nos engajarmos no movimento da história, seja através da ação docente propriamente dita, da função de pesquisadores, bem como da condição de cidadãos, nas nossas organizações sindicais, culturais, científicas e políticas, buscando um País onde a criança, o jovem, o adolescente, o adulto e o idoso, homens e mulheres possam ser felizes e onde o esporte, como todos os demais direitos sociais, seja instrumento democrático de humanização e transformação.[113]

Naquele contexto, embora o editorial mencionasse o esporte como direito social e apontasse para um projeto amplo que também atingisse adultos e idosos, uma Educação Física mais ligada aos jovens, à educação formal e à crítica ao esporte se destacava pela oposição à compreensão da disciplina escolar como "celeiro de atletas". Durante o processo de redemocratização na década de 1980, parte dos acadêmicos da Educação Física produziu um discurso de (des)biologização, em que a ampliação da participação nos direitos democráticos se tornou um importante valor conquistado,[114] mas a crítica às práticas tinha maior notoriedade e circulação entre os professores.

Essa crítica à Educação Física e aos esportes dos anos de 1960 e 1970, especialmente na sua versão competitiva, foi fomentada pelo crescimento do pensamento progressista na área,[115] e as juventudes e a Educação foram colocadas no centro da intervenção daquele projeto educacional progressista na Educação Física. Em particular, esses autores da área que,

---

[113] CBCE, 1987, p. 2.

[114] Lovisolo, Vendruscolo & Góis Junior, 2015.

[115] Cf. Bracht, 1986; Castellani Filho, 1988; Ghiraldelli Junior, 1988; Medina, 1983; Soares, 1994.

no fim da década de 1980, orbitavam o Colégio Brasileiro de Ciências do Esporte, não deram centralidade ao tema do envelhecimento, já que o problema principal era a educação da infância e da juventude. No entanto, as heranças biologizantes da Educação Física continuaram presentes e foram reforçadas por políticas voltadas para o bem-estar e a qualidade de vida, principalmente por meio dos objetivos de rejuvenescimento, da estética da juventude, tendo como alvo inclusive os idosos.

Apesar das críticas à matriz biológica, a demanda por "práticas de educação física" pautadas em princípios individuais cresceu, destacando um "novo higienismo" com características heterogêneas[116] e centrado na administração individual dos corpos rejuvenescidos. A política de inclusão democrática favoreceu amplamente a expansão de programas para diferentes faixas etárias, com objetivos de saúde, beleza, prazer e lazer, mas sem uma abordagem revolucionária.[117]

No campo acadêmico da área, a fisiologia e a biomecânica ganharam destaque no campo da pesquisa em relação à atividade física e suas modalidades, impulsionadas pela demanda do mercado e por políticas públicas. Enquanto isso, as ciências sociais e humanas que embasavam críticas à Educação Física tiveram dificuldades em atender aos anseios individuais dos jovens e idosos em relação à saúde, rejuvenescimento, controle de doenças e desempenho esportivo, contando com poucas respostas.[118] A chamada "atividade física" se tornou um dever para os indivíduos no campo da saúde e direcionou o olhar de outros professores de Educação Física para os idosos. Para o professor Antônio Boaventura da Silva, em um artigo de divulgação científica de 1985, na *Revista Paulista de Educação Física*, publicação da Escola de Educação Física e Esporte da USP, ele afirmava: "Inclua a atividade física no programa de atividades normais da vida, em qualquer idade, praticando-a regularmente três vezes por semana (no mínimo) com intensidade, medida em frequência

---

[116] Góis Junior, 2003.

[117] Lovisolo, Vendruscolo & Góis Junior, 2015.

[118] *Idem.*

cardíaca (aproximadamente 130 batimentos por minuto) e duração (30 a 60') suficientes ao estado de saúde, segundo criterioso exame médico".[119]

Figura 12 – Capa da *Revista Brasileira de Ciências do Esporte* de 1987.
Fonte: *Revista Brasileira de Ciências do Esporte*, v. 9, n. 1, set. 1987.

[119] Boaventura da Silva, 1986, p. 18.

Observa-se que a intervenção dos professores de Educação Física extrapola o cenário escolar e o restrito mundo do treinamento desportivo de alto rendimento, projetando sua atuação para a orientação das atividades físicas em qualquer idade. Nesses meandros, o olhar dos professores em relação aos idosos ganha importância, estabelecendo novas possibilidades profissionais para a área, que inclusive tensionaram a formação profissional. A *Revista de Educação Física do Exército*, em 1983, publicou um artigo de Estélio Dantas que tomava esta direção. Em seus termos:

> Ano após ano, os avanços da Medicina vêm permitindo um continuado crescimento da idade média da população mundial. Consequentemente, cresce o número de pessoas idosas em nossa sociedade. Ao se olhar as condições das pessoas de terceira idade, no entanto, tem-se um choque, pois a grande maioria está num grau de degenerescência física que a impossibilita de dar qualquer contribuição positiva às novas gerações. A reabilitação do idoso não é um mero problema filantrópico, mas sim de crucial importância econômica. Pessoas idosas saudáveis, além de poderem contribuir para com a sociedade, não são um desnecessário peso morto à assistência social. [...] Há que se conscientizar também a juventude para que esta compreenda que a semente de uma velhice saudável está em uma vida baseada na atividade física periódica.[120]

As representações do "envelhecimento ativo" e da "velhice produtiva" eram mobilizadas para também contrapor a estigmatização dos idosos como "peso morto", quando perdiam a capacidade produtiva em uma sociedade capitalista. Esse argumento tem sua continuidade na atualidade, pois hoje o "envelhecimento ativo" é uma das principais estratégias adotadas por governos nacionais em todo o mundo.[121] A promoção dessa representação da velhice coloca expectativas sobre os idosos para que sejam ativos e produtivos o máximo possível em um emprego e, após a aposentadoria, continuem trabalhando.[122]

---

[120] Dantas, 1983, p. 23.

[121] Henkens & Solinge, 2021.

[122] *Idem*.

Discursos utilitários circulavam e justificavam um maior investimento nas "práticas de educação física" para todas as idades. Para o professor de Educação Física Fabiano Devide, alguns discursos da área "enfatizam a prática física entre os idosos de forma redentora, estabelecendo uma relação causal entre o exercício e a saúde do praticante, como se o exercício fosse a solução para a mudança no estilo de vida do idoso e para a sua integração na vida social".[123] Essas abordagens, para Devide,[124] precisariam de uma confrontação com o debate inerente à construção social da velhice e a respeito das barreiras para a adesão ao exercício. No mesmo sentido, o professor Paulo Farinatti,[125] dezesseis anos depois, ainda levanta a questão do acesso restrito às atividades físicas por parte da maioria dos idosos no país e observa: "o envelhecimento populacional como uma oportunidade a ser aproveitada e não apenas como um problema a ser sanado, há certo consenso no sentido de que devam ser estimuladas políticas e iniciativas voltadas para o desenvolvimento material e espiritual desse grupo".[126]

Já nos anos de 1980, uma Educação Física atrelada aos objetivos da saúde se desenhava como alternativa em relação à atuação educacional do professor ou do técnico desportivo.[127] Naquela década, o debate sobre a constituição de um bacharelado que objetivava a formação de um "profissional de educação física" apartado dos professores já tentava se impor e sofria resistências por parte dos defensores da licenciatura como base da formação na área.

Em 1985, a Universidade Estadual de Campinas criou um curso de bacharelado em Educação Física. A iniciativa da Unicamp era original, pois, até 1987, no campo da intervenção e da formação profissional, os cursos de licenciatura destinavam-se a formar o professor de Educação Física independentemente do ambiente em que ele fosse atuar. A partir da

---

[123] Devide, 2000, p. 72.

[124] *Idem*.

[125] Farinatti, 2016.

[126] *Idem*, p. 721.

[127] Lovisolo, 1995.

resolução CFE n. 03/87, a formação profissional se dividiu entre bacharéis e licenciados, devido à expansão das demandas da área relacionadas ao discurso da saúde dos indivíduos, o que passou a exigir especificidades no currículo do ensino superior.

O campo da saúde ganha mais destaque no contexto de redemocratização, e os idosos passam a ser afetados pelo incremento das "tecnologias de diferenciação",[128] como o aumento do enfoque na "terceira idade" e dos serviços públicos e privados relacionados a ela nas décadas seguintes. Porém, os progressistas daqueles anos de 1980 na Educação Física tiveram uma percepção pouco nítida sobre os objetivos de democratização da saúde como uma pauta de direitos da população idosa, devido à centralidade, na questão educacional, em um projeto de conscientização política das classes trabalhadoras por meio da educação escolarizada. Em um contexto no qual a saúde coletiva ganhava destaque no campo da Medicina e da Saúde, as representações de uma Educação Física higienista[129] solaparam maiores investimentos desses acadêmicos na defesa de "práticas de educação física" relacionadas à saúde. Como demonstramos, outros pesquisadores e professores, em nome de um pretenso saber científico tido como "neutro", souberam fazer esse movimento em direção à saúde, sem, contudo, pautar as desigualdades sociais que interditavam as práticas para os grupos mais amplos e desfavorecidos da população brasileira idosa e jovem.

A representação da "velhice como direito" foi fundamental naquela década para a constituição de um Sistema Único de Saúde e para a sustentação da Previdência Social no campo da saúde, mas o tema era secundário na área de Educação Física, assim como as questões sociais e econômicas que envolviam o envelhecimento.

No campo da Saúde Pública, a perspectiva era diversa. Por exemplo, para Jaime de Araújo Oliveira, médico vinculado ao Cebes (Centro Brasileiro de Estudos da Saúde) e professor da Escola Nacional de Saúde

---

[128] Katz, 1998.

[129] Soares, 1994.

Pública, a "crise da previdência" era uma oportunidade para o debate sobre o financiamento, mas também em relação ao acesso a serviços públicos de atenção à saúde. Os setores mais progressistas da Saúde, representados na publicação da revista *Saúde em Debate*, ligada ao Cebes, estavam centrados na universalização do acesso à saúde:

> Assim, faz-se necessário, do ponto de vista daqueles que se interessam por uma mudança para melhor no quadro da atenção à saúde entre nós, que uma pressão continue a ser exercida, em especial pelos setores populares e de oposição (os mais intransigentes e consequentes, embora não os únicos interessados neste problema) para que as modificações que a "crise" deve impor a essa área sejam, não as que respondem apenas à questão financeira do déficit de caixa da Previdência, mas as que respondem também a uma socialmente necessária reforma profunda do nosso sistema de atenção à saúde.[130]

O editorial da revista *Saúde em Debate*, assinado pelo Cebes, tinha o objetivo claro de organização dos setores progressistas no campo da Saúde para ampliar sua representatividade política no momento de construção da Assembleia Constituinte. O momento era primordial para uma pauta de direitos no campo da saúde por meio da Constituição, o que efetivamente ocorreu na Constituição de 1988, com o Sistema Único de Saúde, que representou avanços importantes na responsabilização do Estado pelo financiamento da saúde pública.

> Enquanto setores progressistas têm se mobilizado por uma democratização das políticas de saúde, aqueles que se beneficiaram ao longo dos anos das políticas de saúde autoritárias e privatizantes não têm ficado impassíveis ante um movimento que ameace os lucros. Não apenas continuam agindo firmemente através dos tradicionais "anéis burocráticos", mas acomodando-se à nova conjuntura política, procuram também representar seus interesses particularistas ao nível do Congresso.[131]

---

[130] Oliveira, 1981, p. 18.

[131] Cebes, 1985, p. 4.

A questão da saúde dos idosos foi um dos pilares desta pauta. Nesse sentido, uma política de direitos que congregasse educação, cultura e saúde eram relevantes para o incremento da qualidade de vida dos indivíduos. Nos anos de 1980, um estudo publicado na *Revista de Saúde Pública*, de autoria de Luiz Roberto Ramos e Samuel Goihman,[132] pesquisadores da Universidade Federal de São Paulo, observou que o perfil dos idosos em cada bairro da cidade de São Paulo se mostrou, de fato, um perfil socioeconômico.

Sendo assim, havia uma estratificação geográfica por *status* socioeconômico, abrangendo os papéis de renda, ativos pessoais, nível educacional, histórico de migração e condições habitacionais. Segundo o estudo epidemiológico, as políticas de saúde pública deveriam, assim, ser direcionadas para áreas-alvo, o que exigiria políticas específicas que levassem em consideração as peculiaridades de cada área da cidade. Do ponto de vista epidemiológico, os resultados desta pesquisa indicavam que qualquer análise relevante do bem-estar dos idosos deveria considerar como variável seu *status* socioeconômico.[133]

Embora os debates da área da Saúde Pública ressaltassem esse aspecto, a área de Educação Física continuava a pensar o idoso como um indivíduo único, com mais de 60 anos e com um corpo biologicamente determinado pelos exercícios. As particularidades sociais eram ignoradas e os idosos e idosas tinham à disposição apenas um único modo prescritivo de envelhecer. Para Valdir Barbanti, citando o pesquisador norte-americano Leonard Larson, era questão de uma simples escolha: "Para Larson, um dos maiores estudiosos em aptidão física, o homem controla seu destino em relação à saúde. Segundo ele, o nível de aptidão física é uma escolha pessoal desde que já existam conhecimentos suficientes sobre doenças, nutrição, dieta, exercícios, relaxamento, álcool, fumo, drogas, lazer, etc., que podem conduzir a altos níveis de saúde ou à destruição do organismo."[134]

---

132 Ramos & Goihman, 1989.

133 *Idem.*

134 Barbanti, 1986, p. 24.

Evidentemente, na realidade brasileira, inclusive das grandes cidades, não havia as mesmas condições culturais, econômicas e sociais que homogeneizassem a velhice ou o acesso às informações que envolviam os fatores de risco, para as populações. Entre os anos de 1960 e 1980, nos países europeus mais industrializados, segundo Rocha, Correia e Medina,[135] houve um período de institucionalização de um modelo de aposentadorias universais que recriou a velhice como um novo grupo social, com "uma estrutura política (cidadania), econômica (pensão vitalícia de velhice) e social (sistemas de proteção, segurança, cuidado, educação, lazer) [...] que, aparentemente, favorecia, ao mesmo nível, classes e estruturas sociais distintas (por exemplo, a classe operária e os mercados de consumo)".[136] Esse quadro europeu só enfrentou sua crise a partir dos anos de 1990. No caso das cidades brasileiras, o cenário era muito diferente, já que os idosos das classes trabalhadoras permaneciam, de forma perene, em uma crise econômica que ancorava muitas desigualdades sociais.

Desse modo, no caso brasileiro, a saúde dos indivíduos não se inseria apenas em uma questão de escolha. Estudos publicados no período, na década de 1980, sobre o envelhecimento já davam conta das prerrogativas socioeconômicas que incidiam sobre as velhices. Por exemplo, o estudo das pesquisadoras da Escola de Enfermagem da USP de Ribeirão Preto Dayse Steagall-Gomes e Teresa Scatena,[137] intitulado "Os idosos e a realidade da velhice", publicado na *Revista Brasileira de Enfermagem*, entrevistou um total de 93 idosos, e os resultados obtidos evidenciaram "que os chamados fatores sociais influem no envelhecimento e no modo pelo qual as pessoas vivem a sua velhice".[138]

Mesmo em um contexto de "primeiro mundo", as desigualdades sociais eram uma referência importante para a compreensão do

---

135 Rocha, Correia & Medina, 2015.

136 *Idem*, p. 60.

137 Steagall-Gomes & Scatena, 1983.

138 *Idem*, p. 130.

envelhecimento. Por exemplo, na ocasião da publicação de um livro do psicólogo comportamentalista Burrhus Frederic Skinner e da gerontóloga Margareth Vaughan, intitulado *Viva bem a velhice*, em uma edição brasileira de 1985, a tradutora brasileira, a professora e psicóloga Anita Neri, ressaltava o aspecto ético do novo projeto de Skinner. Nesse livro, compreendiam-se as representações e práticas que, ao vincularem trabalho, produtividade e juventude como condicionantes de uma aceitação social, ao mesmo tempo condenavam os idosos ao "insólito destino de marginalidade social".[139] Nas palavras dos autores: "É bom que os idosos estejam vivendo mais e sendo menos alvo de pobreza e doenças do que no passado, mas se não estão conseguindo viver bem suas vidas, não ganharam grande coisa. Ao conceder às pessoas idosas mais anos de vida para desfrutar, as práticas que ajudaram a resolver um problema engendraram outro ainda mais crucial".[140]

Além disso, o livro de Skinner e Vaughan[141] fugia da dimensão prescritiva dos manuais e livros de autoajuda, ao defender a diversidade cultural dos idosos. Sem observar as desigualdades e diferenças da velhice, os acadêmicos da Educação Física por um motivo ou outro ignoravam a realidade brasileira, como se as velhices no Brasil e nos Estados Unidos fossem as mesmas, como se as velhices das cidades e do campo fossem as mesmas. Porém, já nos anos de 1980, as diferenças entre elas eram nítidas, como afirmam Skinner e Vaughan:

> Nem tudo o que vamos dizer é aplicável a todos os idosos. Existem velhos de todo tipo, e a maneira como lidam com sua velhice depende em parte de sua educação, religião, identidade étnica ou nacional e de sua família; de suas ocupações passadas ou presentes; de seus campos de interesse e de várias outras coisas. Da mesma forma, nem sempre nossas sugestões funcionarão.[142]

---

139 Neri, 1987, p. 36.

140 Skinner & Vaughan, 1985, p. 18.

141 *Idem*.

142 *Idem*, p. 25.

A partir deste *corpus* documental, evidenciamos que na década de 1980 havia uma representação da "velhice como direito" que era entremeada por outras representações e práticas presentes naquele contexto. O que significa pensar que as velhices eram atravessadas pelas desigualdades sociais, e o posicionamento sobre essas diferenças socioeconômicas colocavam os atores sociais da Educação Física e da Saúde entre a atuação política e o silenciamento. Não havia apenas esses dois polos, pelo contrário, havia posições intermediárias que promoviam representações e práticas diversas, desde a crítica dos esportes como ópio do povo, a pauta de luta por direitos de acesso à saúde até a defesa da atividade física como fórmula da juventude. Todas afetavam as práticas direcionadas às velhices de alguma forma, mas também as dos jovens e adultos, já que o "envelhecimento ativo" era um projeto preparado em toda a vida.

É importante ressaltar, no momento, que não há aqui a defesa de que as representações sobre o envelhecimento substituíram as de juventudes "saudável", "cívica" e "informal e esportista" da década de 1930. Pelo contrário, essas representações são como camadas da cultura material que se sobrepõem na arquitetura das cidades. Desse modo, as representações sobre as juventudes permaneceram e elas próprias se modificaram e foram sobrepostas às das velhices. Ocorre, desse modo, paulatinamente, a partir dos anos de 1980, uma maior visibilidade em relação às demandas dos idosos que incidiram sobre a necessidade de novas práticas, ou, para Katz,[143] "tecnologias de diferenciação", que atenderiam com maior particularidade essas populações que atingiam maiores proporções nos anos de 1980. É bom que se diga, não na mesma velocidade das populações norte-americanas e europeias até 1980.

[143] Katz, 1998.

CONSIDERAÇÕES FINAIS

Nosso principal objetivo foi analisar as relações entre as "práticas de educação física" e as representações de juventude e velhice ao longo de períodos do século XX nas cidades brasileiras de São Paulo e Rio de Janeiro, durante o processo de modernização urbana. Buscamos entender como as "práticas de educação física" eram incentivadas ou criticadas em relação aos jovens e idosos, considerando diferentes perspectivas sociais e culturais. Também examinamos as representações de juventude e velhice presentes na imprensa escrita e identificamos posições políticas e projetos de educação e saúde relacionados às "práticas de educação física".

Além disso, analisamos as diferenças entre os textos da "grande imprensa", "imprensa alternativa" e publicações acadêmicas sobre "práticas de educação física", visando compreender as pedagogias, os serviços e produtos direcionados aos jovens e idosos. Tínhamos como hipótese central a possibilidade de um deslocamento nas "práticas de educação física" ao longo do século XX, passando de um foco coletivo nas juventudes para uma perspectiva individual voltada para o rejuvenescimento e a administração da velhice pelos próprios indivíduos. A hipótese foi problematizada por meio de exemplos de boas condutas, virtudes e cuidados com o corpo, levando em consideração a diversidade das representações de juventude e velhice. A pesquisa que deu origem a este livro também explorou uma possível transição nas "práticas de educação física" da escolarização das juventudes na década de 1930 para outras práticas não escolarizadas focadas no comportamento virtuoso para o manejo da velhice e a busca por uma juventude prolongada, com ênfase nas particularidades das décadas de 1960, 70 e 80.

Depois do percurso realizado, podemos conceber uma reflexão que impõe a readequação da hipótese para uma interpretação, sustentada pelo *corpus* documental, na qual as representações sobre velhice não substituíram completamente as representações de juventude, como discursos que justificavam as "práticas de educação física". Pelo contrário, essas representações coexistiram e se sobrepuseram no campo cultural. As representações sobre juventude permaneceram ao longo do tempo, porém foram gradualmente modificadas e sobrepostas às representações da velhice. Houve, no entanto, a partir dos anos 1960, 1970 e 1980, um aumento na visibilidade das demandas dos idosos em relação às "práticas de educação física", que se tornaram mais centrais nas prescrições de um "envelhecimento ativo". Como Katz[1] descreve, "tecnologias de diferenciação" buscaram atender de maneira mais específica essas populações, que atingiam proporções crescentes na demografia em diferentes escalas em âmbito internacional. Assim, as "práticas de educação física" estavam mais articuladas às representações sobre a velhice, sem perder suas relações com as juventudes.

Nos anos de 1930, ao estudar as juventudes e as velhices, observamos uma diferença significativa na importância atribuída às "práticas de educação física" em relação aos jovens e aos idosos. Enquanto as velhices tinham uma importante evidência nos jornais, que exploravam um comércio do rejuvenescimento, associar ginásticas às velhices não era tão comum nesse período. Por outro lado, para as juventudes, destacava-se um projeto nacional de modernização que enfatizava uma "educação do corpo" por meio das "práticas de educação física".

Uma juventude em particular ganhava destaque nesse processo de modernização das cidades brasileiras, pois ela era vista como um símbolo de corpos saudáveis que garantiriam um patrimônio humano

---

1 Katz, 1998.

para o Estado e o mundo do trabalho. Para isso, era importante superar as representações pessimistas sobre o povo brasileiro, que não seria, de forma alguma, inferior, mas sim doente. A doença do povo poderia ser redimida e a representação central nos anos de 1930 era a da "juventude saudável".

No Brasil, nesse período, tanto em São Paulo como no Rio de Janeiro, ocorriam transformações urbanas, e as maiores cidades brasileiras buscavam reproduzir a urbanidade europeia, dentro das limitações desses contextos citadinos. Essa representação moderna de cidade tinha seus defensores no país, com grupos populacionais que desejavam se diferenciar do cenário rural e dos subúrbios urbanos a partir das primeiras décadas do século XX. Novos discursos e práticas enalteciam os sonhos da civilização industrializada, racional e cientificamente administrada, que proporcionaria confortos como luz elétrica, novos meios de transporte, consumo e entretenimento. No entanto, esse processo de modernização não era linear, pois as mudanças estabelecidas em diferentes espaços e tempos afetavam de maneira desigual classes e grupos sociais marcados pelas desigualdades.

A pesquisa documental mobilizada para a produção deste livro evidenciou que os discursos sobre a educação das juventudes eram centrais para os objetivos da Educação Física, assim como a educação higiênica na infância. As "práticas de educação física", no campo discursivo, tinham o papel de moldar uma "juventude saudável", uma "juventude cívica", mas também eram subvertidas e se inseriam nas disputas por engajamento político de uma "juventude informal e esportista". Nos mesmos anos de 1930, outras práticas eram disseminadas na imprensa, principalmente em periódicos especializados em Medicina e Saúde e na "grande imprensa". Essas práticas estavam mais relacionadas às velhices ou ao rejuvenescimento e repercutiam em jornais de São Paulo e do Rio de Janeiro, abordando temas como dietas, cremes, remédios, massagens, pílulas e, em menor escala, as ginásticas. Nesse sentido, embora fosse necessário tutelar os jovens em um projeto contraditório, mas coletivo de nação, também começaram a surgir os desejos individuais de conquistar o rejuvenescimento, impulsionando um mercado econômico voltado ao envelhecimento.

Essas especificidades de tempo e lugar evidenciam que as representações sobre as velhices eram concebidas mediante contradições que contribuíram para a existência de múltiplas formas de envelhecimento. Afinal, existem diferenciações culturais, étnicas, de gênero, de classe e de gerações que dão sentido à velhice como uma categoria social heterogênea, de indivíduos interdependentes entre si.[2] Essa tese impede uma descrição homogênea de uma única velhice, ao mesmo tempo que atesta um considerável aumento do poder dos saberes especializados, científicos e médicos sobre os comportamentos considerados adequados em relação aos corpos. Além disso, houve o surgimento de um mercado consumidor ligado ao rejuvenescimento que, embora não estivesse centralmente relacionado às "práticas de educação física" na década de 1930, ganhava destaque na publicidade dos jornais.

Essas diferentes representações sobre a velhice permitiram uma análise sobre a crescente responsabilização dos indivíduos em relação ao processo de envelhecimento. Gradualmente, ocorria uma privatização da saúde dos corpos, o que poderia reduzir as responsabilidades coletivas do Estado no campo da saúde. No entanto, podemos observar como o crescimento econômico de algumas cidades, impulsionando a modernização e os conhecimentos técnicos, intensificou os conflitos e as desigualdades, incentivando paradoxalmente a organização de grupos sociais na luta pela saúde como direito e também uma crescente responsabilização dos sujeitos, por meio da adoção de comportamentos individuais considerados aceitos e impreteríveis para jovens e idosos conquistarem a saúde.

Em relação às juventudes no período dos anos de 1960 e 1970, mesmo em um cenário político autoritário, elas lutaram por liberdades democráticas, e os esportes foram utilizados como metáfora dos conflitos

---

2 Lucena, 2003.

políticos, sendo compreendidos pelos jovens progressistas como uma expressão desses embates, em vez de serem vistos apenas como "ópio do povo". Neste âmbito, o acesso aos esportes e às "práticas de educação física" também podia ser visto como direito da população jovem.

Em relação às velhices, o desenvolvimento econômico e social teve um impacto relativo na expectativa de vida das populações das cidades brasileiras nos anos de 1960 e 1970, e os idosos muitas vezes enfrentaram o isolamento social, enquanto algumas formas de juventude eram enaltecidas no campo cultural e no mercado de trabalho. Naqueles anos, por conta da interdição social dos idosos, o envelhecimento se tornou um tema de destaque nos debates públicos, principalmente nos países mais desenvolvidos, devido ao crescente envelhecimento da população. Essas preocupações levaram ao desenvolvimento gradual de políticas públicas, incluindo uma ênfase na educação não formal, na qual os indivíduos eram encorajados a ter maior controle sobre seus corpos. Isso exigia autocontrole, disciplina e dedicação ascética, mas paradoxalmente também promovia uma perspectiva hedonista, enfatizando o prazer nas práticas realizadas.

Dessa forma, buscava-se alcançar a longevidade e adiar o processo de envelhecimento, alimentando o desejo de não envelhecer, que já era incentivado pela imprensa desde os anos 1930 e se consolidou ao longo do século XX. Essas representações eram disseminadas em jornais e revistas, impulsionadas pela publicidade, para promover investimentos nessa nova abordagem, abrangendo todas as fases da vida, e incluía os mais variados cuidados corporais, como cirurgias, tratamentos variados e diversas "práticas de educação física".

A administração da velhice como uma conquista individual motivava os desejos das populações urbanas no campo cultural e econômico, afetando gradualmente grupos sociais mais amplos. Esse processo, simultaneamente hedonista e ascético, abrangia todas as idades. O envelhecimento passou a ser visto como uma ameaça ao corpo, levando os indivíduos a investirem em tratamentos e práticas respaldadas pela ciência e publicidade, por medo da velhice. Aceitar o envelhecimento com resignação deixou de ser considerado uma virtude, sendo necessário lutar contra ele por toda a vida.

Em São Paulo e no Rio de Janeiro, as "práticas de educação física" ganharam maior alcance no campo dos discursos, ignorando as realidades sociais marcadas por desigualdades. Em um contexto de regime militar nos anos 1960 e 1970, esse projeto individual de administração da velhice encontrava limitações devido às lutas por aposentadorias dignas e, de forma mais ampla, pela democracia. Mesmo assim, a partir dessa época, as "práticas de educação física" se disseminaram para um público mais amplo, deixando de se restringir aos jovens e seus esportes. Diversas formas de exercícios físicos, como ginástica, corrida e caminhada, passaram a ser apropriadas por parte dos idosos mais privilegiados nesse período.

Durante essas décadas, os termos utilizados para promover as "práticas de educação física", desde os esportes até os exercícios físicos, não se restringiam mais apenas às práticas educativas para jovens e crianças, como nos anos de 1930. As diferentes representações da velhice levaram os indivíduos a perceberem essas práticas como um recurso, uma forma de seguro previdenciário contra a "velhice abandonada" que afetava a vida adulta. Nos anos de 1980, essas práticas e representações sobre juventudes e velhices, contraditoriamente, incentivaram um mercado privado cada vez mais amplo do rejuvenescimento e a organização de grupos sociais na mobilização por uma pauta política de direitos à saúde, aproveitando o contexto de redemocratização e a promulgação da Constituição Cidadã de 1988.

Nos anos de 1980, houve uma oferta ainda mais ampla de serviços e produtos que colocou a saúde dos jovens e idosos em destaque. Ao mesmo tempo, houve uma maior conscientização sobre os direitos da população em uma agenda de saúde, que não se restringia a determinadas práticas e hábitos, tornando-se uma demanda da sociedade, que deveria ser acessível por meio de financiamento público.

Em São Paulo e no Rio de Janeiro, na "grande imprensa", tanto a "velhice como direito", abordando as iniciativas governamentais para controlar os gastos da previdência social, quanto a "velhice negada" eram temas noticiados nos jornais. Em paralelo, um mercado de consumo para evitar o envelhecimento ganhava destaque no noticiário. Nesse contexto, as "práticas de educação física" eram disseminadas como um dever moral dos indivíduos. A ideia de uma "velhice negada" era multifacetada, pois concomitantemente enfatizava o "envelhecimento bem-sucedido" como uma conquista individual e aludia a uma resistência aos preconceitos sociais em relação aos idosos. Nesse sentido, o tema da velhice ganhou uma relevância simbólica inédita no campo cultural, tornando-se também uma pauta presente nos campos político e social.

De qualquer forma, essas representações das velhices incentivaram um "envelhecimento ativo" e, por conseguinte, as "práticas de educação física". Além disso, essa abordagem não se limitava apenas ao público leitor das classes média e alta dos grandes jornais, pois uma variedade de "práticas de educação física" se inseria no cotidiano das populações urbanas de diferentes idades, por meio de produtos e serviços mais acessíveis.

Nesse mesmo período, a produção acadêmica mais progressista da Educação Física ainda estava focada principalmente nas crianças e nos jovens, na educação formal e na crítica ao esporte de alto rendimento em sua dimensão midiática. Durante o processo de redemocratização nessa década, alguns acadêmicos da Educação Física criticaram a ênfase na aptidão física e no esporte, em um contexto em que a ampliação da participação nos direitos democráticos era uma questão ética importante. As críticas tinham maior repercussão e circulação entre os professores de Educação Física que atuavam no campo da Educação.

Assim, os setores mais progressistas da Educação Física nos anos 1980 não deram centralidade ao tema do envelhecimento e das velhices, mas as influências das ciências biológicas da Educação Física continuaram presentes e foram reforçadas por setores empresariais e políticas voltadas para o bem-estar e a qualidade de vida em tempos de democratização, especialmente por meio das ideias de rejuvenescimento, estética e saúde que visavam jovens e idosos.

Embora, na área da Saúde, durante a mesma década de 1980, houvesse uma representação da "velhice como direito", reconhecendo que as velhices eram afetadas pelas desigualdades sociais, esse tema não foi central na Educação Física, especialmente nos setores mais progressistas focados nos jovens. Em contraste, os professores de Educação Física mais ligados às ciências biológicas davam grande importância, em seus termos, aos "benefícios da atividade física" e aos objetivos de uma "velhice negada", defendendo a tese de que a atividade física era uma fórmula para a saúde, não vista como um direito, mas como uma responsabilidade de cada indivíduo em todas as idades. Assim, as práticas direcionadas às velhices eram defendidas, como as dos jovens e adultos, pois o "envelhecimento ativo" era visto como um projeto que deveria ser preparado ao longo da vida.

Apesar das críticas dos setores mais progressistas da Saúde e da Educação Física, defendendo um projeto coletivo e público, nas cidades de São Paulo e do Rio de Janeiro, nos anos 1980, centenas de academias de ginástica foram abertas e suas práticas atingiram principalmente naquele momento a população jovem interessada em seus aspectos estéticos. Equipamentos de ginástica, antes restritos a clubes, passaram a ser produzidos em série, podendo ser comprados e utilizados em casa. As "práticas de educação física" tornaram-se serviços desejados e amplamente oferecidos.

Todavia, em nosso entendimento, não deveria haver interdições entre os mais variados ativismos políticos e práticas como os esportes e os exercícios físicos. Caso contrário, ocorrerá um afastamento entre as críticas, por vezes ancoradas em uma perspectiva moral, de uma elite intelectual e acadêmica em relação às populações e à sociedade. Nesse sentido, é preciso compreender, nos termos de Michel de Certeau,[3] que entre "estratégia" e "tática" os praticantes podem subverter seus usos, podem modificar seus significados.

3 Certeau, 2014.

Atualmente, destaca-se uma produção acadêmica marcada por desconstruções das interpretações dos anos de 1980 e 1990. Mais recentemente no campo, de forma exitosa, foi questionada a demasiada atenção dada aos higienismos, aos projetos nacionais, ao militarismo da Educação Física. Como pesquisadores inseridos neste contexto, acompanhamos de perto as novas interpretações, contudo, a cada dia em que nos debruçamos nas fontes e formamos um corpo documental, encontramos as higienes, os nacionalismos, as políticas, os autoritarismos, conservadorismos, suas respectivas resistências e outras agências que se colocam entre diferentes comunidades, grupos e indivíduos. Os temas da higiene, das instituições e do Estado não deixaram de ser relevantes, apenas precisam ser ressignificados em uma análise que observe mais as pluralidades e supere a oposição binária entre indivíduos e sociedade. Não é possível pensar em uma Educação Física, em juventudes e velhices, sem interferências de pensamentos conservadores que marcam a sociedade brasileira em diferentes tempos e espaços, mas também de muitas outras representações e práticas que se colocam em disputa. Não é possível ignorar as vozes que vêm da documentação.

Nesse sentido, nossas desconstruções têm outros objetivos, elas não são totais e irreversíveis, desconsiderando o que já foi produzido nas últimas décadas. Elas não partem da ideia de que higienismo e militarismo são projetos desconectados da realidade, sem nenhuma materialidade, embora seja plausível afirmar que pesquisadores do campo da Educação Física perderam algumas nuanças das práticas por diferentes motivos.

Em relação à produção de uma crítica social no campo da Educação Física nos anos de 1980 e 1990 e suas significativas marcas oriundas de uma sociologia crítica do esporte e de uma pedagogia histórico-crítica com inspirações marxistas, temos a dizer que ela tem sua inegável importância, mas que perdia a historicidade das práticas ao não observar as relações microssociais, o que levava a entender "práticas de educação física" como meras derivações das estratégias do capitalismo em um plano macrossocial.

Não comungamos das interpretações limitadas por uma oposição binária entre o indivíduo e a sociedade, entre o biológico e a cultura, entre a natureza e a história, em que as reflexões sobre a política são sempre compreendidas como o poder do Estado incidindo sobre a vida em uma única direção, como um poder que opera por meio de uma completa sujeição das pessoas. Nossa análise buscou entender como as estratégias políticas esbarram e se entrelaçam com estruturas, conjunturas e acontecimentos.

Dessa forma, é importante que as interpretações da história da Educação Física e do esporte levem em consideração as dimensões históricas, culturais, sociais e materiais, evitando generalizações e oposições binárias. A observação das relações microssociais e a compreensão da complexidade das estratégias políticas e das estruturas sociais são fundamentais para uma abordagem mais complexa dos fenômenos estudados.

Na ocasião de nossas primeiras pesquisas sobre higienismo no início do século XX, buscamos o apoio da obra de Georges Canguilhem,[4] que nos guiava em uma interpretação de um higienismo heterogêneo, como movimento social múltiplo em termos políticos, que tinha apenas em comum seus objetivos amplos de incremento da saúde coletiva e individual.[5]

Georges Canguilhem[6] é um pensador fundamental sobre os processos de saúde e doença. Ao problematizar o patológico como mero desvio quantitativo do normal, o autor perspectiva uma normatividade vital que estabelece o saudável como consciência de um declínio do que é considerado normal. Seria na plenitude da vida, inclusive por meio do adoecimento, que o corpo está em constante movimento, modificando-se em diferentes níveis. Assim, ter saúde não é somente poder viver em segurança contra o risco, mas também desafiar o normativo, estabelecendo

4 Canguilhem, 1995.

5 Góis Junior, 2003.

6 *Op. cit.*

outras normatividades. É enfrentar o próprio corpo, desequilibrando o organismo, dando-lhe outros limites, o que só se pode fazer com uma plena consciência sobre sua saúde.

Da mesma forma, as velhices e as juventudes são representadas de diversas maneiras, o que exige que o prescritivo e o homogêneo deem lugar às multiplicidades das experiências, ao enfrentamento das desigualdades e ao respeito às individualidades. Por exemplo, o professor de Educação Física Edmundo Alves Junior[7] considera que no final do século XX uma "pastoral do envelhecimento ativo" pecava pela ingenuidade aliada à tentativa de homogeneização de pessoas que só tinham em comum o pertencimento a uma geração. Nas suas palavras: "Não se pode negar que a mídia em geral vem exercendo um papel de grande divulgador dessa perspectiva de envelhecimento em que aos idosos pertencentes a essa 'idade dourada' tudo seria permitido e possível de ser experimentado".[8]

Os professores de Educação Física não precisam criar uma representação de culpa direcionada aos "infames" sedentários, impondo-lhes uma vida ascética no treinamento do corpo, nos hábitos rotineiros do exercício físico como pré-requisitos econômicos para uma vida saudável e sem pecado. Não existe uma lei mecanicista, na qual corpos jovens tornar-se-ão, na lógica da poupança, o passaporte para o paraíso da velhice. Isso é apenas uma possibilidade ou uma contingência. Não seria melhor, como Canguilhem,[9] compreender que o sofrimento do corpo é inevitável em qualquer fase da vida e, por conseguinte, o melhor que podemos fazer ao enfrentar a dor é atravessá-la nos âmbitos da terapêutica, mas também da cultura dos corpos?

Diante disso, não serão o treinamento esportivo análogo ao do atleta ou a estética dos homens e das mulheres fortes e jovens das academias de ginástica que propiciarão a certeza de uma velhice saudável. Isso não significa uma ode ao sedentarismo, pois seu significado varia com o

---

7 Alves Junior, 2004.

8 Alves Junior, 2004, p. 63.

9 *Op. cit.*

tempo,[10] nem um desprezo pela saúde dos corpos. Essa não é a direção do argumento em nossa crítica. Pelo contrário, o que buscamos é a superação do sofrimento decorrente do julgamento moral presente em alguns discursos de médicos, professores e profissionais da saúde, que culpam aqueles que não seguiram seus conselhos, atribuindo a eles um "pecado individual", que os faz pagar o preço na velhice. Criticamos a negação do sofrimento causado pelas doenças na velhice ou em qualquer etapa da vida, e nos opomos aos discursos prescritivos que propagam a ideia da "melhor idade", do "envelhecimento bem-sucedido" ou da "bela velhice"[11] como se fossem acessíveis a todos.

Nosso objetivo é questionar a culpa imposta por uma representação de saúde que reduz a complexidade dos comportamentos individuais, desconsiderando as histórias de vida, as desigualdades sociais e as diferenças culturais. Como afirma o sociólogo André Pires, ao estudar as representações de velhice na mídia nos anos de 1980 e 1990: "A rigor, a 'boa velhice' é a não velhice, ou seja, é ter-se preparado em outras etapas da vida para afastar os sinais físicos e emocionais que marcam a entrada na última etapa da vida. Os que não se preparam adequadamente, infelizmente, são os fracassados."[12]

Na mesma linha argumentativa, Joselene Gerolamo[13] observa que a palavra "velho", atualmente, beira o insulto, e termos como "melhor idade" ou "juventude tardia" são eufemismos que cumprem uma função conveniente ao mercado ao tratar os idosos como clientes, evitando assim qualquer estigma, como se uma palavra pudesse interditar os preconceitos entre jovens e idosos. É plausível pensarmos que o uso de termos como "terceira idade" e outros que surgiram depois dos anos de 1980 podem ter sido apropriados em um sentido diverso daquele pronunciado pelos defensores do "envelhecimento bem-sucedido", já que o sentido dos

---

10 Fraga, 2016.

11 Goldenberg, 2013.

12 Pires, 2003, p. 74.

13 Gerolamo, 2019.

sujeitos por vezes, como demonstramos, era negar a velhice. Desse modo, dizer "eu não sou velho" não significa afirmar "eu sou idoso", já que a representação da "velhice negada" assume também a não aceitação de qualquer característica atrelada ao envelhecer, independentemente da idade cronológica.

Nesse sentido, no campo da Educação, Viviane Magro[14] afirma que a periodização da vida em idades biológicas só teria sentido se observadas suas construções sociais e históricas, o que não significa de forma alguma negar o ciclo vital (nascimento, crescimento e morte), mas compreender essas etapas em suas dimensões simbólicas. Acrescentamos que, para além do simbólico, é preciso também analisar as juventudes e velhices em suas dimensões materiais, que permeiam as desigualdades sociais. Elas precisam ser mobilizadas na perspectiva de transformar a normatividade vital em uma agenda que passa pela aposentadoria digna, pela valorização do lazer e pelos direitos dos jovens e idosos de viver em uma sociedade sustentável. Precisaríamos discutir e refletir sobre as crenças da humanidade no domínio da natureza dos corpos, com o objetivo final de vencer a morte e conquistar a imortalidade, a que aludem hoje os pesquisadores de tecnologia.[15] Como imaginar uma sociedade sem a morte? Quais seriam as consequências de uma tecnologia que impedisse a morte humana em um cenário no qual milhões de pessoas nem sequer têm acesso à água? Quem seriam as pessoas que venceriam a morte? Seria o caso de uma nova eugenia? As desigualdades sociais não seriam um desafio mais relevante nas contingências da vida?

Enfim, das relações entre Educação Física e História, mobilizamos representações de juventudes e velhices que estruturam e são estruturadas pelas práticas. Desse modo, se articulam à vida e devem ser pensadas no campo ético. Se nos tornamos mais sensíveis no percurso, já valeu a enorme caminhada.

---

14 Magro, 2003.

15 Cordeiro & Wood, 2019.

FONTES

A BATALHA. "Roubou o homem que o protegera". Rio de Janeiro, 20 ago. 1932, p. 3.

A GAZETA. "Como poderemos viver 140 annos?" São Paulo, 11 mar. 1931, p. 3.

A MANHÃ. "A MANHÃ entre os pequenos *clubs*". Rio de Janeiro, 6 jul. 1935, p. 5.

____. "A parada desportiva de domingo – Não se deve, no bello espectaculo, fazer o cumprimento integralista". Rio de Janeiro, 29 jun. 1935, p. 7.

____. "O desfile de 15 mil athletas: O espetáculo soberbo de ante-hontem, promovido pela Associação Brasileira de Educação". Rio de Janeiro, 2 jul. 1935, p. 4.

____. "O sensacional concurso da 'A Manhã'". Rio de Janeiro, 20 jun. 1935, p. 7.

____. "Os integralistas perseguem os desportistas do 'Pereira Passos'". Rio de Janeiro, 2 jul. 1935, p. 2.

____. "Os sucessos do Centro Sportivo Tupynanbá". Rio de Janeiro, 28 maio 1935, p. 3.

____. "Sob os aspectos sportivo, social, intellectual e moral, comparará o publico o amadorismo e o profissionalismo!". Rio de Janeiro, 13 maio. 1935, p. 5.

A OFFENSIVA. "São esses os inimigos do Sigma". Rio de Janeiro, 16 set. 1936, p. 4.

ABEND, Célia. "Aulas especiais para crianças e idosos". *Jornal do Brasil*. Rio de Janeiro, 24 jul. 1989, Cidade, p. 4.

ABRAMO, Radha. "Café Paris". *Folha de S.Paulo*, 8 jan. 1984, Mulher, p. 2.

ACADEMIA NACIONAL DE MEDICINA. Ata da sessão. *Boletim da Academia Nacional de Medicina*, 29 out. 1936, pp. 858-866.

ACKERMAN, Bernard. "Crabs – The Resurgence of Phthirus pubis". *New England Journal of Medicine*, n. 278, Apr. 1968b, pp. 950-951.

ACKERMAN, Bernard. "Chatos – o ressurgimento do *Phthirus pubis*". *Medicina em Revista*, n. 106, jul./set. 1968a, pp. 15-16.

ALMANAK LAEMMERT. Rio de Janeiro, ed. A74, vol. 2, 1918, p. 3017.

____. Rio de Janeiro, ed. D86, vol.1, 1930, p. 466.

ALVES, Rosental Calmon. "Cooper comprova que exercício, mesmo moderado, prolonga a vida". *Jornal do Brasil*. Rio de Janeiro, 4 nov. 1989, 1º Caderno, p. 7.

ANDRADE, Carlos Drummond de. "Brasil vitorioso na Copa terá solução democrática". *Quando é dia de futebol*. São Paulo/Rio de Janeiro, Record, 2002 [1978], pp. 145-146.

ANDRADE, Jair de. "INPS". *Jornal do Brasil*. Rio de Janeiro, 26 nov. 1979, p. 10.

ARENDT, Hannah. *On violence*. Orlando, Harcourt Brace Jovanovich Publishers, 1970.

ARENO, Waldemar. "Higiene e Saúde". *Revista Educação Física*, n. 53, 1941, pp. 32-33.

ATHAYDE, Eduardo. "*O Pasquim* entrevista os caras do *surf*: o esporte da onda". *O Pasquim*, n. 286, 1974, pp. 14-16.

ATHAYDE, Felix de. "Os velhos e os novos". *O Pasquim*, n. 381. Rio de Janeiro, 1976, p. 5.

ATHAYDE, Tristão de. "A idade nova e a acção catholica". *A Ordem*, Rio de Janeiro, n. 61, ago. 1935, pp. 103-113.

AZEVEDO, Fernando. *Da educação física: o que ela é, o que tem sido e o que deveria ser*. 3. ed. São Paulo, Melhoramentos, 1960.

AZEVEDO, Roberto. "Velhice desamparada é o problema que o tempo agrava na Guanabara". *Jornal do Brasil*. Rio de Janeiro, 1 out. 1961, 1º Caderno, p. 10.

BARBANTI, Valdir. *Aptidão física: um convite à saúde*. São Paulo, Manole, 1990.

____. "Aptidão física: conceitos e avaliação". *Revista Paulista de Educação Física*, vol. 1, n. 1. São Paulo, 1986, pp. 24-32.

BEAUVOIR, Simone de. *A velhice*. Rio de Janeiro, Nova Fronteira, 1990 [1970].

BIBLIOTECA NACIONAL. Hemeroteca Digital Brasileira. Rio de Janeiro, 2023. Disponível em <http://memoria.bn.br/hdb/periodico.aspx>. Acesso em 28/3/2023.

BLAIR, Steven N. *et al*. "Physical Fitness and All-Cause Mortality: A Prospective Study of Healthy Men and Women". *JAMA*, vol. 262, n. 17, 1989, pp. 2395-2401.

BOAVENTURA DA SILVA, Antônio. "Dez mandamentos para preservar a saúde pela atividade física". *Revista Paulista de Educação Física*, vol. 1, n. 1. São Paulo, 1986, pp. 18-20.

BOCCANERA, Silio. "A luta da vida mais longa". *Jornal do Brasil*. Rio de Janeiro, 2 dez. 1971, Caderno B, p. 1.

BOUKAI, Nassim. "Velhice". *Jornal do Brasil*. Rio de Janeiro, 10 jul. 1976, 1º Caderno, p. 10.

BRACHT, Valter. "A criança que pratica esporte respeita as regras do jogo... capitalista". *Revista Brasileira de Ciências do Esporte*, vol. 7, n. 2, 1986, pp. 62-68.

BRAGA, José Carlos de Sousa & PAULA, Sergio Goes de. *Saúde e previdência: estudos de política social*. São Paulo, Cebes/Hucitec, 1981.

BRASIL URGENTE. "Mundial de basquete teve até torcida contra". São Paulo, 26 maio 1963, p. 23.

BRAZIL-MEDICO. "Geranabol vence o tempo". Rio de Janeiro, vol. 82, n. 2, mar./abr. 1968, p. 62.

BRITO, Carlos Alberto Nembri de. "Discurso de Paraninfo". *Arquivos da ENEFD*, ano 22, n. 21. Rio de Janeiro, dez. 1966, pp. 170-179.

BUARQUE, Sergio. "Com oito rodas o Copersucar vai?". *Movimento*. São Paulo, 31 maio 1976, p. 10.

BUCOMAR, Enio. "A saúde no Rio de Janeiro: um breve diagnóstico". *Movimento*. São Paulo, 17 out. 1977, p. 10.

CABRAL, Sérgio. "Coleguinhas paulistas: cá entre nós". *O Pasquim*, n. 778. Rio de Janeiro, 1984, p. 8.

CALDAS, Dulce. "Gilberto Gil: saci-pererê, palhaço, cuca-fresca". *Movimento*. São Paulo, 24 jan. 1977, p. 17.

CAMPOS, Humberto de. "Notas de um 'diarista'". *O Jornal*, Rio de Janeiro, 24 set. 1931, p. 4.

CANTALA, Julio. "A pedra philosophal e o elixir da longavida. Sciencia e o mundo: revista das sciencias". *Correio Paulistano*, 8 abr. 1937, p. 17.

CANTON, Katia. "A beleza através dos tempos". *Folha de S.Paulo*, 25 maio 1986, Domingo, p. 12.

CARPEAUX, Otto Maria. *O Brasil no espelho do mundo*. Rio de Janeiro, Civilização Brasileira, 1965.

CARVALHO, Murilo. "Velhos trabalhadores: solidão à espera da morte". *Movimento*. São Paulo, 13 out. 1980, pp. 18-19.

CASTELLANI FILHO, Lino. *Educação Física no Brasil: a história que não se conta*. Campinas, Papirus, 1988.

CASTRO, Ruy. "Em cima do muro". *O Pasquim*, n. 468. Rio de Janeiro, 1978, p. 19.

CAVALCANTI, Kátia Brandão. *Esporte para todos: um discurso ideológico*. São Paulo, Ibrasa, 1984.

CBCE. Colégio Brasileiro de Ciências do Esporte. "Editorial". *Revista Brasileira de Ciências do Esporte*, vol. 9, n. 1, 1987, p. 2.

CEBES. Centro Brasileiro de Estudos em Saúde. "Editorial". *Saúde em Debate*, n. 17, jul. 1985, pp. 3-4.

CERVIÑO, Celia. "Mocidade e velhice". *Jornal do Brasil*. Rio de Janeiro, 5 fev. 1939, Livro aberto às crianças, p. 1.

CHRYSANTHEME. "A mocidade e a velhice". *A Vida Domestica*, Rio de Janeiro, n. 158, maio 1931, p. 63.

CIVILIZAÇÃO BRASILEIRA. Rio de Janeiro, n. 8, 1966, p. 309.

COLOMBO, Alfredo. "Desporto – fator de alegria e bem-estar do trabalhador". *Arquivos da ENEFD*, ano XXII, n. 21. Rio de Janeiro, dez. 1966, pp. 65-70.

COOPER, Kenneth. *Aptidão física para qualquer idade*. Rio de Janeiro, Honor, 1972a.

____. *Capacidade aeróbica*. Rio de Janeiro, Honor, 1972b.

CORRÊA, José Maria & CARVALHO, Nivan de. "Mexa-se!... mas antes consulte um médico". *Revista de Educação Física*, vol. 44, n. 1, 1975, pp. 32-34.

CORREIO DA MANHÃ. "Velhice: aos quarenta anos começa a nascer um marginal". Rio de Janeiro, 3 abr. 1971, Anexo, pp. 2-3.

CORREIO DE SÃO PAULO. "Instalou-se hontem a Comissão Estadual de Educação Physica". São Paulo, 10 fev. 1933, p. 1.

CORREIO PAULISTANO. "Educação physica". São Paulo, 4 maio 1930, p. 5.

____. "Dez mil escolares desfilaram, hontem, em homenagem ao 'Dia da Raça'". São Paulo, 13 out. 1938, p. 6.

____. "Em prol de uma raça mais forte". São Paulo, 13 ago. 1930, p. 5.

____. "Entrevista com o Dr. Alexis Carrell, do Rockfeller Institute for Medical Research. A sciencia e o mundo". São Paulo, 1 out. 1936, p. 16.

____. "Enxertos glandulares? O rejuvenescimento das pessoas de ambos os sexos". São Paulo, 26 jun. 1935, p. 14.

____. "Escola Superior de Educação Physica". São Paulo, 2 abr. 1939, p. 5.

____. "O problema da longevidade humana. Um russo pretende tel-o resolvido". São Paulo, 9 ago. 1930, p. 1.

____. "O segredo da mocidade eterna". São Paulo, 16 jun. 1935, p. 6.

____. "Prisões verificadas no interior do Estado, em 1936". São Paulo, 21 nov. 1937, p. 24.

CORREIO PAULISTANO. "Sylvino P. Araujo: Voronoff brasileiro, a mulher não precisa de enxertos". São Paulo, 25 jul. 1930, p. 13.

____. "Velhice é moléstia". São Paulo, 3 set. 1936, p. 7.

____."W-5". São Paulo, 29 set. 1934, p. 4.

COSLOWSKY, Simão. "Quando aos 35 anos a mulher é idosa". *Jornal do Brasil*. Rio de Janeiro, 23 fev. 1969, Caderno de Domingo, p. 62.

COSTALLAT, Benjamin. "O Supremo Heroísmo". *Jornal do Brasil*. Rio de Janeiro, 14 set. 1934, p. 5.

CPDOC. Centro de Pesquisa e Documentação de História Contemporânea do Brasil. "Luís Gonzaga Nascimento e Silva". Rio de Janeiro, Fundação Getúlio Vargas, 2023. 1 Verbete. Disponível em <https://www18.fgv.br/CPDOC/acervo/dicionarios/verbete-biografico/silva-luis-gonzaga-do-nascimento-e>. Acesso em 27/1/2023.

DaCOSTA, Lamartine Pereira. *Diagnóstico de educação física/desportos no Brasil*. Rio de Janeiro, Ministério da Educação e Cultura, 1971.

DANTAS, Estélio Henrique Martin. "Treinamento na Terceira Idade". *Revista de Educação Física do Exército*, Rio de Janeiro, vol. 52, n. 113, 1983, pp. 17-24.

DRUMMOND, Roberto. "Por acaso foi Pelé que derrubou Jango?". *Movimento*. São Paulo, 12 jun. 1978, p. 11.

DUAYER. *O Pasquim*, n. 479. Rio de Janeiro, 1978, p. 3, 1 ilustração.

DUQUE, Vicente Padilla. "Panorama geral da Educação Física nos Estados Unidos da América do Norte". *Arquivos da ENEFD*, ano 20, n. 19. Rio de Janeiro, jun. 1964, pp. 125-134.

FARIA, Clovis Muzzel. "Da masturbação". *Imprensa Medica*, 1 abr. 1937, pp. 483-484.

FERNANDES, Carlos. "Cultura physica". *O Paiz*. Rio de Janeiro, 10 jan. 1930, p. 1.

FERNANDES, Millôr. "Proxenetismo". *O Pasquim*, n. 117. Rio de Janeiro, 1971, p. 23.

FERRETI JUNIOR, Pedro. "*Rock* Exaltação". *O Pasquim*, n. 958. Rio de Janeiro, nov. 1987, p. 19.

FIGUEIREDO, Osmar Salles de. *Estudo de problemas brasileiros, como disciplina e prática educativa, nas escolas superiores da V Região Administrativa do Estado de São Paulo*. Campinas, Faculdade de Educação, Universidade Estadual de Campinas, 1976 (Tese de Doutorado em Educação).

"FIM DE SEMANA no parque". Intérprete: Racionais MC's. Compositor: Mano Brown. *In*: *Raio X do Brasil*. Intérprete: Racionais MC's. São Paulo, Zimbabwe Records, 1993. 1 LP, Lado A, faixa 2, 7min.

FIORILLO, Marilia Pacheco. "Comportamento: Culto do corpo, reação à caretice?". *Movimento*. São Paulo, 29 dez. 1980, p. 22.

FOLHA DE S.PAULO. Acervo *Folha S.Paulo*, 2023. Disponível em <https://acervo.folha.com.br/index.do>. Acesso em 28/3/2023.

____. "Entidades assistenciais necessitam de recursos". São Paulo, 5 nov. 1973, p. 7.

____. "Fumo, não!". São Paulo, 8 jul. 1970, p. 4.

____. "Idosos". São Paulo, 28 set. 1987. Cidades, p. 12.

____. "Moda jovem não tem idade". São Paulo, 20 fev. 1972, p. 76.

____. "Um sonho com mais de 50 anos". São Paulo, 17 jun. 1975, p. 33.

FONSECA, Rubem. "É pornografia". *O Pasquim*, n. 25. Rio de Janeiro, 1969, p. 19.

FRANCIS, Paulo. "Circo Americano". *O Pasquim*, n. 149. Rio de Janeiro, 1972, p. 9.

FREUD, Sigmund. "O mal-estar da civilização". *In*: SALOMÃO, Jayme (org.). *Freud*. São Paulo, Abril Cultural, 1978 [1929], pp. 129-194 (Coleção Os Pensadores).

FREYRE, Gilberto. "A República de 89 e o progresso da miscigenação no Brasil". *Ordem e progresso*, tomo II. Rio de Janeiro, José Olympio, 1959, pp. 345-383.

____. *Casa-Grande & Senzala: formação da família brasileira sob o regime da economia patriarcal*. 16. ed. Rio de Janeiro, José Olympio, 1973 [1933].

____. "O Idoso válido como uma descoberta da nossa época". *Ciências & Trópico*, vol. 5, n. 1, jan./jun. 1977, pp. 65-76.

GABEIRA, Fernando. "Ideias no aniversário". *O Pasquim*, n. 783. Rio de Janeiro, 1984, p. 9.

GILLIAN, Angela. "O negro continua com a vassoura na mão". *O Pasquim*, n. 227. Rio de Janeiro, 1973, pp. 10-13.

GHIRALDELLI JUNIOR, Paulo. *Educação Física progressista*. São Paulo, Loyola, 1988.

HENFIL. "Eles querem é Tênis". *O Pasquim*, n. 392. Rio de Janeiro, 1976, p. 31.

____. *O Pasquim*, n. 47. Rio de Janeiro, 1970, p. 19, 1 ilustração.

IANNI, Octavio. "Vianinha visita a classe média". *Movimento*. São Paulo, 22 maio 1978, p. 18.

IBGE. Instituto Brasileiro de Geografia e Estatística. *Anuário Estatístico do Brasil – 1992*. Rio de Janeiro, IBGE, 1992.

____. *Censo demográfico: dados gerais, migração, instrução, fecundidade, mortalidade*. Rio de Janeiro, IBGE, 1983.

IBGE. Instituto Brasileiro de Geografia e Estatística. *Censo demográfico 2010*. Rio de Janeiro, IBGE, 2010.

____. *População recenseada e estimada*. Rio de Janeiro, IBGE, 1978, pp. 89-91.

____. *Recenseamento geral do Brasil: 1 de setembro de 1940: Sinopse do censo demográfico - dados gerais*. Rio de Janeiro, Serviços Gráficos do IBGE, 1946.

JAGUAR. "Tennis mania". *O Pasquim*, n. 534. Rio de Janeiro, 1979, p. 30.

JORNAL DO BRASIL. "65 anos ou mais". Rio de Janeiro, 23 ago. 1976, Caderno B, p. 10.

____. "A idade dos bons cuidados". Rio de Janeiro, 12 maio 1969, Caderno de Domingo, p. 6.

____. "A Ioga e eu". Rio de Janeiro, 31 jan. 1963, Caderno B, p. 3.

____. "A saúde dos atletas matinais". Rio de Janeiro, 6 jun. 1988, Esportes, p. 4.

____. "Amparo a velhice". Rio de Janeiro, 29 abr. 1973, 1º Caderno, p. 6.

____. "Emagrecer para viver mais e melhor". Rio de Janeiro, 19 ago. 1962, Caderno de Domingo, p. 9.

____. "Festival de cinema amador terá 'Velhice', que mostra um mundo sem perspectivas". Rio de Janeiro, 6 ago. 1968, 1º Caderno, p. 10.

____. "Fim de linha?". Rio de Janeiro, 26 ago. 1984, Domingo, pp. 25-27.

____. "Ministro pede mais amparo à velhice e aumento da longevidade da população". Rio de Janeiro, 12 jul. 1976, 1º Caderno, p. 6.

____. "Na previdência, os problemas nascem do gigantismo". Rio de Janeiro, 20 abr. 1972, 1º Caderno, p. 26.

____. "O aprendizado da Velhice". Rio de Janeiro, 21 ago. 1974, Caderno B, p. 9.

____. "O fantasma da aposentadoria". Rio de Janeiro, 29 mar. 1961, Caderno B, p. 4.

____. "O importante parecer do Deputado Alberto Alvares". Rio de Janeiro, p. 13, 7 jul. 1936.

____. "Orçamento do INPS equivale a 8% do PIB". Rio de Janeiro, p. 1, 24 fev. 1977.

____. "Os recursos da propaganda comunista". Rio de Janeiro, p. 6, 28 dez. 1937.

____. "Os velhos não querem mais ficar para trás". Rio de Janeiro, 25 mar. 1973, Caderno I, p. 6.

____. "Para envelhecer bem, não basta idade: é preciso arte". Rio de Janeiro, 9 fev. 1962, Caderno B, p. 3.

____. "Para fortalecer a raça". Rio de Janeiro, p. 8, 6 nov. 1932.

JORNAL DO BRASIL. "Passarinho diz na Câmara que INPS revê atendimentos". Rio de Janeiro, 17 nov. 1967, 1º Caderno, p. 7.

____. "Pequena enciclopédia dos 40 anos". Rio de Janeiro, 20 out. 1968, Caderno de Domingo, p. 8.

____. "Quando tudo na vida tem cura". Rio de Janeiro, 15 ago. 1976, Caderno de Domingo, pp. 20-21.

____. "Ravinat descobre como o homem pode viver mais". Rio de Janeiro, 14 ago. 1966, 1º Caderno, p. 16.

____. "Simone de Beauvoir é uma velha". Rio de Janeiro, 21 fev. 1970, Caderno B, p. 8.

____. "Sinal de falência". Rio de Janeiro, p. 10, 26 nov. 1979.

____. "Talvez venha amanhã". Rio de Janeiro, 9 maio 1964, 1º Caderno, p. 13.

____. "Um exemplo de rejuvenescimento". Rio de Janeiro, 4 jun. 1939, Caderno Segunda Secção, p. 3.

____. "Velhice: o tempo, de repente". Rio de Janeiro, 23 jul. 1972, Caderno de Domingo, p. 5.

____. "Velhice: um processo a ser detido". Rio de Janeiro, 8 nov. 1973, Caderno B, p. 4.

JORNAL DOS SPORTS. "Grandes figuras: Vlamir e Amaurí". Rio de Janeiro, 1 fev. 1959, p. 8.

JUAREZ. *O Pasquim*, n. 33. Rio de Janeiro, 1970, p. 18, 1 ilustração.

LEMOS, Lucelena. "Na ginástica, o cálice da juventude". *Jornal dos Sports*, Rio de Janeiro, 24 jul. 1988, Segundo Tempo, p. 1.

LESSA, Ivan. *O Pasquim*, n. 410. Rio de Janeiro, 1977, p. 32, 1 ilustração.

____. "Por falar em Cooper...". *O Pasquim*, n. 159. Rio de Janeiro, 1972, p. 3.

LOEWENSTEIN, Konrad. "Envelhecer: arte da renovação". *Jornal do Brasil*, Rio de Janeiro, 13 abr. 1969, Caderno de Domingo, p. 2.

LOURENÇO, Nelson. "Um grande passo para o aperfeiçoamento de nossa gente". *O Paiz*. Rio de Janeiro, 29 ago. 1930, p. 4.

LOYOLA, Hollanda. "É o dia da raça!". *Educação Física*, n. 58, 1941, p. 9.

LUZ, Madel Therezinha. *Medicina e ordem política brasileira: políticas e instituições de saúde (1850-1930)*. Rio de Janeiro, Graal, 1982.

MACIEL FILHO, Luiz. "Onde suar com requinte em S. Paulo". *Jornal do Brasil*. Rio de Janeiro, 17 set. 1986, Caderno B, p. 8.

MACIEL, Luiz Carlos. "Muhammad na Boneca". *O Pasquim*, n. 39. Rio de Janeiro, 1970, p. 29.

MAGALI. "A mocidade e a velhice". *O Jornal*. Rio de Janeiro, 22 mar. 1931, p. 3.

MALÁRIA, Paulo. "*Rock* em castas". *O Pasquim*, n. 982. Rio de Janeiro, jul. 1988, p. 10.

MANTA, Neves. "Prophylaxia das paixões prematuras". *Imprensa Medica*, 5 out. 1932, pp. 341-342.

MARCOS, Plínio. "Mais vexame da CBD". *Movimento*. São Paulo, 14 jun. 1976, p. 10.

MARTINS, Mario. "Ameaça crescente". *Jornal do Brasil*. Rio de Janeiro, 26 maio 1963, p. 13.

MARTINS, Rui. "A velhice de todos". *O Pasquim*, n. 34. Rio de Janeiro, 1970, p. 2.

MASCARENHAS, Rodolfo dos Santos. "Problemas da saúde pública no município de São Paulo". *Arquivos da Faculdade de Higiene e Saúde Pública*, vol. 19, n. 1-2, jun./dez. 1965, pp. 7-22.

MEDICINA EM REVISTA. "Beleza por injeção". Rio de Janeiro, n. 99, out./dez. 1966, p. 19.

____. "Método simples para interromper a gravidez". Rio de Janeiro, n. 107, out./dez. 1968, p. 9.

MEDINA, João Paulo Subirá. *A Educação Física cuida do corpo e... mente*. Campinas, Papirus, 1983.

MELLO, Antônio da Silva. "O problema da velhice". *Revista Brasileira de Medicina*, Rio de Janeiro, vol. 22, n. 2, fev. 1965, pp. 115-117.

MENDES, Amadeus. "Uma pagina de Paul de Kruif". *Correio Paulistano*, 5 out. 1939, p. 4.

MENDONÇA, Carlos Sussekind. *O* sport *está deseducando a mocidade brasileira*. Rio de Janeiro, Empreza Brasil, 1921.

MENDONÇA, Luís. "Censo deve estudar gasto da previdência". *Folha de S.Paulo*, 25 nov. 1975, p. 27.

MIRANDA, Neusa. "Previdência prevê mudanças para 1979". *Folha de S.Paulo*, 31 dez. 1979, 1º Caderno, p. 16.

MOLLICA. *O Pasquim*, n. 311. Rio de Janeiro, jun. 1975, p. 8, 1 ilustração.

____. "Só o humor constrói". *O Pasquim*, n. 577. Rio de Janeiro, 1980, p. 27.

MONTSERRAT FILHO, José. "As delirantes plásticas da burguesia". *O Pasquim*, n. 318. Rio de Janeiro, 1975, p. 6.

____. "Esse discurso tem 35 anos, mas não parece". *O Pasquim*, n. 343. Rio de Janeiro, 1976, p. 29.

MOREYRA, Álvaro. "A lamentável confusão...". *A Manhã*, Rio de Janeiro, 20 jul. 1935a, p. 3.

____. "Acompanhando o cambio". *A Manhã*, Rio de Janeiro, 31 maio 1935b, p. 3.

MORIER, Luís. "Censo revela que no Rio se vive mais do que no resto do país". *Jornal do Brasil*. Rio de Janeiro, 6 fev. 1982, 1º Caderno, p. 5.
MOURA, Roberto. "Quem tem boca vai à Roma". *O Pasquim*, n. 280. Rio de Janeiro, 1974, p. 22.
MOVIMENTO UNE, n. 13, nov. 1981, p. 10.
MOVIMENTO. "EPB: ame-a ou deixe-a". São Paulo, 8 nov. 1976, p. 10.
____. "Velho, aos 45 anos de idade". São Paulo, 24 nov. 1980, p. 19.
NASCIMENTO, Alex. "Happy birthday, Mrs. Reagan". *O Pasquim*, n. 961. Rio de Janeiro, 1987, p. 15.
NERI, Anita Liberalesso. "A sabedoria na velhice". *Psicologia: Ciência e Profissão*, vol. 7, n. 2, 1987, p. 36.
____. *Envelhecer num país de jovens. Significados de velho e velhice segundo brasileiros não idosos*. Campinas, Editora da Unicamp, 1991.
NETTO, Americo. "Ginástica e desporto". *Revista de Educação Física do Exército*, n. 9, 1933, p. 29.
O HOMEM LIVRE. "Ciencias, offensivas contra a morte". São Paulo, 27 maio 1933, p. 3.
____. "O Sport Club Germania curva-se diante de Hitler". São Paulo, 9 out. 1933, p. 2.
O PASQUIM. "A somatização da velhice". Rio de Janeiro, n. 353, 1976, p. 9.
____. "Dercy é a mãe". Rio de Janeiro, n. 1040, 1990, pp. 4-5.
____. "Um reacionário assim na Terra como no céu". Rio de Janeiro, n. 814, [1979] 1985, pp. 8-10.
____. Rio de Janeiro, n. 249, 1974, p. 26, 1 ilustração.
OLIVEIRA, Chico de. "A economia da saúde". *Movimento*. São Paulo, 8 set. 1975, pp. 12-13.
OLIVEIRA, Fernando Candido de. "A importância da Educação Física como meio de integração social da juventude". *Arquivos da ENEFD*, ano 21, n. 20. Rio de Janeiro, jul./dez. 1965, pp. 187-189.
OLIVEIRA, Jaime Araújo. "A crise da Previdência e seu impacto sobre a política de saúde". *Saúde em Debate*, n. 13, jul. 1981, pp. 4-19.
OLIVEIRA, José Carlos. "O rosto no espelho". *Jornal do Brasil*. Rio de Janeiro, 21 dez. 1961, 1º Caderno, p. 15.
PAIVA, Luis Miller de. "O revolucionário extremista e a psicoterapia de grupo". *Medicina e Cultura*, vol. 21, n. 1. São Paulo, jan./jul. 1967, pp. 97-107.
PASTOR, Raymundo. "O jogo: ojeriza dos paes pelo jogo". *Revista de Educação*, vol. 8, n. 8, dez. 1934, p. 3.

PEACOCK, Arthur. "Comunismo, religião e indivíduo". *Jornal do Brasil*, Rio de Janeiro, 29 ago. 1959, 2º Caderno, p. 5.

PEDREIRA, Fernando. "Duas lições do México". *O Pasquim*, n. 54. Rio de Janeiro, 1970, p. 11.

PEGADO, Paulo. "Correr ou caminhar? Parte 3". *Jornal do Brasil*. Rio de Janeiro, 22 dez. 1986, Esportes, p. 5.

PINHEIRO, Aurelio. *O Malho*, Rio de Janeiro, n. 145, 12 mar. 1936, p. 33.

QUE PAÍS é este. Intérprete: Legião Urbana. Compositor: Renato Russo. *In*: *Que país é este*. Intérprete: Legião Urbana. Rio de Janeiro, EMI-Odeon, 1987. 1 LP, faixa 1, 2min57s.

RAHAL, Carlos Antonio. "Exercícios e dieta são receita para a velhice saudável". *Folha de S.Paulo*, 14 nov. 1988, Educação e ciência, p. 8.

RAMOS, Luiz Roberto & GOIHMAN, Samuel. "Geographical stratification by socio-economic status: methodology from a household survey with elderly people in S. Paulo, Brazil". *Revista de Saúde Pública*, vol. 23, n. 6. São Paulo, dez. 1989, pp. 478-492.

RANGEL, Paulo. "As vantagens de João morar em Nogueira". *O Pasquim*, n. 788. Rio de Janeiro, 1984, p. 5.

RAVINA, André. "Algumas considerações sobre a patogenia e o tratamento do envelhecimento". *Revista Brasileira de Medicina*, vol. 25, n. 1, jan. 1968, pp. 31-33.

____. "Quelques considérations sur la pathogénie et le traitement du vieillissement". *La Presse Médicale*, vol. 75, n. 17. Paris, 1967a, pp. 855-856.

____. "Sulfadiazina e envelhecimento". *Medicina em Revista*, n. 101. Rio de Janeiro, abr./jun. 1967b, pp. 31-32.

REBELO, Pires. "A cirurgia esthetica e a electricidade medica numa clinica de belleza". *Imprensa Medica*, 20 nov. 1930, pp. 742-743.

REVISTA BRASILEIRA DE CIÊNCIAS DO ESPORTE, vol. 9, n. 1. São Paulo, set. 1987, 1 ilustração.

REVISTA BRASILEIRA DE MEDICINA, vol. 25, n. 12. "A pílula vista de outro ângulo". Rio de Janeiro, dez. 1968, pp. 850-852.

RIBEIRO, José M. Gomes. "1830-1930". *O Paiz*. Rio de Janeiro, 15 jan. 1930, p. 3.

RIBEIRO, Leonildo. "Aspectos médicos do problema da delinquencia infantil". *Boletim da Academia Nacional de Medicina*, 29 out. 1936, pp. 842-857.

ROWE, John W. & KAHN, Robert L. "Human Aging: Usual and Successful". *Science*, vol. 237, 10 jul. 1987, pp. 143-147.

SANTOS, Luiz dos. "Halterofilismo: um novo desporto-base". *Arquivos da ENEFD*, n. 22. Rio de Janeiro, 1972, pp. 61-72.

SANTOS, Tercio. "Velhos". *Movimento*. São Paulo, 10 out. 1976, p. 4.

SCHERMAN, José. "Homossexualidade". *Revista Brasileira de Medicina*, vol. 17, n. 4. Rio de Janeiro, abr. 1960, p. 447.

SENDIN, Claudio. "O caminho do Calvário". *O Pasquim*, n. 919. Rio de Janeiro, 1987, pp. 5-6.

SENISE, Nelson. "Doenças vasculares: um problema atual". *Jornal do Brasil*. Rio de Janeiro, 23 jun. 1963, Revista de Domingo, p. 10.

SILVA, Eduardo Augusto Viana da. "Bases e organização dos desportos no Brasil". *Arquivos da ENEFD*, ano 20, n. 19. Rio de Janeiro, jun. 1964, pp. 143-156.

SILVA, Maurico Joppert. "Idade não é velhice". *Jornal do Brasil*. Rio de Janeiro, 21 maio. 1961, 1º Caderno, p. 6.

SIMÕES, Bené. "O triste aniversário de Pastinha". *Movimento*, n. 147. São Paulo, 21 abr. 1978, p. 6.

SIMÕES, Maria da Penha. "Mocidade e velhice". *Jornal do Brasil*. Rio de Janeiro, 8 jan. 1939, Caderno Livro Aberto às Crianças, p. 1.

SKINNER, Burrhus Frederic & VAUGHAN, Margareth. "Viva bem a velhice: aprendendo a programar a sua vida". Trad. Anita Liberalesso Neri. São Paulo, Summus, 1985.

SOUZA, Tárik de. "Silêncio nos tamborins: morreu o pedreiro Cartola". *Movimento*. São Paulo, 8 dez. 1980, p. 24.

SPORT ILLUSTRADO. "Os *sports* entre os collegiaes". Rio de Janeiro, 2 jun. 1938, p. 3.

SR. TEMPO BOM. Intérprete: Thaíde & DJ Hum. Compositor: Thaíde. *In*: *Preste atenção*. Intérprete: Thaíde & DJ Hum. São Paulo, Eldorado, 1996. 1 CD, faixa 6, 4min42s.

STEAGALL-GOMES, Dayse L. & SCATENA, Teresa C. "Os idosos e a realidade da velhice". *Revista Brasileira de Enfermagem*, vol. 36, n. 2, 1983, pp. 129-151.

THE WORLD BANK. *Data Bank, World Development Indicators*. Disponível em <https://databank.worldbank.org/>. Acesso em 18/9/2024.

VIEIRA, Flávio Pinto. "De velhice". *O Pasquim*, n. 514. Rio de Janeiro, 1979, p. 31.

VIEIRA, Lellis. "Pela raça!". *Correio Paulistano*, 16 ago. 1939, p. 3.

VIGNON, G. "Problemas fisiológicos e texturais da senescência". *Revista Brasileira de Medicina*, vol. 26, n. 5. Rio de Janeiro, maio 1969, pp. 309-311.

WHO. World Health Organization. *The Global Health Observatory*. Disponível em <https://www.who.int/data/gho>. Acesso em 18/9/2024.
ZIRALDO. "Ziraldo funda o Clube dos Sazões". *O Pasquim*, n. 38. Rio de Janeiro, 1970, pp. 10-11.
____. *O Pasquim*, n. 139. Rio de Janeiro, 1972, p. 7, 1 ilustração.
____. "Esporte espetacular". *O Pasquim*, n. 409. Rio de Janeiro, 1977, p. 31.
____. *O Pasquim*, n. 704. Rio de Janeiro, 1982, pp. 8-15.

REFERÊNCIAS BIBLIOGRÁFICAS

ABOIM, Sofia. "Narrativas do envelhecimento: ser velho na sociedade contemporânea". *Tempo Social*, vol. 26, n. 1, 2014, pp. 207-232.

ALMADA, Pablo Emanuel Romero. "Repensando as interpretações e memórias de 1968". *Tempo Social*, vol. 33, n. 1, 2021, pp. 225-243.

ALVES JUNIOR, Edmundo de Drummond. "Procurando superar a modelização de um modo de envelhecer". *Movimento*, vol. 10, n. 2. Porto Alegre, maio/ago. 2004, pp. 57-71.

ALVES, Vladimir Zamorano & MELO, Victor Andrade. "Um novo barato: surfe e contracultura no Rio de Janeiro dos anos 1970". *Revista Brasileira de Ciências do Esporte*, vol. 39, n. 1, 2017, pp. 2-9.

ANDERSON, Benedict. *Comunidades imaginadas*. 2. ed. São Paulo, Companhia das Letras, 2013.

ARAÚJO, Maria Paula Nascimento. "A luta democrática contra o regime militar na década de 1970". *In*: REIS, Daniel Aarão; RIDENTI, Marcelo & MOTTA, Rodrigo Patto Sá (org.). *O golpe e a ditadura militar: quarenta anos depois (1964-2004)*. Bauru, Edusc, 2004, pp. 161-179.

AREND, Silvia Maria. *Histórias de abandono: infância e justiça no Brasil (década de 1930)*. Florianópolis, Mulheres, 2011.

ARIÈS, Phillipe. *O homem diante da morte*. São Paulo, Editora Unesp, 2013.

ARÓSTEGUI, Julio. *A pesquisa histórica: teoria e método*. Bauru, Edusc, 2006.

BAÍA, Anderson C. & MORENO, Andrea. "O papel do esporte no projeto formador das Associações Cristãs de Moços no Brasil (1903-1929)". *Movimento*, vol. 25. Porto Alegre, 2019, p. e25011.

BARROSO, Eloísa Pereira. "Reflexões sobre a velhice: identidades possíveis no processo de envelhecimento na contemporaneidade". *História Oral*, vol. 24, n. 1, jan./jun. 2021, pp. 9-27.

BASTIDE, Roger & FERNANDES, Florestan. *Brancos e negros em São Paulo.* São Paulo, Cia. Editora Nacional, 1971.

BENGTSON, Vern L.; ELDER JR, Glen H. & PUTNEY, Norella M. "The Lifecourse Perspective on Ageing: Linked Lives, Timing, and History". *In*: JOHNSON, Malcolm L. (ed.). *The Cambridge Handbook of Age and Ageing.* Cambridge, Cambridge University Press, 2005, pp. 493-501.

BERTONHA, João Fábio. *Sobre a direita: estudos sobre o fascismo, o nazismo e o integralismo.* Maringá, Editora UEM, 2008.

BRANDÃO, Leonardo. "Da cidade transfigurada à cidade transformada: culturas juvenis e a prática do *skate* (1970/1980)". *Revista História e Cultura,* vol. 1, n. 2, 2012, pp. 7-20.

BRASIL, Bruno. *A manhã (Rio de Janeiro, 1935).* Rio de Janeiro, Biblioteca Nacional, 2015.

BRESCIANI, Maria Stella. "Lógica e dissonância – sociedade do trabalho: lei, ciência, disciplina e resistência operária". *Da cidade e do urbano: experiências, sensibilidades, projetos.* São Paulo, Alameda, 2018 [1985], pp. 131-176.

BROWN, Sean. *Youth sport and social capital: bleachers and boardrooms.* New York, Routledge, 2019.

BUZALAF, Marcia Neme. *A censura no Pasquim (1969-1975): as vozes não silenciadas de uma geração.* Assis, Faculdade de Ciências e Letras, Universidade Estadual Paulista, 2009 (Tese de Doutorado em História).

CAMPOS, Raquel Discini. "No rastro dos velhos jornais: considerações sobre a utilização da imprensa não pedagógica como fonte para a escrita da história da educação". *Revista Brasileira da História da Educação,* vol. 12, n. 1, 2012, pp. 45-70.

____. "A educação do corpo feminino no *Correio da Manhã* (1901-1974): magreza, bom gosto e envelhecimento". *Cadernos Pagu,* vol. 45, n. 2, 2015, pp. 457-478.

CANCLINI, Nestor García. *Culturas híbridas: estratégias para entrar e sair da modernidade.* 4. ed. São Paulo, Edusp, 2003.

CANGUILHEM, Georges. *O normal e o patológico.* 4. ed. Rio de Janeiro, Forense Universitária, 1995.

CAPARROZ, Francisco & BRACHT, Valter. "O tempo e o lugar de uma didática da Educação Física". *Revista Bras. Cienc. Esporte,* Campinas, vol. 28, n. 2, jan. 2007, pp. 21-37.

CARASSAI, Sebastián. "The Dark Side of Social Desire: Violence as Metaphor, Fantasy and Satire in Argentina, 1969-1975". *Journal of Latin American Studies,* vol. 47, n. 1, 2015, pp. 31-63.

CARVALHO, Marta Maria Chagas. *Molde nacional e fôrma cívica: higiene, moral e trabalho no projeto da Associação Brasileira de Educação (1924-1931)*. 4. ed. Bragança Paulista, Edusf, 1998.

CARVALHO, Yara Maria. *O "mito" da atividade física e saúde*. 3. ed. São Paulo, Hucitec, 2001.

CERASOLI, Josianne Francia. *Modernização no plural: obras públicas, tensões sociais e cidadania em São Paulo na passagem do século XIX para o XX*. Campinas, Universidade Estadual de Campinas, 2004 (Tese de Doutorado em História).

CERTEAU, Michel de. *A escrita da história*. Rio de Janeiro, Forense, 2011.

____. *A invenção do cotidiano*. 22. ed. Petrópolis, Vozes, 2014.

CHALHOUB, Sidney. *Cidade febril: cortiços e epidemias no Corte Imperial*. São Paulo, Companhia das Letras, 1996.

____. *Trabalho, lar e botequim: o cotidiano dos trabalhadores no Rio de Janeiro da* belle époque. 3. ed. Campinas, Editora da Unicamp, 2012.

CHARTIER, Roger. *A história cultural: entre práticas e representações*. 2. ed. Lisboa, Difel, 2002.

____. *A história ou a leitura do tempo*. 2 ed. Belo Horizonte, Autêntica, 2015.

COAKLEY, Jay & DUNNING, Eric. "Introduction". *Handbook of sports studies*. London, Sage, 2000, pp. 1-7.

COLE, Thomas R. *The Journey of Life: a cultural history of aging in America*. Cambrigde, Cambridge University Press, 1993.

CORBIN, Alain. "Dores, sofrimento e misérias do corpo". *In*: CORBIN, Alain; COURTINE, Jean Jacques & VIGARELLO, Georges. *História do corpo, da revolução à grande guerra*, vol. 3. Petrópolis, Vozes, 2008, pp. 267-346.

CORDEIRO, José Luís & WOOD, David. *A morte da morte: a possibilidade científica da imortalidade*. São Paulo, LVM, 2019.

CORREIA, Renan Felipe. *Processos identitários relacionados ao esporte na mídia impressa: o caso do basquetebol masculino bicampeão mundial (1959-1963)*. Campinas, Faculdade de Educação Física, Universidade Estadual de Campinas, 2017 (Dissertação – Mestrado em Educação Física).

CORREIA, Renan Felipe; GÓIS JUNIOR, Edivaldo & SOARES, Antônio Jorge. "Sports, the Cold War, and anti-communism in the press: A history of the Brazilian Men's Basketball World Championship titles (1959 and 1963)". *International Journal of the History of Sport*, vol. 21, 2021, pp. 1-21.

COSTA, Jurandir Freire. *Da ordem médica à norma familiar*. São Paulo, Graal, 1979.

COURTINE, Jean-Jacques. "Os stackhanovistas do narcisismo: Body-building e puritanismo ostentatório na cultura americana do corpo". *In*: SANT'ANNA, Denise Bernuzi (org.). *Políticas do corpo*. São Paulo, Estação Liberdade, 1995, pp. 81-114.

____. "Impossível virilidade". *In*: COURTINE, Jean-Jacques *et al*. *História da virilidade: a virilidade em crise?*, vol. 3. Petrópolis, Vozes, 2013a, pp. 7-12.

____. "Robustez na cultura: mito viril e potência muscular". *In*: COURTINE, Jean-Jacques *et al*. *História da virilidade: a virilidade em crise?*, vol. 3. Petrópolis, Vozes, 2013b, pp. 554-578.

DALBEN, André & GÓIS JUNIOR, Edivaldo. "Embates esportivos: o debate entre médicos, educadores e cronistas sobre o esporte e a educação da juventude (Rio de Janeiro e São Paulo, 1915-1929)". *Movimento*, vol. 24. Porto Alegre, 2018, pp. 161-172.

DALBEN, André *et al*. "Criação do departamento de educação física do estado de São Paulo (1925-1932)". *Cadernos de Pesquisa*, vol. 49, n. 171, jan./mar. 2019, pp. 264-286.

DEBERT, Guita Grin. *A reinvenção da velhice*. 2. ed. São Paulo, Edusp, 2004.

____. "A antropologia e o estudo dos grupos e das categorias de idade". *In*: BARROS, Myriam Moraes Lins de. *Velhice ou terceira idade?* 4. ed. Rio de Janeiro, FGV Editora, 2006, pp. 49-68.

____. "Velhice e tecnologias do rejuvenescimento". *In*: GOLDENBERG, Mirian. *Corpo, envelhecimento e felicidade*. 2. ed. Rio de Janeiro, José Olympio, 2014, pp. 65-82.

DELGADO, Lucilia A. N. "O governo João Goulart e o golpe de 1964: memória, história e historiografia". *Tempo*, vol. 28, 2009, pp. 123-143.

DEVIDE, Fabiano Pries. "Velhice... espaço social de aprendizagem: aspectos relevantes para a intervenção da Educação Física". *Motriz*, vol. 6 , n. 2, jul./dez. 2000, pp. 65-73.

DIAS, Cleber; FORTES, Rafael & MELO, Victor Andrade. "Sobre as ondas: surfe, juventude e cultura no Rio de Janeiro dos anos 1960". *Estudos Históricos*, vol. 25, 2012, pp. 112-128.

DITTRICH, Klaus. "The beginnings of modern education in Korea, 1883-1910". *Paedagogica Historica*, vol. 50, 2014, pp. 265-284.

DOI, Igor Cavalcante & GÓIS JUNIOR, Edivaldo. "Pugilismo e identidade nacional na imprensa italiana em São Paulo: quatro boxeadores nas páginas do *Il Pasquino Coloniale* (1920-1935)". *Topoi*, vol. 22, 2021, pp. 182-206.

DREIFUSS, Rene Armand. *1964: a conquista do Estado*. Petrópolis, Vozes, 1981.

DRUMOND, Maurício. "Os gramados do Catete: futebol e política na Era Vargas (130-1945)". *In*: SILVA, Francisco C. T. & SANTOS, Ricardo Pinto. *Memória social dos esportes – futebol e política: a construção de uma identidade nacional*, vol. 2. Rio de Janeiro, Mauad, 2006, pp. 107-132.

ELDER JR, Glen H. "Life course and human development". *In*: DAMON, W. (ed.). *Handbook of child psychology*. New York, Wiley, 1998, pp. 939-991.

ELIAS, Norbert. *A sociedade dos indivíduos*. Rio de Janeiro, Jorge Zahar, 1994.

____. *A solidão dos moribundos: envelhecer e morrer*. Rio de Janeiro, Jorge Zahar, 2001.

FARINATTI, Paulo. "The regular performance of physical activity and the social involvement of elderly persons". *Revista Brasileira de Geriatria e Gerontologia*, vol. 19, n. 5, set. 2016, pp. 721-722.

FAUSTO, Boris. *História concisa do Brasil*. São Paulo, Edusp, 2002.

FERNANDES, Florestan. *O negro no mundo dos brancos*. São Paulo, Difusão Europeia do Livro, 1972.

FERREIRA NETO, Amarílio. *A Pedagogia no Exército e na Escola: a educação física brasileira (1880-1950)*. Aracruz, Facha, 1999.

FICO, Carlos. *Como eles agiam. Os subterrâneos da ditadura militar: espionagem e polícia política*. Rio de Janeiro, Record, 2001.

FONSECA, Vivian Luiz & VIEIRA, Luiz Renato. "Capoeira – a Brazilian immaterial heritage: safeguarding plans and their effectiveness as public policies". *The International Journal of the History of Sport*, vol. 31, 2014, pp. 1303-1311.

FONTES, Arlete Portella & NERI, Anita Liberalesso. "Resiliência e velhice: revisão de literatura". *Ciência & Saúde Coletiva*, vol. 20, n. 5, 2015, pp. 1475--1495.

FRAGA, Alex Branco. "El sedentarismo es...". *Saúde e Sociedade*, vol. 25, n. 3, jul. 2016, pp. 716-720.

FRANZINI, Fábio. *Corações na ponta da chuteira: capítulos iniciais da história do futebol brasileiro (1919-1938)*. Rio de Janeiro, DP&A, 2003.

GAMBETA, Wilson. *A bola rolou: o Velódromo Paulista e os espetáculos de futebol (1895- 1916)*. São Paulo, Sesi-SP Editora, 2015.

GEERTZ, Clifford. *Nova luz sobre a antropologia*. Rio de Janeiro, Jorge Zahar, 2001.

GEROLAMO, Joselene Cristina. *O tempo não para: o envelhecimento feminino como ato revolucionário*. Assis, Faculdade de Ciências e Letras, Universidade Estadual Paulista, 2019 (Dissertação de Mestrado em Psicologia).

GIDDENS, Anthony. *As consequências da modernidade*. São Paulo, Editora Unesp, 1991.

GOELLNER, Silvana Vilodre. *Bela, maternal e feminina: imagens da mulher na Revista Educação Physica*. Ijuí, Ed. Unijuí, 2003.

GOELLNER, Silvana Vilodre; VOTRE, Sebastião José & PINHEIRO, Maria Claudia Brandão. "Strong mothers make strong children: sports, eugenics and nationalism in Brazil at the beginning of the twentieth century". *Sport, Education and Society*, vol. 17, 2012, pp. 555-570.

GÓIS JUNIOR, Edivaldo. *O século da higiene: uma história de intelectuais da saúde (Brasil, século XX)*. Rio de Janeiro, Programa de Pós-graduação em Educação Física, Universidade Gama Filho, 2003 (Tese de Doutorado em Educação Física).

____."A institucionalização da educação física na imprensa: a construção da Escola Superior de Educação Physica de S. Paulo na década de 1930". *Movimento*, vol. 23, n. 2. Porto Alegre, abr./jun. 2017, pp. 701-714.

____. "A 'luta contra a morte': os corpos, modernidade brasileira e uma história da velhice, São Paulo e Rio de Janeiro, década de 1930". *História, Ciências, Saúde-Manguinhos*, vol. 27, n. 1, mar. 2020, pp. 93-113.

____. "Os esportes, as juventudes e suas práticas em uma imprensa alternativa (1969-1980)". *In*: ROCHA, Heloísa Helena Pimenta; DUSSEL, Inés & PAULILO, André Luiz. Belo Horizonte, Fino Traço, 2022, pp. 274-298.

GÓIS JUNIOR, Edivaldo; LÓDOLA, Soraya & DYRESON, Mark. "The Rise of Modern Sport in Fin de Siècle São Paulo: Reading Elite and Bourgeois Sensibilities, the Popular Press, and the Creation of Cultural Capital". *International Journal of the History of Sport*, vol. 32, n. 14, 2015, pp. 1661-1677.

GÓIS JUNIOR, Edivaldo; MELO, Victor Andrade de & SOARES, Antônio Jorge Gonçalves. "Para a construção da nação: debates brasileiros sobre educação do corpo na década de 1930". *Educação e Sociedade*, vol. 36, n. 131, jun. 2015, pp. 343-360.

GÓIS JUNIOR, Edivaldo; SILVA, Lucas Willian Moreira & PINTO JUNIOR, Arnaldo. "Manoel Baragiola e histórias conectadas entre ginásticas de Turim e São Paulo (1895)". *Educação e Realidade*, vol. 47, 2022, p. e120116.

GÓIS JUNIOR, Edivaldo & SOARES, Carmen Lucia. "Os comunistas e as práticas de educação física dos jovens na década de 1930 no Rio de Janeiro". *Educação e Pesquisa*, vol. 44, 2018, pp. 1-19.

GOLDBLATT, David. *Futebol nation: a footballing history of Brazil*. London, Penguin Books, 2014.

GOLDENBERG, Mirian. *A bela velhice*. Rio de Janeiro, Record, 2013.

GOLDENSTEIN, Michael. *The Health Movement*. New York, Twayne Publishers, 1992.

GOMES, Ana Carolina Vimieiro & DALBEN, André. "O controle médico-esportivo no Departamento de Educação Física do Estado de São Paulo: aproximações entre esporte e medicina nas décadas de 1930 e 1940". *História, Ciências, Saúde-Manguinhos*, vol. 18, n. 2, 2011, pp. 321-336.

GONDRA, José Gonçalves. *Artes de civilizar: medicina, higiene e educação escolar na Corte Imperial*. Rio de Janeiro, EdUERJ, 2004.

GROISMAN, Daniel. "Asilos e velhos: passado e presente". *Estudos interdisciplinares de envelhecimento*, vol. 2, 1999, pp. 67-87.

____. "A velhice, entre o normal e o patológico". *História, Ciências, Saúde-Manguinhos*, vol. 9, n. 1, 2002, pp. 61-78.

____. *O cuidado enquanto trabalho: envelhecimento, dependência e políticas para o bem-estar no Brasil*. Rio de Janeiro, Universidade Federal do Rio de Janeiro, 2015 (Tese de Doutorado em Serviço Social).

GROPPO, Luís Antônio. *Juventude: ensaios sobre Sociologia e História das juventudes modernas*. São Paulo, Difel, 2000.

HARMER, Tanya. "Brazil's Cold War in the Southern Cone, 1970-1975". *Cold War History*, vol. 12, n. 4, 2012, pp. 659-681.

HAROCHE, Claudine. "Antropologia da virilidade: o medo da impotência." *In*: COURTINE, Jean-Jacques *et al. História da virilidade: a virilidade em crise?*, vol. 3. Petrópolis, Vozes, 2013, pp. 7-12.

HENKENS, Kene & SOLINGE, Hanna van. "The changing world of work and retirement". *In*: FERRARO; Kenneth F. & CARR, Deborah (ed.). *Handbook of Aging and the Social Sciences*. Boston, Academic Press, 2021, pp. 269-285.

HERSCHMANN, Micael M. & PEREIRA, Carlos Alberto Messeder. "O imaginário moderno no Brasil". *A invenção do Brasil moderno: medicina, educação e engenharia nos anos 20-30*. Rio de Janeiro, Rocco, 1994, pp. 9-42.

HERTZMAN, Marc Adam. "A Brazilian counterweight: music, specialized property, and the African Diaspora in Rio de Janeiro (1910s-1930s)". *Journal of Latin American Studies*, vol. 41, 2009, pp. 695-722.

HOBSBAWM, Eric. *Sobre História*. São Paulo, Companhia das Letras, 1997.

HOCHMAN, Gilberto. *A era do saneamento: as bases da política de Saúde pública no Brasil*. São Paulo, Hucitec, 1998.

HOLLANDA, Bernardo Buarque de. *O descobrimento do futebol: modernismo, regionalismo e paixão esportiva em José Lins do Rêgo*. Rio de Janeiro, Editora da Biblioteca Nacional, 2004.

HOLLANDA, Heloísa Buarque de. *Impressões de viagem – CPC, vanguarda e desbunde. 1960/1970*. Rio de Janeiro, Rocco, 1992.

HOLT, Richard. *Sport and the British: A Modern History*. Oxford, Clarendon, 1989.

____. "Contrasting nationalisms: sport, militarism and the Unitary State in Britain and France before 1914". *The International Journal of the History of Sport*, vol. 12, n. 2, 1995, pp. 39-54.

HUBER, Evelyn & NIEDZWIECKI, Sara. "Changing Systems of Social Protection in the Context of the Changing Political Economies since the 1980s". *Ciência & Saúde Coletiva*, vol. 23, n. 7, 2018, pp. 2085-2094.

HUISMAN, Martijn & TILBURG, Theo G. van. "Social exclusion and social isolation in later life". *In*: FERRARO, Kenneth F. & CARR, Deborah (ed.). *Handbook of Aging and the Social Sciences*. Boston, Academic Press, 2021, pp. 99-114.

KATZ, Stephen. "Disciplining old age: the formation of gerontological knowledge". *Bulletin of the History of Medicine*, vol. 72, n. 3, 1998, pp. 594--595.

____. *Old Age as lifestyle in an Active Society*. Berkeley, Occasional Papers Series, 1999.

KATZ, Stephen; SIVARAMAKRISHNAN, Kavita & THANE, Pat. "To Understand All Life as Fragile, Valuable, and Interdependent: A Roundtable on Old Age and History". *Radical History Review*, n. 139, jan. 2021, pp. 13-35.

KELLEHEAR, Allan. *Uma história social do morrer*. São Paulo, Editora Unesp, 2013.

KIRK, David & TWIGG, Karen. "The militarization of school physical training in Australia: the rise and demise of the Junior Cadet Training Scheme, 1911--31". *History of Education*, vol. 22, 1993, pp. 391-414.

KITTLESON, Roger. *The country of football: soccer and the making of modern Brazil*. Berkeley, University of California Press, 2014.

KNIGHT, Peter & MORAN, Ricardo. *Brasil: pobreza e necessidades básicas*. Rio de Janeiro, Zahar Editores, 1981.

KRÜGER, Michael. "Body Culture and Nation Building: The History of Gymnastics in Germany in the Period of its Foundation as a Nation-State". *International Journal of the History of Sport*, vol. 13, n. 3, 1996, pp. 409-17.

LE GOFF, Jacques. *História e memória*. Campinas, Editora da Unicamp, 2013.

LE JAN, Régine. "O historiador e suas fontes: construção, desconstrução, reconstrução". *Revista Signum*, vol. 17, n. 1, 2016, pp. 5-26.

LESSA, Priscila Requião; SOARES, Carmen Lucia & MORAES E SILVA, Marcelo. "Passeios de bicicleta, corridas esportivas: novos divertimentos na cidade de São Paulo (1896-1925)". *Topoi*, vol. 25, 2023, pp. 311-344.

LESSER, Jeffrey. *A invenção da brasilidade: identidade nacional, etnicidade e políticas de imigração*. São Paulo, Editora Unesp, 2015.

LEVI, Giovanni & SCHMITT, Jean-Claude. *História dos jovens*, vol. 2. São Paulo, Companhia das Letras, 1996.

LIMA, Nísia Trindade. *Um sertão chamado Brasil*. Rio de Janeiro, Revan, 2008.

LIMA, Nísia Trindade & HOCHMAN, Gilberto. "Condenado pela raça, absolvido pela medicina: o Brasil descoberto pelo Movimento Sanitarista da Primeira República". *In*: MAIO, Marcos & SANTOS, Ricardo Ventura (org.). *Raça, ciência e sociedade*. Rio de Janeiro, Fiocruz, 1996, pp. 23-40.

LINHALES, Meily Assbú. *A escola e o esporte: uma história de práticas culturais*. São Paulo, Cortez, 2009.

LOVISOLO, Hugo R. *Educação Física: a arte da mediação*. Rio de Janeiro, Sprint, 1995.

LOVISOLO, Hugo R.; VENDRUSCOLO, Rosecler & GÓIS JUNIOR, Edivaldo. "Recorte dos estudos socioculturais no campo da Educação Física". *In*: STIGGER, Marco. *Educação Física + Humanas*. Campinas, Autores Associados, 2015, pp. 181-202.

LUCENA, Ricardo de Figueiredo. "Elias: solidão e morte". *Conexões*, vol. 1, n. 1, 2003, pp. 71-78.

LUNDVALL, Suzanne. "From Ling Gymnastics to Sport Science: the Swedish School of Sport and Health Sciences, GIH, from 1813 to 2013". *International Journal of the History of Sport*, vol. 32, n. 6, 2015, pp. 789-799.

MACRAE, Eilidh H.R. "Exercise and education: facilities for the young female body in Scotland, 1930-1960". *History of Education*, vol. 41, n. 6, 2012, pp. 749-769.

MAGRO, Viviane Mendonça. "Espelho em negativo: a idade do outro e a identidade etária". *In*: GUSMÃO, Neusa Maria Mendes de. *Infância e velhice: pesquisa de ideias*. Campinas, Alínea, 2003, pp. 33-46.

MAIO, Marcos Chor. "Raça, doença e a saúde pública no Brasil: um debate sobre o pensamento higienista do século XIX". *In*: MAIO, Marcos & SANTOS, Ricardo. *Raça como questão: história, ciência e identidades no Brasil*. Rio de Janeiro, Fiocruz, 2010, pp. 51-82.

MANGAN, James A. *The Games Ethic and Imperialism: Aspects of the Diffusion of an Ideal*. New York, Viking, 1986.

MARQUES, Ana Maria. *Velhices problematizadas: redes discursivas sobre envelhecimento em Santa Catarina, no Brasil e no contexto das décadas de 1970 a 1990*. Florianópolis, Universidade Federal de Santa Catarina, 2007 (Tese de Doutorado em História).

MAUSS, Marcel. *Sociologia e antropologia*. São Paulo, Cosac e Naify, 2003.

MAZO, Janice Z. *Associações esportivas no Rio Grande do Sul: lugares e memórias*. Novo Hamburgo, Feevale, 2012.

MEDEIROS, Daniele Cristina Carqueijeiro. *Entre esportes, divertimentos e competições: a cultura física nos rios Tietê e Pinheiros (São Paulo, 1899-1949)*. Campinas, Faculdade de Educação, Universidade Estadual de Campinas, 2021 (Tese de Doutorado em Educação).

MEHRTENS, Cristina Peixoto. *Urban space and national identity in early twentieth century São Paulo, Brazil: crafting modernity*. New York, Palgrave Macmillan, 2010.

MELO, Victor Andrade de. "Escola Nacional de Educação Física e Desportos: um estudo histórico, a 'história de um estudo' e o estudo da História". *In*: FERREIRA NETO, Amarílio. *Pesquisa histórica na Educação Física brasileira*. Vitória, Ufes, 1996, pp. 33-60.

____. *História da Educação Física e Esporte no Brasil*. 2. ed. São Paulo, Ibrasa, 1999.

____. *Cidade Sportiva: primórdios do esporte no Rio de Janeiro*. Rio de Janeiro, Relume Dumará, 2001.

____. "Para o bairro, para o subúrbio, para a nação: a experiência náutica do Olaria Atlético Clube (Rio de Janeiro, 1915-1930)". *Tempo*, vol. 27, n. 3, 2021, pp. 561-584.

____. *Cidade expandida – estudos sobre o esporte nos subúrbios cariocas*. Rio de Janeiro, 7 Letras, 2022.

MELO, Victor Andrade de & ALVES JUNIOR, Edmundo de Drummond. *Introdução ao lazer*. São Paulo, Manole, 2003.

MICELLI, Sergio. *Intelectuais à brasileira*. São Paulo, Companhia das Letras, 2001.

MONTEZ, Jennifer Karas & BROOKS, Jennifer D. "Educational attainment and adult health". *In*: FERRARO; Kenneth F. & CARR, Deborah (ed.). *Handbook of Aging and the Social Sciences*. Boston, Academic Press, 2021, pp. 83-98.

MORAES, Andrea. "O corpo no tempo: velhos e envelhecimento". *In*: DEL PRIORE, Mary & AMANTINO, Marcia. *História do corpo no Brasil*. São Paulo, Editora Unesp, 2011, pp. 427-452.

MORELLI, Aílton. "Semanas de estudos dos problemas de menores: debates acerca do atendimento à infância e à juventude (São Paulo, 1930-1950)". *In*: AREND, Silvia Maria; MOURA, Esmeralda Blanco de & SOSENSKI, Susana (org.). *Infâncias e juventudes no século XX: histórias latino-americanas*. Ponta Grossa, Toda Palavra, 2018, pp. 93-112.

MORSE, Richard. "Recent research on Latin American urbanization: a selective survey with commentary". *Latin American Research Review*, vol. 1, 1965, pp. 35-74.

MOTA, André; MARQUES, Maria Cristina & BRASILEIRO, Danilo F. "Reforma Sanitária e o estado de São Paulo 1970-1980: particularidades regionais e formação de seus trabalhadores". *Interface – Comunicação, Saúde, Educação*, vol. 25, 2021, p. e210118.

MOTA, Carlos Guilherme. *Ideologia da cultura brasileira*. 8. ed. São Paulo, Ática, 1994.

MOTTA, Rodrigo Patto Sá. "A 'Intentona comunista' ou a construção de uma legenda negra". *Tempo*, n. 13, jul. 2002, pp. 189-207.

____. "O golpe de 1964 e a ditadura nas pesquisas de opinião". *Tempo*, vol. 20, 2014, pp. 1-21.

NAPOLITANO, Marcos. "Juventude e música". *In*: DEL PRIORE, Mary (org.). *História dos jovens no Brasil*. São Paulo, Editora Unesp, 2022, pp. 307-340.

OKAY, Cüneyd. "Sport and Nation Building: Gymnastics and Sport in the Ottoman State and the Committee of Union and Progress, 1908-18". *International Journal of the History of Sport*, vol. 20, n. 1, 2003, pp. 152-156.

OLIVEIRA, Lucia Lippi de. "Questão nacional na Primeira República". *In*: LORENZO, Helena & COSTA, Wilma. *A década de 1920 e as origens do Brasil moderno*. São Paulo, Editora Unesp, 1997, pp. 185-193.

OLIVEN, Ruben G. "Cultura e modernidade no Brasil". *São Paulo Perspectiva*, vol. 15, n. 2, 2001, pp. 3-12.

PARADA, Maurício Barreto Alvarez. *Educando corpos e criando a nação: cerimônias cívicas e práticas disciplinares no Estado Novo*. Rio de Janeiro, Universidade Federal do Rio de Janeiro, 2003 (Tese de Doutorado em História).

PATERSON, Thomas G. *Kennedy's Quest for Victory: American Foreign Policy, 1961-1963*. New York, Oxford University Press, 1989.

PAULILO, André Luiz. "As estratégias de administração das políticas públicas de educação na cidade do Rio de Janeiro entre 1922 e 1935". *Revista Brasileira de Educação*, vol. 14, n. 42, 2009, pp. 440-455.

PEIXOTO, Clarice. "Entre o estigma e a compaixão e os termos classificatórios: velho, velhote, idoso, terceira idade...". *In*: BARROS, Myriam Moraes Lins de. *Velhice ou terceira idade?* 4. ed. Rio de Janeiro, FGV Editora, 2006, pp. 69-84.

PEREIRA, Leonardo Affonso de Miranda. *Footballmania: uma história social do futebol no Rio de Janeiro, 1902-1938*. Rio de Janeiro, Nova Fronteira, 2000.

PÉREZ-STABLE, Marifeli. *The Cuban Revolution: Origins, Course and legacy*. New York, Oxford University Press, 1994.

PETERS, Christina. "Formação de relações regionais em um contexto global: a rivalidade futebolística entre Rio de Janeiro e São Paulo durante a Primeira República". *História, Ciências, Saúde-Manguinhos*, vol. 21, n. 1, 2014, pp. 151-168.

PHOENIX, Cassandra & SMITH, Brett. "Telling a (Good?) Counterstory of Aging: Natural Bodybuilding Meets the Narrative of Decline". *The Journals of Gerontology*, vol. 66, n. 5, set. 2011, pp. 628-639.

PINTO, João Alberto da Costa. "Gilberto Freyre e a *intelligentsia* salazarista em defesa do Império Colonial Português (1951-1974)". *História (São Paulo)*, vol. 28, n. 1, 2009, pp. 445-482.

PIRES, André. "A batalha contra o tempo: relações com o corpo tendo em vista o processo de envelhecimento em Claudia e Playboy (anos 80 e 90)". *In*: GUSMÃO, Neusa Maria Mendes de. *Infância e velhice: pesquisa de ideias*. Campinas, Alínea, 2003, pp. 59-76.

PIRES, Antonio Liberac Cardoso Simões. *Culturas circulares: a formação histórica da capoeira contemporânea no Rio de Janeiro*. Curitiba, Progressiva, 2010.

POERNER, Artur José. *O poder jovem: história da participação política dos estudantes brasileiros*. 2. ed. Rio de Janeiro, Civilização Brasileira, 1979.

POWER, Margaret. "Who but a Woman? The Transnational Diffusion of Anti--Communism among Conservative Women in Brazil, Chile and the United States during the Cold War". *Journal of Latin American Studies*, vol. 47, n. 1, 2015, pp. 93-119.

PRADO, Shirley Donizete & SAYD, Jane Dutra. "A gerontologia como campo do conhecimento científico: conceito, interesses e projeto político". *Ciência & Saúde Coletiva*, vol. 11, n. 2, 2006, pp. 491-501.

PROST, Antoine. "Fronteiras e espaços do privado". *In*: PROST, Antoine & VICENT, Gerárd (org.). *História da vida privada: da primeira guerra a nossos dias*. São Paulo, Companhia das Letras, 1992, pp. 13-136.

QUITZAU, Evelise Amgarten. *Educação do corpo e vida associativa: as sociedades ginásticas alemãs em São Paulo (fins do século XIX, primeiras décadas do século XX)*. Campinas, Universidade Estadual de Campinas, 2016 (Tese de Doutorado em Educação).

QUITZAU, Evelise Amgarten & SOARES, Carmen Lucia. "A força da juventude garante o futuro de um povo: a educação do corpo no Sport Club Germania (1899-1938)". *Movimento*, vol. 16. Porto Alegre, 2010, pp. 87-106.

RABINBACH, Anson. *The Human Motor: fatigue, energies and origins of modernity*. Los Angeles, California University Press, 1992.

RAGO, Margareth. "A invenção do cotidiano na Metrópole: sociabilidade e lazer em São Paulo, 1900-1950". *In*: PORTA, Paula (org.). *História da cidade de São Paulo. A cidade na primeira metade do século XX, 1890-1954*, vol. 3. São Paulo, Paz e Terra, 2004, pp. 387-435.

____. *Do cabaré ao lar: a utopia da cidade disciplinar e a resistência anarquista: Brasil 1890-1930*. 4. ed. São Paulo, Paz & Terra, 2014.

REI, Bruno Duarte. *Celebrando a pátria amada*. Rio de Janeiro, 7letras, 2020.

REICHEL, Peter. "Festival and cult: masculine and militaristic mechanisms of national socialism". *International Journal of the History of Sport*, vol. 16, n. 2. 1999, pp. 153-168.

REIS, Daniel & MORAES, Pedro. *1968, a paixão de uma utopia*. 2. ed. Rio de Janeiro, FGV Editora, 1998.

REIS, Heloísa Helena B. dos & MARTINS, Mariana Zuanetti. "A democracia corinthiana e ação sindical: a narrativa da integração entre o movimento alvinegro e o sindicato dos jogadores de futebol". *Movimento*, vol. 20, n. 4. Porto Alegre, 2014, pp. 1351-1371.

RICUPERO, Bernardo. *Sete lições sobre as interpretações do Brasil*. 2. ed. São Paulo, Alameda, 2011.

RIDENTI, Marcelo. "The Debate over Military (or Civilian-Military?) Dictatorship in Brazil in Historiographical Context". *Bulletin of Latin American Research*, vol. 37, n. 1, 2018, pp. 33-42.

ROCHA, Heloísa Helena Pimenta. *A higienização dos costumes: educação escolar e saúde no projeto do Instituto de Hygiene de São Paulo (1918-1925)*. Campinas, Mercado das Letras, 2003.

____. *Regras de bem viver para todos: a Bibliotheca Popular de Hygiene do Dr. Sebastião Barroso*. Campinas, Mercado de Letras, 2017.

ROCHA, Pedro Afonso; CORREIA, José Alberto & MEDINA, Maria Tereza. "A (re)construção de contextos e culturas da velhice e do envelhecimento: abordagens da gerontologia social/crítica". *Trabalho & Educação*, vol. 24, n. 2, maio/ago. 2015, pp. 57-70.

ROMO, Anadelia. "Rethinking race and culture in Brazil's First Afro-Brazilian Congress of 1934". *Journal of Latin American Studies*, vol. 39, 2007, pp. 31-54.

SANDY JÚNIOR, Paulo A.; BORIM, Fátima Silva A. & NERI, Anita Liberalesso. "Solidão e sua associação com indicadores sociodemográficos e de saúde em adultos e idosos brasileiros: Elsi-Brasil". *Cadernos de Saúde Pública*, vol. 39, n. 7, 2023, p. e00213222.

SANT'ANNA, Denise Bernuzzi. *O prazer justificado: história e lazer (São Paulo, 1969/1979)*. São Paulo, Marco Zero, 1992.

____. *História da beleza no Brasil*. São Paulo, Contexto, 2014.

____. "Velhice: entre destino e história". *Mais60: Estudos sobre o envelhecimento*, vol. 27, n. 66, 2016, pp. 8-19.

SANTOS NETO, Samuel Ribeiro & GÓIS JUNIOR, Edivaldo. "Boliches e discurso esportivo: a distinção e as disputas envolvendo os jogos de azar na São Paulo dos anos 1930". *Recorde: Revista de História do Esporte*, vol. 12, n. 2, 2019, pp. 1-15.

____. "As redes de atuação política do associativismo esportivo e recreativo dos portugueses em São Paulo nos anos 1930". *Tempo*, vol. 29, 2023, pp. 67-86.

SANTOS, Ricardo Ventura. "Mestiçagem, degeneração e a viabilidade de uma nação: debates sobre antropologia física no Brasil (1870-1930)". *In*: MAIO, Marcos & SANTOS, Ricardo. *Raça como questão: história, ciência e identidades no Brasil*. Rio de Janeiro, Fiocruz, 2010, pp. 83-108.

SAVAGE, Jon. *A criação da juventude: como o conceito de* teenager *revolucionou o século XX*. Rio de Janeiro, Rocco, 2009.

SCHARAGRODSKY, Pablo. "El discurso médico y su relación con la invención del oficio de 'educador físico': entre la heteronomia solapada y la autonomía vigilada (Argentina, 1901-1931)". *Miradas médicas sobre la cultura física en Argentina (1880-1970)*. Buenos Aires, Prometeo, 2014, pp. 101-148.

SCHNEIDER, Omar *et al*. "American influencies in Brazilian physical education: clues in the specialized periodical press (1932-1950)". *Sport, Education and Society*, vol. 21, n. 7, 2016, pp. 1053-1070.

SCHWARCZ, Lilia Moritz. "Questão racial e etnicidade". *In*: MICELLI, Sergio (org.). *O que ler na ciência social brasileira (1970-1995)*. São Paulo, Sumaré, 1999, pp. 267-326.

____. *O espetáculo das raças: cientistas, instituições e questão racial no Brasil 1897-1930*. 8. reimp. São Paulo, Companhia das Letras, 2008.

SENNETT, Richard. *O declínio do homem público: as tiranias da intimidade*. Rio de Janeiro, Record, 2014.

SETEMY, Adrianna & MESQUISTA, Cláudia. "Juventude e rebeldia: notas sobre a geração brasileira de 1968". *In*: DEL PRIORE, Mary (org.). *História dos jovens no Brasil*. São Paulo, Edunesp, 2022, pp. 372-392.

SEVCENKO, Nicolau. *Orfeu extático na Metrópole: São Paulo nos frementes anos 20*. 4. ed. São Paulo, Companhia das Letras, 1992.

____. "O prelúdio republicano, astúcias da ordem e ilusões do progresso". *História da vida privada no Brasil*, vol. 3. São Paulo, Companhia das Letras, 1998, pp. 7-48.

SEVILLANO, Daniel Cantinelli. "Movimento estudantil e cultura musical de 1968 a 1980". *In*: LIRA, José (org.). *História e cultura estudantil: revistas na USP*. São Paulo, Edusp/Centro de Preservação Cultural da USP, 2012, pp. 97-112.

SILVA, Ana Paula. *Pelé e o complexo de vira-latas: discursos sobre raça e modernidade no Brasil*. Rio de Janeiro, Instituto de Filosofia e Ciências Sociais, Universidade Federal do Rio de Janeiro, 2008 (Tese de Doutorado em Antropologia Cultural).

SILVA, André Luís Santos. *Nos domínios do corpo e da espécie: eugenia e biotipologia na constituição disciplinar da Educação Física*. Porto Alegre, Orquestra, 2014.

SILVA, Leonardo Mattos Mota & GÓIS JUNIOR, Edivaldo. "A higiene, a educação física e o subúrbio: o caderno da Escola Nicarágua (1928)". *História (São Paulo)*, vol. 42, 2023, pp. 1-22.

SILVA, Luna Rodrigues Freitas. "Da velhice à terceira idade: o percurso histórico das identidades atreladas ao processo de envelhecimento". *História, Ciências, Saúde-Manguinhos*, vol. 15, n. 1, jan. 2008, pp. 155-168.

SILVA, Maurício Roberto da. "As máculas do envelhecimento precoce das crianças trabalhadoras nos canaviais doce-amargos da Zona da Mata açucareira pernambucana". *In*: GUSMÃO, Neusa Maria Mendes de. *Infância e velhice: pesquisa de ideias*. Campinas, Alínea, 2003, pp. 79-113.

SIMÕES, Júlio Assis. "A previdência social no Brasil: um histórico". *In*: NERI, Anita Liberalesso & DEBERT, Guita Grin. *Velhice e sociedade*. Campinas, Papirus, 1999, pp. 87-112

____. *Entre o* lobby *e as ruas: movimento dos aposentados, a politização da aposentadoria*. Campinas, Instituto de Filosofia e Ciências Humanas, Universidade Estadual de Campinas, 2000 (Tese de Doutorado em Ciências Sociais).

SIMÕES, Renata Duarte. *A educação do corpo no jornal A Offensiva (1932-1938)*. São Paulo, Faculdade de Educação, Universidade de São Paulo, 2009 (Tese de Doutorado em Educação).

SIQUEIRA, Renata Lopes de; BOTELHO, Maria Izabel & COELHO, France Maria. "A velhice: algumas considerações teóricas e conceituais". *Ciência & Saúde Coletiva*, vol. 7, n. 4, 2002, pp. 899-906.

SKIDMORE, Thomas. *Preto no branco. Raça e nacionalidade no pensamento brasileiro*. São Paulo, Paz e Terra, 1989.

SOARES, Antonio Jorge Goncalves. "História e invenções de tradições no campo do futebol". *Estudos Históricos*, vol. 13, n. 23, 1999, pp. 119-146.

SOARES, Carmen Lucia. *Educação Física: raízes europeias e Brasil*. Campinas, Autores Associados, 1994.

____. *As roupas nas práticas corporais e esportivas: a educação do corpo entre o conforto, a elegância e a eficiência* (1920-1940). Campinas, Autores Associados, 2011.

____. *Uma educação pela natureza: a vida ao ar livre, o corpo e a ordem urbana*. Campinas, Autores Associados, 2016.

____. "Educação do corpo: apontamentos para a historicidade de uma noção". *Educar em Revista*, vol. 37, 2021, p. e76507.

SOARES, Carmen Lucia & GLEYSE, Jacques. "La constitution d'une pédagogie de l'hygiène au Brésil comme système de contrôle (fin du XIXe siècle - 1931)". *Staps*, vol. 74, n. 4, 2006, pp. 47-67.

SOARES, Carmen Lucia & SANTOS NETO, Samuel Ribeiro. "À sombra das árvores... respirando ar puro: educação e divertimentos junto à natureza na São Paulo dos anos 1920". *Educação em Revista*, vol. 34, 2018, p. e193539.

SOUSA, Inara Bezerra Ferreira. *O jornal* Movimento*: a experiência na luta democrática*. Brasília, Instituto de Ciências Humanas, Universidade de Brasília, 2014 (Dissertação de Mestrado em História).

SOUZA, Maria Cleonice Mendes de. *Da barra ao findar do dia: hipermodernidade no cotidiano de pessoas idosas*. Belo Horizonte, Faculdade de Educação,

Universidade Federal de Minas Gerais, 2013 (Tese de Doutorado em Educação).

SOUZA, Vanderlei Sebastião de. "Por uma nação eugênica: higiene, raça e identidade nacional no movimento eugênico brasileiro dos anos 1910 e 1920". *Revista Brasileira de História da Ciência*, vol. 1, n. 2, 2008, pp. 146-166.

SPOSITO, Marília Pontes. "Juventude e educação: interações entre educação escolar e a educação não formal". *Educação e Realidade*, vol. 32, n. 2, 2008, pp. 83-97.

SPURR, Michael. "'Playing for fascism': sportsmanship, antisemitism and the British Union of Fascists". *Patterns of Prejudice*, vol. 37, n. 4. 2003, pp. 359--376.

STEPAN, Nancy Lays. "Tropical medicine and public health in Latin America". *Medical History*, vol. 42, 1998, pp. 104-113.

____. *A hora da eugenia: raça, gênero e nação na América Latina*. Rio de Janeiro, Fiocruz, 2005.

STEPHANOU, Maria. *Tratar e educar: discursos médicos nas primeiras décadas do século XX*. Porto Alegre, Universidade Federal do Rio Grande do Sul, 1999 (Tese de Doutorado em Educação).

TABORDA DE OLIVEIRA, Marcus A. & VAZ, Alexandre F. "Educação do corpo: teoria e história". *Perspectiva*, vol. 22, 2004, pp. 13-20.

TABORDA DE OLIVEIRA, Marcus Aurélio. "Educação Física escolar e ditadura militar no Brasil (1968-1984): história e historiografia". *Educação e Pesquisa*, vol. 28, n. 1, jan./jun. 2002, pp. 51-75.

____. "Esporte e política na ditadura militar brasileira: a criação de um pertencimento nacional esportivo". *Movimento*, vol. 18. Porto Alegre, 2012, pp. 155-174.

TEIXEIRA, Ilka Nicéia D'Aquino Oliveira & NERI, Anita Liberalesso. "Envelhecimento bem-sucedido: uma meta no curso da vida". *Psicologia USP*, vol. 19, n. 1, jan./mar. 2008, pp. 81-94.

THALASSA, Ângela. *Correio Paulistano: o primeiro diário de São Paulo e a cobertura da Semana de Arte Moderna*. São Paulo, Pontifícia Universidade Católica de São Paulo, 2007 (Dissertação de Mestrado em Comunicação Social).

THANE, Pat. "Social Histories of old age and aging". *Journal of Social History*, Fall, 2003, pp. 93-111.

VAGO, Tarcísio Mauro. *Cultura escolar, cultivo de corpos: educação physica e gymnastica como práticas constitutivas dos corpos de crianças no ensino público primário de Belo Horizonte (1906-1920).* Bragança Paulista, Edusf, 2002.

VAZ, Alexandre Fernandez. "Anos 1960: cultura e política no Brasil". *Resgate: Revista Interdisciplinar de Cultura,* vol. 29, 2021, p. e021003.

VIET, Helen Zoe. "'Why Do People Die?' Rising Life Expectancy, Aging, and Personal Responsibility". *Journal of Social History,* vol. 45, n. 4, 2012, pp. 1026-1048.

VIGARELLO, Georges. "A invenção da ginástica no século XIX: movimentos novos, corpos novos". *Revista Brasileira de Ciências do Esporte,* vol. 25, n. 1, 2003, pp. 9-20.

____. *Les corps rédresse: histoire d'um pouvoir pédagogique.* 2. ed. Paris, Armand Colin, 2004.

VIGARELLO, Georges & HOLT, Richard. "O corpo trabalhado – Ginastas e esportistas no século XIX". *In*: CORBIN, Alain; COURTINE, Jean-Jacques & VIGARELLO, Georges. *História do corpo,* vol. 2. Petrópolis, Vozes, 2008, pp. 393-478.

WEINSTEIN, Barbara. *The color of modernity: São Paulo and the making of race and nation in Brazil.* Durham, Duke University Press, 2015.

WELSHMAN, John. "Physical culture and sport in schools in England and Wales, 1900-40". *International Journal of the History of Sport,* vol. 15, n. 1, 1998, pp. 54-75.

WILLIAMS, Daryle. *Culture wars in Brazil: the first Vargas Regime 1930-1945.* Durham, Duke University Press, 2001.

WISNIK, José Miguel. *Veneno remédio: o futebol e o Brasil.* São Paulo, Companhia das Letras, 2008.

WOOD, David. "The History of Football and Literature in Brazil (1908-1938)". *Estudos Históricos,* vol. 32, n. 68, dez. 2019, pp. 744-764.

Título	Juventudes e velhices: uma história de práticas saudáveis de educação física
Organização	Edivaldo Góis Junior
Coordenação Editorial	Ricardo Lima
Secretário gráfico	Ednilson Tristão
Preparação dos originais	Luciana Moreira
Revisão	Matheus Rodrigues de Camargo
Editoração eletrônica	Ednilson Tristão
Design de capa	Estúdio Bogari
Formato	16 x 23 cm
Papel	Avena 80 g/m² – miolo
Cartão supremo	250 g/m² – capa
Tipologia	Minion Pro
Número de páginas	328

ESTA OBRA FOI IMPRESSA NA GRÁFICA AS
PARA A EDITORA DA UNICAMP EM DEZEMBRO DE 2024.